続　この器では受け切れなくて

山谷兄弟の家伝道所物語

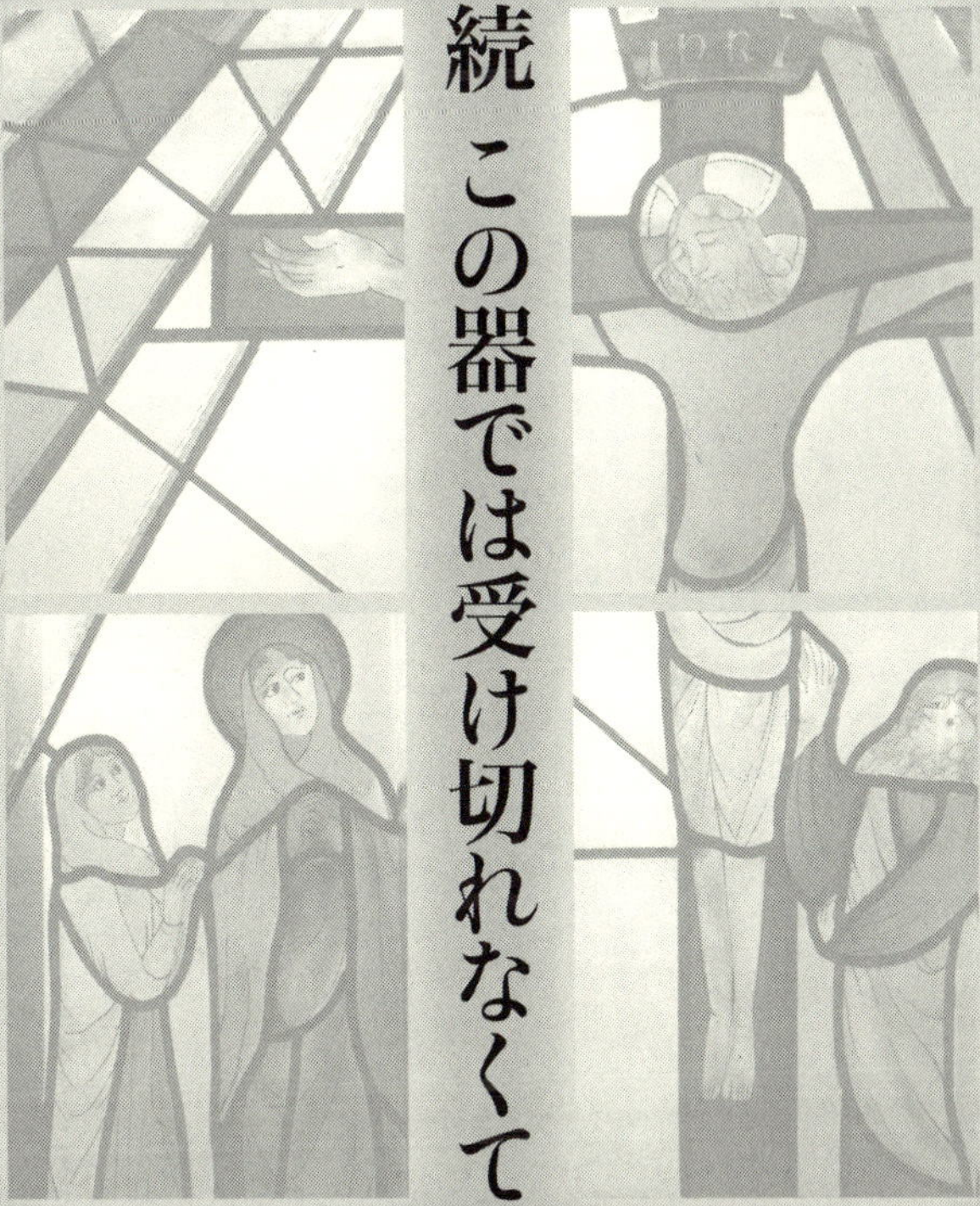

菊地　譲［著］

YOBEL, Inc.

大きい存在であった亡き父に捧げます

まえがき

山谷の変貌を思う。でも、内実は何も変わっていないと感じている。

山谷の街のドヤ（簡易宿泊所）がいくつも取り壊され、その跡地に安ホテルやマンションができ、あるいは駐車場になった。

バックパッカーを受けいれるドヤもあり、小ぎれいにしたところもある。昨今、外国からの観光客で山谷から近い浅草などはすごい賑わいだ。そういった観光客も山谷の安いホテルやドヤを利用している。だから山谷はこざっぱりして、一見華やかでもある。

ドヤの数が減少したとはいえ、まだまだドヤは健在で、元労働者の老人たちが生活保護者としてドヤを支えているようだ。また、一部では貧困ビジネスといわれる無料低額宿泊所もある。そのような老人を支える介護関係の事業所が山谷の中や周辺にいくつもでき、老人の街というより、介護の街になっているようだ。弁当を買いに来る人の中には結構若い人たちもいる。多分非正規労働者だと思う。山谷近辺のアパートやドヤに住んでいるのだろう。老人の街になったといわれても、産業が非正規労働者を必要としているゆえに、そういった労働者が山谷にも一定程度住んでいるのだろうと思う。それは、日本の産業構造がそういった人たちを生み出し、ドヤなどが受け皿となり、彼らを吸収しているからだ。

そういうわけで、一見こざっぱりした街になり、外人がうろうろしたりして華やかだが、山谷は小規模になったとはいえ、その内実は以前の日雇い労働者の街と何も変わっていないと考える。

本の内容を簡単に紹介する――

1　私への啓示

私が支援者から時折言われたことは、山谷で日雇いをしたり、食堂を作ったりするのはわかるが、妨害に対して空手を習ったり、空手のけがで入院するまでして山谷の伝道にこだわるだろうかと。

山谷での神との出会いには、特別な意味があったことを述べることで、その疑問に応える義務があると考えた。多分この本が最後になるだろうから、この本で明らかにして神の凄さを示したいと考えた。ただ、個人的な事柄だけに今までは触れてこなかったが、支援者への私の義務として述べることにした。

2　永伊（仮名）さんと共に

彼との10年以上にわたるかかわりを淡々と書いた。酒が彼の大きな問題で、普通であれば野宿者になり、もう亡くなってもおかしくない状況だったが、縁がありかかわり続け、私たちもいろいろと彼を通して教えられ、調子のよい時はまりや食堂の手伝いも良くしてくれた。

3　お弁当販売

弁当販売のカウンターで会計をしている時、おじさんとの一期一会的かかわりを通して生み出された会話を拾って述べてある。圧巻は1枚の馬券に2０００万円の配当があったことだ。しびれるような感触だ。これでは山谷のおじさんたちは馬券を買うのをやめられないだろうと感じた。

この窓口を通して体験した山谷の様子を皆さまに紹介し、その出来事を分かち合えたらよいと考える。

4　アウシュビッツの普遍性

有名な「夜と霧」を取り上げ、感想を述べている。この本で印象的なのは「いい人は帰ってこなかった」というくだりだ。この著者を含めて、互いに他者を蹴落として生き延びたのだろう。人を殺すための収容所におけるフランクルのモットーは「ほとんど生きるのが不可能にもかかわらず命に然り」だった。この言葉は現代でも多くの場所で意味がある言葉だと思っている。

今日、中東で悲惨な内戦や爆弾テロが多く、パレスチナでもパレスチナ人が人権をないがしろにされているような状態の中で、フランクルのこの言葉は非常に重い響きを持っていると思う。

5　創造の神秘

旧約聖書の神が創造をきわめて良かったとか、支配せよとか言っていることなどを取り上げ東日本大震災について考察している。

「人間とはかれがかれ自身をそれにするところのもの、にほかならない。そして自己自身として存在への勇気は、自己自身を自己の欲するものにする勇気である」(ティーリッヒ)。この勇気をもって困難に立ち向かっていきたい。あの震災から7年が過ぎても傷跡は癒えていないと感じている。フランクルやティーリッヒの言葉によって、少しでも存在を励まし強く生きることを願ってやまない。

6　ボルダリング

今はやりのボルダリングだ。人工の壁を上るスポーツ。結構頑張ったが、爪の故障や湿疹でやめてしまった。30年前山谷に来た時、目の前にそそり立つ壁のように、山谷の様々な現象が見えた。ずっとそれとの闘いだった。今、山谷の目に見える姿は変わっても資本主義という厳しい現実がある限りその現象は続く。

ある人がこう言っているのに驚いた「どんなに高い壁があってもよじ登って見せる。よじ登れないならこじ開ける。それも無理なら穴を掘って向こう側に行く」と。

7　存在について――サルトルとの対話

人間の意識は自分と向き合っているから対自存在と人間を規定する。人間は自分と向き合って自分を知る存在なのだ。その意識は常にとどまることを知らぬ存在で、常に違う意識へと超え出る存在だ。私には人間は対自存在としてだれもが平等だと感じている。

8　殉ずる

高田さんは交通事故を起こし、交通刑務所に収監され出所後、行き場がなく山谷に来た。当時山谷はオリンピックの建築ラッシュだった。山谷に来た時びっくりしたのは、小便臭く、街はアンモニアの匂いで目が痛くなった。路上では朝から酒を飲んでいる人が大勢いた。売血もあった。ここで紹介している高田さんは２０１７年の冬に亡くなったと聞いている。どこに埋葬されたかはわからない。

9　神へ生きる勇気――日々の黙想

ヨブは不幸に絶望したのではない。公平に扱われていないことを嘆くのだ（10・23）。裁きの座を要求し、なぜ自分をないがしろにするかを聞きたいのだ。ヨブの気性の激しさに圧倒される。

10　勇太

この犬を買ってきたときは気が荒く、家内にはなつかなかった。私は懸命にえさをやりなだめすかしてしつけをした。それで私にだけは従順だ。月日がたち家内が退職して犬の面倒を見るようになってから家内の存在を認めるようになり、最近では家内の序列はナンバー1・5になった。

この本を通して山谷のこと、まりや食堂の事を分かちあっていただけたらありがたいです。

［目　次］

続　この器では受け切れなくて——山谷兄弟の家伝道所物語

1　私への啓示

遭遇

古い映画になるが、一九七八年に日本で公開されたスピルバーグの『未知との遭遇』の主人公ロイの行動は、私の山谷に至る歩みに似ていると、このストーリーを見たときに感じた。ロイの生き方を辿ると、私の心の動きがある程度理解できるので紹介する。

ロイは停電の修理に車で街に出た時、不思議な光る物体を目撃し、その光に照らされて以来、少し気が変になったように周りから見える行動をとる。

何かに取り憑かれたように、テーブルにガラクタをひっくり返し、物体を作るのだが、なかなかイメージ通りには描けなくて何時もいらいらしている。

実は、ロイはＵＦＯから招待されたのだが、本人は知る由もなく、ＵＦＯから心に残されたメッセージがあるなんていうことも知るわけがなく、ただひたすら心からこみ上げてくるものを表現しようと夢中になるが、なかなかうまく表現できないでいる。周りにはその行為が、気がふれたように見え、妻は愛想をつかして子どもを連れて家を出てしまう。

家中をひっくり返したようにしてテーブルに出来上がったのは山のような、丘のようなものだった。それは壁でも、道でもとても精密にできていた。心にインプットされた事柄を作り上げたのであった。だが、彼にはいったいこれが何を意味するかはかいもく分からなかった。

ある時テレビを見ていて、ロイは、作っていたものがワイオミング州にあるデビルズ・タワー（台形をした山というか丘というか）であることに気づく。彼がその光によってインプットされていたことは、そのタワーを作ることだったのだ。吸い寄せられるように、その山に向かう。そこには未知の物体ＵＦＯが着陸していて、ロイは地球の代表団と共に乗り込む。

私がこの物語に引かれたのは、ロイが必死になって自分の中にある何物かを探し当てるまでの気の狂ったような行動で、私にも同じことが言えるからだ。食うために東京に就職し、重たい存在を引きずり、生き方を求めていたが、ある縁で山谷に行った。日雇いの人、ドヤ、ドヤの子ども、酔っ払い、南京虫など今まで経験したことがない出会いにすさまじさは感じても、私には何の違和感もなかった。

それどころか、生活の不安定な日雇いをしている山谷の労働者のおおらかさ、のんきさ、たくましさ、あっけらかんとした生き方に強烈な印象を受けたものだった。本当にすごいなと思った。ギャンブルですったから今日は野宿だとか、仕事にありついたのに気に食わないと現場から帰ってきてしまう。時間も金ももったいないなと現場にでてから思ったりした。すっからかんで仕事にありついても朝飯を食ってないとか。豪傑というか。私の物差しでは計れない人々だった。

時が経つほど山谷に惹かれ、山谷周辺に引越した。会社は付け足しのようでどうでもよかった。

こんなことがあった。給料日だ。支給の時間が遅れ、退社時間になっても皆待っている。その日は山谷の活動日だった。私は、給料はもらわずにそそくさと帰ったのを思い出す。お金は確かに食べ物を買い、腹を満たすものだが、私には金はあってもなくてもさほど楽しんで使える代物ではなかった。

そんなある日、山谷で召し出しの神の声（召命）を聞いたわけだが、あのロイのようだと感じている。田舎で死ぬことを拒否され、東京に出てきて、たまたま山谷に出会ったのだが、何か最初から私の心の中にこのような道筋が組み込まれていて、私はそれを知らずに、必死にもがきながら、山谷まで来たのだったと感じている。ロイは頭にインプットされたデビルズ・タワーを必死に描き、UFOに招かれていることを知らないまま、惹かれ惹かれてあの山に行くのだった。

私は山谷に偶然来たようだったが、知らず知らずに神が仕掛けた山谷という網に捕らえられたのだと感じている。神からの召命観はまったく自然で、何の違和感もなく、それどころか自分の今までの苦しみが不思議なように解消していった。ロイが楽しそうにUFOに乗り込んでいくのと同じだった。私は神学校へ、そして山谷に入り日雇いへ。そこで様々な戦いをしながらまりや食堂を造り、伝道へと邁進した。

山谷伝道について支援者から時折言われたのは、私が山谷で召命を受けて、日雇いをしたり、食堂を作るのはわかる。だが妨害に対して空手を習ったり、空手で入院するほどの怪我までして伝道するだろうかと質問された。

それだけに今回の本では、山谷における召命が私の人生の起死回生だったこと、私には山谷での神との出会いは特別な意味を持っていたことを述べなくてはならないだろう考えていた。多分この本が最後になるだろうから、これほど山谷にこだわる山谷に至るまでの個人的背景を述べる義務があると考えた。

山谷への前史

二〇一三年代にまりや食堂でボランティアをしていた大林さんがまだ精神科病院に入院する前に、彼女からちらりと耳にしたのは知り合いのAさんの兄の自殺のことだ。なんでも浅間山の噴火口に飛び込んだという。まだ若い時のことだったらしい。ただ、すごい方法で死を遂げたと驚いていたので、機会があれば聞きたいと思っていた。

驚いたのは、お兄さんは父を殺したかったという。生きていれば殺してしまうので自らを死なせると日記に書いていたそうだ。Aさんは自分も何度も死のうと思ったことがあったが、信仰をもって生き延びることが出来たという。

まりや食堂に関係していた一人の青年が縊死した(二〇一三年)。その人は何度かまりや食堂にボランティアに来た好青年だった。人生が重いというのでフランクルの『夜と霧』を貸したが、それが戻ることなく彼は逝ってしまった。今もってこの青年がなぜ死んだのかがピンと来ない。すごく内面的なことでの死だったのだろうと思っている。それだけに私の心には深く残っている。私の場合も周りはなぜ死のうとしたのかピンと来る人はいないような出来事だった。

当時、青年の私には、今から四十年も五十年も生きなくてはならない長い人生が非常に負担に思えた。水深の深い所ではすごい水圧があるのと同じように、その人生が私を非常に抑圧しているように思えた。それに私の精神構造が外部に対してあまりにもシャイだったからだと思っている。その傾向は今でも強く残っている。

些細なことだが、外に対する極端な気恥ずかしさから容姿コンプレックスもあった。まりや食堂を訪れた人の息子さんが容姿コンプレックスだった。普通は摂食障がいは女の子に多いが、その息子さんは自分の体が太りすぎだと感じている青年だった。家で暴れるという会えばすらりとした細身の体なのに、本人はそうは思っていなく、強制排便のために何時もコーラックを持っていて飲んでいた。家で暴れるというのでまりや食堂やドヤに泊めたりして仕事に連れて行ったりしたが、その後精神科病院に入院し、もどしたものが気道につまり死亡した。

彼の場合は明らかに思い込みに過ぎないのだが、それが心に焼きつき取れなくなったのだ。母親が言っていたが、夜中に空腹で冷蔵庫のものを全部食べてしまい、その後全部もどしてしまうそうだ。

私はそのような状況をファミリーレストランで見かけたことがある。若い女性がお皿を何枚も重ねて食事をしていた。直ぐにぴーんと来た。あの痩せた体型に、あのお皿の数は異常だ。それとなく観察していると、すっと立ってトイレの方へ。多分吐きもどしに行ったのだろう。

その青年は別に容姿に問題がないのに、そう思い込むともう身動きが取れなくなっていたのだった。彼の死も自殺のようなものだと思っている。この青年の事も忘れられない。私の場合は人との付き合いは極力避けて、内に籠り、太宰や芥川に惹かれ、その世界で遊び、捕えられ身動きができなかったように思う。

ある時（二〇一六年）学生時代に教会の人たち十数名と撮った写真のコピーを送ってくれた人がいた。これを見たときにあの当時の鬱の気分が込み上げてきた。人間コンピューターはすごいと感じる。五十年前のことが一瞬にしてよみがえるからだ。この写真をみれば私は普通の好青年に見える。だが内面の葛藤がすごかった。

父母に連れられ教会に行き、キリスト者になってしまったことは、私には辛いものがあった。私はなぜか生まれつき自由な生き方が好きなのだ。強制的な教会行きなどは辛かった。内気だったが、内心は強制には常に反発していたと思う。その気性で今日まで来た。独立、自立心が強すぎるのだ。父は熱心な教会員で、私が教会に行かないと言えば悲しい顔をする。それでも大学の頃は反抗して一年ほど教会に行かなかった。この教会は家族ぐるみで競って行くことが大切なような教会で、親は子どもを教会に連れて行き、クリスチャンにすることが義務のようであった。私は、牧師が救いを司るような説教をするのもいやだった。

このような日常的な様々な事柄が私を抑圧していて、私は、もう生きていくのが嫌で、死に憧れていた。生への強い欲求は皆無だった。だが、死は逃避ではなくて、抑圧からの救いであり、自己防衛であった。死は生の一部という感じで、別に何も怖くはなかった。この写真を見た時、本当にあの時は落ち込みがひどかったなーと、遠くなったあの出来事を思い返す。

ある夜、睡眠剤をひと瓶飲んだ。その量は多分致死量だったのだろう。翌日病院に担ぎ込まれたが、危ないといわれたのに助かった。私が青葉城址に架かっている八木山のつり橋から飛び降りれば、そこは深い谷になっているから間違いなかったのだが、あそこから飛び降りる勇気はなかった。

このつり橋から自殺をする人が何人もいた。飛び降りた体はざくざくになり、搬出のために遺体を動かすと口から血が吹き出てきたと聞いた。私は自分の体をそのように痛めつけるのは忍びなかった。

神の思し召《おぼしめ》しゆえに死を免れたのだろう。それだけに亡くなった二人の青年のことは今でも時々思い出す。生きていることが良いことかどうかはわからないが、私は生きてしまって、死の時が満ちるまで神の御手の中で踊っているのだろうと思っている。

まもなく喜寿《きじゅ》だから、今から生きるであろう年月の重圧が若い時ほどではないのはありがたい。それどころか、年を取ったせいか世俗のしがらみが身に沁みて、早く死にたいとは思わなくなってしまった自分がいる。できるだけ生きて、この世の楽しみを味わい、枯れていきたいと願う。

それだけに、死んだ二人を哀れと思うし、そういった思いにとらわれる青年はこの本を読んで、生きていればこそ私のように開かれる道がその先にあることを信じて歩んでもらいたい。今でも気持ちは日々不安定であるのだが、当時と違うのは今は強い意志があるということだ。そして、いずれ死ぬのだからそれまでは一年単位で懸命に生きて行こうと考えている。

Aさんの話では兄は、浅間山の火口へではなく、縊死《いし》だった。一回目は失敗して父にいろいろと説得されたようだが、再び実行し、死への旅立ちとなった。Aさんは「先生は二度しなくてよかったね。だからまりや食堂ができたのよ」と私を慰めてくれた。

兄はいろいろと悩みを持っていたようだったと語る。体も弱かった。でも優秀で東大の学生だった。本当にもったいないことだと感じる。二十二歳で敢行し、私は二十歳だった。

私は死ぬことは出来なかったが、私の体にはその死を記念したものがある。パウロが自分にはイエスの焼印があると言ったが、私にも同じように足に焼印がある。それは決行の夜に湯たんぽを入れていたのだが、それがずっと足に当たっていて、けっこう深いやけどが脛《すね》に起きたのだった。それはケロイドとなって今に至るまで残っている。まさに私には主イエスの焼印なのだ。

大林さんは正月だけ家に帰り、また病院に戻ったとAさんの話しだ。死から帰還した私の本が励ましになるものなら読んでもらいたいと思う。

私は死からの帰還の後も、体を引きずるようにして生きていた。私の中に生まれる前から組み込まれた山谷伝道への道があったなどとは知る由もないから、生きるのが辛く苦しんできた。とある日、山谷で思わぬ神との出会いの一瞬、神の召し出しの啓示に照らされ、今まで歩んできた道と今からの歩むべき道を示され、私の人生は一変した。

仕事を辞め神学校に行ったが、山谷に戻ったのは、啓示を受けてから八年ほど経ってからだった。山谷伝道では様々な困難があったが、私の伝道への思いは枯れることがなかった。それは山谷伝道へと仕向けた神の思いを、私の生きがいとして何とか山谷伝道を実現したいという強い思いがあったからだ。それがさまざまな困難を乗り越えるばねだった。俗っぽく言えば、生き甲斐をもらったその恩返しに、示された山谷伝道に骨を埋めようとしているだけなのだ。また山谷という活動を得て、人生に対して生きる強さの持てない自分に生きる勇気をくれた神だったのだ。

このように、神には一方ならぬ借りがあるが、自分の若い時の出来事は父をひどく苦しめてしまった。そのことを知ったのは、亡くなった父の属する教会が出した教会史を実家からもらい受け、父の書いたものを読んだ時だった。そこには父がヨブのような苦しみ（ヨブは旧約聖書に登場する人物、本書「9　神へ生きる勇気」参照）を味わったと書いてあった。明らかに私の自殺にも関連があるのだろうと思う。あれほど篤信《とくしん》な父なのに、家には私のような不幸者がいたのだ。それ以外でもうちの家庭には不幸なことがいくつもあった。

私はそれを読んで少なからず衝撃を受け、私なりにヨブ記を研究しようという強い欲求がそこから生まれた。なんとかヨブ記から恵みを頂き、父の鎮魂としたいと願っている。

私の精神構造

『新装版　デビルマン1』（永井豪とダイナミックプロ、講談社漫画文庫、二〇〇九年十一月第一刷発行）は永井豪の代表作。これは漫画本なのだが、この主人公のデビルマンの精神構造は私にも若干当てはまるので、私という人間を説明するのにこのデビルマンを紹介する。

不動明がこの漫画の主人公だ。彼はデビルマンといわれる悪魔人間だ。彼はデーモンの強力な肉体と人間の心を持った存在なのだ。

ストーリーはこうだ。ある博士が人類以前にデーモンの人類がいたのを発見。氷河の中に閉じ込められていたが、少しずつ出てきた。彼らは人類を食い殺し、地球を乗っ取るつもりだ。デーモンの超能力は他の生物と合体できることだ。それによって、その生物の能力を貰い受ける。

不動明の友人はそのデーモンと戦うために、デーモンが不動の体と合体することを期待して、とある場所に誘う。普通は合体すればデーモンの邪悪な心に人間の心も支配されるが、デーモンの意識を押さえる強い意志と善良で純粋な心、正義を愛する若者なら心を支配されることはないのだ。

かくて、デーモンは不動明と合体するが、デーモンは彼の心を支配できなかった。こうしてデーモンの強力な超能力を持ちながら、人間の心を持った悪魔人間すなわちデビルマンが誕生し、デーモンたちと戦いを繰り広げるという漫画なのだ。

私は前著で「聖にあらず俗にあらず」という親鸞の歩みを紹介した。当時の権力により還俗させられても愚禿《ぐとく》親鸞と名乗り、還俗させられて聖ではないが、といって俗ではないぞと強力に伝道したことを述べた。私にとっては「聖にあらず俗にあらず」とは、親鸞とは似ても似つかぬ思いがある。それは「聖にもなれずといって俗にもなれない」精神構造が私の姿なのだということだ。

この精神の構造はあの漫画本の不動明のデーモンが体に乗り移っている精神構造と似ているなと感じて漫画『デビルマン』を紹介した。

神は啓示によって私を占拠しているのだが、私の人間として持っている性質や性格や気性は、残念ながら神によって変えられはしなかったのだ。それゆえに神の召し出しを受けても、きわめて俗であり、自由なのである。言い換えれば聖に片足をかけ、もう一方の足を俗にかけているのである。聖でありながらきわめて俗人なのである。といって徹底的な俗人にもなれない自分がいる。それが私であり、そのような私が好きなのである。その結果が土曜礼拝であり、木曜礼拝なのだ。また伝道の方法としてのまりや食堂なのである。

不動明がデーモンの超能力を持つ体を使いデーモンと戦うように、私は神による召命感を脳深くまで持っているので、それだけをたよりに、それが私のエネルギー源となり、枯れることなく、私を山谷伝道へと駆り立て、さまざまな戦いをして、こうして書物を書くことまで力をくれるありがたい霊でもある。

私は神の役者

ジーザス・クライスト・スーパースターの一九七〇年代のＤＶＤはなくて、見ることは出来なかった。今あるのは二〇〇〇年版だ。これも芝居だが、以前ほど芝居めかない洗練されたオペラだ。

私が見た一九七〇年代の断片的記憶を辿って述べる。トラックで来た連中が砂漠に小屋を立ててイエスの芝居をするのだが、印象的だったのは、芝居小屋を建てることだった。内容ではなくてそのやり方に強い印象を持った。

ジーザスは芝居なんだ。言い換えればフィクションなんだという印象だった。ある時、ある時代、ある地で小屋を立て、役者が演技をするように、ある時イエスが出てきて、さまざまな演技をしたのがキリスト教なのだ。イエスの死で全ては終わる。

芝居が終われば小屋が壊されてしまう。これもまた印象的だった。史実としてイエスの出来事が残っているのではなくて、芝居が終わればすべてが無くなってしまうのだ。ここで言えるのはイエスの出来事は地上のどこかに現れた芝居だったのだ。歴史は歴史で淡々と流れ記録に残るが、イエスの出来事はキリスト者の心に演じられたエピソードなのだ。そして、心から心へと伝えられて今日に至るのだ。

私は自分がまさにイエスの芝居の演技のような感覚があるので、この芝居に共感するのだ。誰も私の山谷における召命観など証明できない。私はいつの間にか、ぽんと芝居小屋の舞台に立たされた感じだ。自分がしていることが、芝居のように感じている。演じているのだ。自分ではないのだ。役者なのだ。神の役者なのか。操り人形なのか。いずれにしても私は自分が自己を演じてはいない感じだ。操られている。

　だから、イエスの小屋掛けを見たときに、面白いと思った。私の歴史は、私が生まれた時が小屋掛けの時点だったと思う。世界にポット生み出され、そのとき私という人間が演ずる舞台の小屋掛けがされたのだった。そして小さい時からずっと演じてきたのだ。そして山谷の電撃的啓示。全てが舞台装置の中で生じたことなのだ。私が死ぬと私の小屋掛けはおしまい。一体これはフィクションなのか、神の演出なのか、小屋はばらされるのだ、壊されるのだ。これはカフカの『掟の門』のようだ。ここでは自分を通さなかった門は、この人が門の前で死ぬと取り壊されてしまうという物語だった。人生とは一人ひとりの舞台で生から死まで演じる役者なのだろう。

　私は、私が演ずる舞台に生み出され、ロイのように苦しみながら人生を歩み、山谷との出会いによって、ロイのように私の中にインプットされた事柄が私に明らかにされたのだった。

2　永伊（仮名）さんと共に

二〇〇二年のある日彼と出会った。野宿の人でアルコールに問題があるようで、いつも汚れていて酒臭かったが、不思議な縁でかかわり続けた。生活保護が取得《と》れ、ドヤ（簡易宿泊所）住まいとなったが、酒の問題でドヤを追い出され、今は青木荘（仮名）に居を移し、まりや食堂を手伝いながら何とか綱渡りのような日々を過ごしている。ここまでは拙著『この器では受け切れなくて』（新教出版社、二〇一二年）で述べた。今回の本では、彼の物語はこの青木荘を舞台に始まるが、彼はこのアルコールの問題以外に難聴、幻聴を背負い、かなり多難な人生を歩んでいる。

湿疹

二〇一二年頃の事だが、永伊さんの湿疹が治らない。幻聴を抑制するために何年も飲んでいる薬のせいで肝臓が弱り、湿疹が出るのかなと考えていた。最近は、それに加えて時折得たいの知れない熱がでる。その後も体調はいまいちだった。ただ、彼の生活の実態が不明なのが気がかりだ。酒をどのくらい飲んでいるか。何を食っているかなど。特に飲酒の状態は不明だ。聞いても本当のことは言わない。青木荘は古いドヤなので部屋にゴキブリがいっぱいいるのだが、それなども影響を与えているのだろうかとも思う。

私は子どもの面倒を見るようにまりやに来るたびに、彼に腕をまくってもらい、あるいはズボンをたくし上げ、湿疹の状態を見ては一喜一憂している。部分的に湿疹が小さく痕跡が残った状態になっているかと思うと、新しい赤い斑点が細かく筋のように点々とある。不思議なのは痒くも痛くもないのだ。

彼の熱がやっと下がってきた。私がいろいろ気を使い、心配しているのがわかるようで、「心配してくれているから心強い」というのには驚いた。若干頭のねじが緩んでいるようでも、こちらの心配している気持ちが強く伝わっていたようだ。帰り際に「良くなってきてありがとう」と頭を下げて帰っていった。時にはとことん飲んだくれるが、心根の本当に良い人だと感じる。何とか長生きさせたいものだ。

永伊さんのドヤの部屋

六月の木曜礼拝で彼の誕生日を祝福したが、彼は出席の女性二人に帽子と、私には湯飲み茶碗を買ってきた。それはこの一年間生き延びたことへの感謝のしるしだという。すごいことを言い、またすごいことを考えるものだ。こちらは彼にカードとささやかな贈り物を考えたに過ぎないのに。何千円も使ったことだろう。よく観察しているようで二人には丁度似合いのを、私にはしゃれたのを買ってきてくれた。この心使いはありがたいが湿疹と不調は続いていた。

定期的に病院に行っているが、体がこのように安定しない状態だから今回（七月）は点滴をしていただいた。ところが、彼が横になった点滴用ベットが虫だらけだったと担当の先生から電話があった。急いで彼の部屋を見に行ったところ、ゴキブリの子どもなのか、違う虫なのか小さい虫が無数にいた。万年床の布団の上にも沢山いる。多分、これでは壁に掛けてあった上着や畳に置いていたズボンの中にも虫が沢山もぐりこみ、それが病院のベットの上に出てきたのだろう。

この部屋を借りるときは私も上がり込んで見たが、その時は虫は一匹もいなかった。だから、こんなに虫がいるなんて考えても見なかった。多分、人がこの部屋で生活することによってゴキブリたちが動き始めたのだろう。彼はまりや食堂で弁当を盛るのを職務としているから、これでは不潔この上ない。盛っている最中に彼の袖口から虫が弁当にころげ落ちないとも限らないからだ。また、まりや食堂には毎日来ているから、フロア等に虫を撒き散らしているに違いない。

それにしてもすごいドヤだ。いくら彼が不潔でも、これほどの虫はいないだろう。外壁などは今はやりのパネルで落ち着いて見え、部屋もきれいなベニヤを張っているから何も気がつかなかったが、かなり古い建物をそれらの材料でただ覆っているだけだから、多分ドヤ本体はゴキブリの巣になっているのだ。その上、彼は部屋ではだらしなくご飯などのくずを散らかすから、ゴキブリが吸い寄せられて増え、部屋がゴキブリだらけになっているのだろう。

それにこの夏は猛暑だから大発生を誘発しているのだろう。他方では、湿疹の方は相変わらず収まらずほぼ全身だ。足などはミミズ腫れのように湿疹が走っている。当初は肝臓を疑った。めいっぱい飲むから肝臓が悪く、それで湿疹が。次は薬だ。長く精神科の薬を使っているから肝臓が弱っているので肝臓で消化しきれず、それが体に回り湿疹になるとか。だが、先日の病院の検査では内臓はきれいだという。

こうなると何か外的な要素なのだろう。ゴキブリが人間の体をかじるわけもないと思っていたが、その可能性は否定できないかもしれない。本によれば、ゴキブリは何でも食べるからだ。肉も魚も、共食いだってする。ゴキブリが密かに人肉を食べているなんて想像すると、何か魔界の出来事のような様相を帯びてくる。スタッフが彼の部屋の掃除に行き、ゴキブリをつぶすと血の色だった。これで彼の皮膚を食べている可能性が否定できなくなった。

彼の部屋には、一ミリほどの虫が無数に這い回っている。布団の上にもいっぱいいるが、彼は気にしない。虫がいてもその上を平気で歩く。その蒲団にごろんと寝る。大概飲みすぎて寝てしまうが、皮膚には汗や酒がにじみ出ているから、ゴキブリには格好の食事かもしれない。彼は不潔なんていうことを何も感じないようで、全てが平気なのだ。個人としてはそれでも良いが、まりや食堂に来るにはそれではだめなのだ。ここをゴキブリの部屋にはできない。

昔、まりや食堂もゴキブリが沢山いた。理由ははっきりしないが、古い建物だから巣でもあったのかもしれない。専門家に退治してもらってから一匹も出ていない。ただ困った虫がいる。それは穀象虫《こくぞうむし》と小さな蛾だ。それが夏場お米に発生する。多分お米の中に虫の卵がいたのだろう。献品の米が沢山あるから消費する前に孵化して繁殖する。蛾は卵を米袋に産みつけ、孵《かえ》ると五ミリほどの幼虫がお米の中をうにゅうにゅすることになる。こうなると洗いが大変なのだ。ご飯に混ざっては困るので手洗いで丁寧に虫を流すのだ。これがまりや食堂の泣き所だ。

水際作戦

バルサンの効果は無かったようで、まりや食堂に来た時、ズボンにも帽子にも小さな虫がついていた。このドヤの部屋の仕切りは甘いから隙間から隣に逃げて生き延び、また来るのだろう。

彼と出会った二十年前に逆行してしまった感じだ。当時、ほとんど風呂に入らない彼の洋服にしらみが沢山たかっていて、それの駆除に神経を使った。今度は洋服の中にゴキブリの子どもが沢山住んでいるのである。この虫をまりや食堂に持ってこないために水際作戦を敢行した。

まりや食堂に来るために清潔にしなくてはならないので、二十年前と同じようにまりや食堂に入る前に着替えてもらい、風呂に行かせ、脱いだものは洗濯して乾燥機にかけ、この難局を乗り切るしかない。

下着を脱いだ体を見る。まさかと思うほどにびっしりと湿疹ができている。ごきぶりがこれほど人の体に食いつくのかと思うとおぞましい。弁当を扱うのだから清潔でないとまずいので、彼の飯盛りは当分中止にして様子を見ることにした。

スタッフとボランティアの女傑二人に頼みドヤの部屋の掃除をする。週一回はきれいにして虫を退治する。私はいつも監視を怠らず風呂、着替えを習慣づける。それにしても共に生きるとは大変なことだ。

彼の部屋には何も置かないで、ゴキブリの隠れ家がないようにした。畳の隙間からゴキブリが出たら殺虫剤や、ガムテープでやっつける。ゴミをはりつけるローラーも買った。出てきたらゴロゴロしてハッつける。ドヤではシーツは二週間に一回の交換だ。これでは足りないので、彼に一週間ごとに洗わせる。風呂は毎日入る。こうして三日が過ぎたら湿疹が減ってきた。今あるものも少し薄くなってきた。ありがたいことだ。この調子だ。彼には事態の深刻さがよくのみ込めていないようだ。それにしてもすごいゴキブリドヤだ。これでは普通の人はドヤ代が安くても逃げ出すのは当たり前だ。言い換えれば、彼は飲んだくれで帳場に迷惑をかけるが上客なのだ。

前のドヤは飲んで暴れて追い出された。違うドヤにお願いに行ったら、前のドヤを出た理由を聞かれ、嘘は言えないから酒のことを話すと断られるのだった。何軒も私とスタッフは彼と一緒にドヤ回りをしてもだめだった。しかも、よいドヤはほとんどが満員だった。この青木荘は二つ返事で泊めてくれた。本当にほっとしたが、こうして暑くなってきて初めて、空き部屋があったり、値段も安い理由が明瞭になった。

来るたびに手や足の湿疹をチェックした。なぜか、治りかけてもまた新しいのが出る。部屋には醤油の小瓶一本も置かないようにし、清潔を一番として様子を見ることにした。彼の洗濯も厄介だ。ゴキブリをまりや食堂に侵入させないために、路地で着替えてもらい、袋にいれて路地のバケツに入れておく。たまったら向かいのコインランドリーで洗濯、乾燥だ。ゴキブリがたかるかもしれないから衣類は彼の部屋には置かない。コインロッカーを利用する。費用はまりや食堂が負担する。

南京虫騒動

どうもこのドヤはゴキブリだけではなく南京虫も出るようだ。ゴロゴロに付いてきたのは明らかに南京虫だ。確かこれはもういなくなったと思っていた。私の日雇いの初めの頃（一九八〇年代）、このドヤに泊まったが刺されることはなかった。日雇いをしていた頃、仲間からはそのような話は一度もなかった。でも、今はドヤにいるらしい。弁当を買いに来た時に聞くと「かゆくて寝られない」とこぼす。ある時期からまた発生したのだろう。昨今のニュースでも京都の方で南京虫がまた発生したと言っていた。

永伊さんの部屋用に殺虫剤を、山谷の中にある薬局で買った時に、南京虫の様子を聞いたら、今山谷に蔓延しているとのこと。私のように、多くの人が殺虫剤を買いに来ている。多分、南京虫はバックパッカーなど外国から旅行者が持ち込んだかもしれない。彼ら、彼女らは日本で山谷のような安い簡易宿泊所を利用するように、外国でも安い宿舎を泊まり歩いているのだろう。そのような宿泊所には当然南京虫などもいるところもあるだろう。この虫は羽がないので人やバックに入り込んで移動するから、彼ら、彼女らと共に日本の各地へと渡航しているのであろう。その結果、山谷は再び南京虫がはびこるドヤ街になってしまっていると考えられる。

はてさて、永伊さんをどうしたらよいものか。まりや食堂との関係が心配なのだ。持ち込めば、まりや食堂のボランティアが刺されたり、取りつかれたりするかもしれないからだ。

先日、ボランティアが彼の部屋を掃除に行った。「南京虫がシーツに沢山いて、血が点々とついていた」という報告。この年の猛暑もあって永伊さんのドヤは、南京虫とごきぶりが蔓延しているものと思われる。以前、ボランティアが「ゴキブリの血」と言ったのも南京虫のだったのだろう。私もその後まりや食堂で南京虫を見つけ、爪でつぶしたら親指の爪が真っ赤になるほど血が付いた。永伊さんが痩せて、熱が出ているのも南京虫の激しい攻勢でたっぷり血を吸われているせいなのだろう。

彼は酒をたっぷり飲むし、幻聴の薬には睡眠薬も入っているので、それらの相乗作用でぐっすりと寝込むと思われる。それにかゆみを全然感じない体質のようだ。その体に南京虫は「いただきます」と群がり、毎晩ご馳走の血をたっぷり、おいしく吸っていたのだろう。その結果全身が湿疹のような状態になったのだ。南京虫の特徴は歩きながら刺すので、刺し跡が点々とつくのだ。彼の場合は20センチほどのみみず腫れが何本もあり、赤い点々も無数に湿疹のように広がっていた。

私は二十代（第一回東京オリンピックの頃）の時、山谷でボランティアをしていたが、そこで経験した南京虫の出来事が再現してしまったことには驚いた。当時、体験的にドヤに泊まった。夜中にかゆいので電気をつけると、南京虫の大群が私のからだを囲んでいた。これは永伊さんの夜中の光景と同じだと思う。彼は毎晩、南京虫の大群に囲まれ、よってたかってたっぷりと生き血を吸われていたのだ。

私の場合には、南京虫は電気の明かりで、潮が引くように皆どこかに隠れてしまった。当時、私は山谷の近所のアパートに住んでいたが、そこでも時折刺され腫れたりした。当時は下町には南京虫はざらにいたし、ドヤにも南京虫が沢山いることは承知をしていた。それから二十年近くたって伝道のために山谷に戻った時に、この青木荘に泊まっても南京虫はいなかった。それで、ドヤ街からは南京虫が駆除されたと思っていた。

実際それ以後は刺されたこともないし、聞いたこともなかった。今回の件で弁当を買いに来る山谷の人に聞けばドヤにはいるという人や、いないという人もいた。また、ドヤには沢山いるからアパートに住んでいるという人もいた。青木荘はその虫に関しては評判がよろしくない。

それにしても山谷のドヤ街のすさまじさを垣間見てしまった。これがドヤ街なのだ。老朽化した建物は湿り気を好む南京虫には恰好の住まいなのだろう。ドヤ主などはドヤの衛生などは何も考えていなくて、古い建物は廊下や部屋の内側に薄い化粧ベニヤを張るぐらいにして、見かけだけをきれいしているのだ。この青木荘は南京虫やごきぶりの発生がひどく、宿泊者から福祉事務所にいくつも相談があると聞く。

青木荘だけでなく他のドヤも南京虫やゴキブリがすごいようだ。永伊さんが追い出されたドヤは一見こざっぱりしていたが、ゴキブリは蔓延していた。野宿のブルーテントの人や野宿者にはゴキブリはいないが、蚊の攻勢が大変だとこぼしていた。

私はこのことからイエスの馬小屋の誕生を連想した。イエスの誕生の絵葉書などには大概御伽噺《おとぎばなし》のように馬小屋がかわいげに描かれているが、現実は決してそんなものではなかったはずだと、気がついたのは松尾芭蕉の奥の細道を読んだ時だ。芭蕉は俳句のために東北地方を旅する。その途中で宮城県から山形県に抜けるのに奥羽山脈を越える。県境に昔は関所があり、そこで長い時間調べをうけてしまい、日が暮れ、やむをえずその関所の番人の家に泊めてもらう。そこでは馬も飼っていて、夜中に馬のおしっこの音が枕元ではするし、しらみ、のみの攻撃が大変だったと書いてある。馬にきっとのみが沢山よってくるのだろう（久富哲雄『おくのほそ道』全訳注　講談社学術文庫　一九九八年）。

だから、馬小屋でお生まれになったということは、多分ひどい環境の中でイエスが生まれたのだろうと想像できる。そこには蚊や蚤《のみ》が沢山いて、赤ん坊のイエスも刺されたのだろう。そばでは馬がおしっこをシャーシャーしていたことだろう。これは、時代の違いはあれ、山谷の南京虫の出来事とイエス誕生の馬小屋とはまったく同じ状況であることを意味する。

イエスはご自分がそういうところに生まれることによって、そのような蚊、のみ、南京虫、などが沢山いるようなひどい所に住んでいる厳しい状況の人々に心を寄せ、そのような環境にいるような人々を特に心配し支え救っていこうとされたのだろう。それゆえに、イエスは「困った人を助けなさい」などのみ言葉を残していったのだ。

ドヤ替え

まりや食堂で仕事をするためには今の青木荘では無理だ。健康にもよくない。そこで福祉事務所にそのドヤの南京虫のひどい状況を話し、宿替えをお願いしたら二つ返事で許可してくれた。すんなりいったのは、このドヤの状況をつかんでいるからだろう。

直ちに行動を開始した。山谷通りの中ほどに二五〇〇円ほどの一見ホテルのようなドヤが数軒あるので、スタッフを行かせ、交渉はうまくいった。こういうときは女性に限る。当たりが優しいから男の私が行くよりは成功率が高い。今回は南京虫が原因だから彼の酒の遍歴については何も触れなかった。宿泊について福祉の支援は二二〇〇円までなので事情を話して三〇〇円負けてもらった。

二五〇〇円のドヤなら山谷では立派なホテルだから、南京虫も出ることはないだろう。ただ、前に泊まった人の洋服やものにそれが附着していれば、その部屋は汚染されている。一晩寝てみればわかることだ。いずれにしてもあのひどい虫の攻撃はないだろう。

ただ、厄介な問題は彼に酒乱の気があることだ。これが彼の最大のネックだ。暴れるわけではないが、何かの拍子に飲みすぎると酩酊し、わけがわからなくなり、例えば、隣の部屋に入ろうとして、その部屋のノブをがちゃがちゃして開けようとしたりする。それはふざけているわけではなくて、自分の部屋と勘違いしているだけなのだ。された方はいたずらされたと思い、怒り、トラブルが発生することになる。青木荘でも何度ももめたが、今述べたようなドヤだから追い出されなかった。今度のドヤでも「お酒は大丈夫？」と聞かれたが、スタッフはあいまいに答えていた。

私は永伊さんに「今度のドヤに引っ越ししたら酒は土曜日に一本だけにするように」とくぎを刺したがまあ不可能だろう。だが、今度酒でもめてドヤを出されたら、福祉事務所は私の願いも聞いてくれないだろう。彼はもう野宿しかなくなるのだ。彼は独り者、難聴、幻聴。本も読めない。テレビもよく聞こえない。楽しみは酒とタバコだ。タバコもよく吸う。酒やタバコで体を満足させるしか、生きる張り合いはないのかもしれない。私だって晩酌はする。これが唯一の楽しみだ。これが出来なくなったら淋しいと思う。体が悪くなって禁酒なんていうことが近い将来だってありうる。なんせ年だ。

若い頃は飲んで暴れたこともある。山谷で日雇労働をしていた頃は飲んでなんどか武勇伝はある——飲み屋のガラスを壊したこともあるし、酩酊して路上で寝たこともある。だから永伊さんのことはよくわかるし、飲む心も理解はできるが、彼はドヤ住まいの身だ。アパートでも同じで、近所に迷惑をかけることは禁止なのだ。特にドヤは共同生活だから、そこをうまくやらなければ結局は野に寝ざるを得なくなる。

彼の今までの遍歴からすれば、禁酒の生活しかドヤ生活を生き延びることはできないが、それがよいかどうかはわからない。彼にとって質の高い生活とは何かといえば、飲んだくれて路上で楽しく生きることかもしれない。禁酒の窮屈なドヤ生活はまっぴらなのかもしれない。生きるとは、何かもの悲しいものだ。

青木荘で使っていたものは全て捨て、新しいドヤに移った（二〇一二年八月一日）。数日して、南京虫に刺された痕は少しうすくなっていた。本当によかったと思う。「クーラーが効いてばっちりだ」と永伊さん。

私は諭した。「いいか、このような快適な生活は酒飲んでがたがたしたらおしまいだよ。君は飲まなければこの通り普通でおとなしい。飲むとおかしくなるのは酒のせいなんだ。もう年で弱くなっているから、少し飲んでも酔いが回っておかしくなり、わけがわからなくなってしまうのだ。よい生活をするには飲まずに生きるしかないんだ。どうしても飲みたい時は私に言えよ」。

彼は神妙な顔で聞いてくれた。私は何とか彼のこの生活を継続させたいと思う。

まりや食堂の南京虫

二〇一二年八月二日、まりや食堂のフロアで南京虫発見。つぶすとプチュッと血が出た。とうとう、まりや食堂にも恐れていた南京虫が出没した。皮肉なもので、永伊さんが新しいよいドヤに引っ越した次の日だった。今日は二匹見つけた。比較的動作はのろく、見つければやっつけられる。あれほど永伊さんをマークしていたのに潜入された。青木荘に南京虫がいることに気がつく前に、彼に付着した南京虫がまりや食堂へ運び込まれたのだろう。

考えてみれば、今まで三階で山谷の人と礼拝をしたり、窓口で販売したりしているのに、まりや食堂で南京虫にお目にかからなかったのは不思議だ。いずれにしても、まりや食堂で南京虫を発見したことは由々しき事態だ。ボランティアを刺したら厄介だ。私だって家には持っていきたくない。山谷伝道とはこのリスクを背負うことなのだ。他の伝道所や施設でも、ホールや部屋には南京虫がいる可能性があるだろう。また、活動している人々にも南京虫がつくなり、刺される可能性がある。ある場合には家に持ち帰ることになってしまう。

今度移った永伊さんの部屋は快適で虫はいないようだ。湿疹のような皮膚がどんどんきれいになり、新たな刺し痕は出来ていないようだ。それはそれでとてもよかった。

だが、永伊さんの南京虫は私たちにはまだ終わらない。まりや食堂にうろついているからだ（八月七日）。今日も二階の階段で二匹捕まえた。この南京虫の侵入箇所は二階の踊り場が怪しい。そこには彼の荷物が段ボール箱に入れて置いてあるからだ。荷物は主に薬とか書類とかを入れたかばんだが、必要に応じて青木荘の部屋に持ち帰っていたから、それにもぐりこんでまりや食堂に潜入することが可能だ。案の定、そのかばんやダンボールに南京虫がいた。直ぐ全部処分した。問題は南京虫がどの程度まりや食堂に侵入しているかだ。今のところ人的被害はないようだ。誰もかゆいとは言わない。私の家にもいないようだ。だが、まりや食堂は結構ダンボールや米が積んであり、私の三階の部屋など書類でごちゃごちゃしているから、南京虫には住み心地が良いのかもしれない。

移ったホテルむぎや（仮名）にも南京虫がいたのにはガクッときた（八月七日）。

念のためにスタッフにこのドヤに行ってもらい、ガムテープで動くものがあったらぺたっと貼ってもらった。持ち帰り見せてもらうと南京虫が二匹いたのだ。スタッフが言うには、畳の間にさっと何匹かは逃げた。

一体この努力はなんだろう。山谷では生活保護者が泊まるドヤはたいがい二二〇〇円なのだが、私は南京虫を心配して少し高い二五〇〇円のドヤに泊めたのにだめだったのだ。この部屋も徹底的に掃除をして、またバルサンなどをたいて虫を駆除しなくてはならない。そうしないとまりや食堂に持ち込むことになる。

ただ心配なのは帳場が結構うるさいことだ。スタッフが最初「清掃したい」とお願いしたら断られた。週一回は帳場が部屋の掃除を担当しているからなのだが、まりや食堂に後で電話があり、許可してくれた。多分、スタッフが永伊さんは耳が不自由な上幻聴があり、足も少し不自由だから部屋を汚したらドヤに申し訳がないという理由を納得してくれたのだろう。永伊さんが言うには監視カメラがついているらしい。それははっきりしないが結構人の出入りはチェックしているようだ。

まりや食堂

まりや食堂にはまだ南京虫がいる。毎日廊下で二、三匹は発見する。どういうわけか廊下でうろうろしたり、ひっくり返っている。その原因はわからない。隠れているのはまだまだいるのだろうと思う。

私は朝来るとまりや食堂の階段や廊下をなめるように見てチェックをする。黒い小さな塊は必ず確認する。あるいは爪でつぶしてみる。永伊さんのチェックとまりや食堂のチェックで気が疲れる。この張りつめた延長が家まで続く。家でも部屋の黒い小さいものにはハッ！　とする。

小さい恐れが心に生じ始めている。まりや食堂に最初は一匹、そのうち二、三匹が毎日だ。このまりや食堂に一体何匹いるのか。誰も刺されていないからまだ繁殖はしていないと思うが、問題はこれを家に持ち帰ったらどうなるだろうか、と。

薬局は、これが強力だと殺虫剤を勧めてくれた。ナフタリンも買った。これをかばんに入れておくと南京虫は嫌って入らないらしい。家では虫に食われると、南京虫ではないかと心配になる。かゆみが少しで腫れがないとほっとする。

今日（九日）は出ない。ほっとする。ボランティアに永伊さんの家に行ってもらう。虫はいないし、部屋はきれいだ。これは嬉しいことだ。彼もその後一回以外は食われた形跡は手足にない。だが、今山谷に南京虫が繁殖していることは、彼の例やまりや食堂のお客さんの話などからもわかる。

さて、山谷伝道の集会に山谷の人を誘う時に永伊さんが南京虫を持ってきたようなリスクは覚悟しなくてはなるまい。厳しいものだ。

いよいよ出現

今朝（八月一九日）、寝室の入り口の枠の縁を歩いている虫を家内が発見した。私が呼ばれ見れば、間違いなく山谷で何度も見て、やっつけている南京虫だった。あー、とうとう我が家も南京虫に汚染されてしまった。多分、私がまりや食堂から運んだのだ。

永伊さんが青木荘から運んだ南京虫が私のカバンに入り込み、私はそれを我が家へと運んだのだ。

我が家は今日が初日だが、一匹いるとまだ何匹もいるだろう。山谷伝道はまさに自分だけが安全圏にいてはできないことを改めて感じている。そのために日雇いを長い間やったわけだが、日雇いをやめても、山谷伝道をするのであれば、山谷の人が苦労している南京虫の攻撃を私たちも受けなくてはならないのだろう。

皮肉なもので、永伊さんやまりや食堂が小康状態なのに、我が家では南京虫の徘徊が始まった。その後まりや食堂で何匹もつぶし、我が家に侵入した一匹もあえない最後を遂げた後は、目立った動きはない。でも、我が家ではその後も南京虫を意識した生活が続く。肌に虫に刺されたような痕があると、南京虫ではないかと心配してしまう。刺された痕が小さいから他の虫だろうとか、いろいろ推察する。念のためにかなり強い殺虫剤を部屋の隅などに散布する。この薬は山谷の薬局で買ったのだが、散布した後を南京虫が通っても死んでしまう強力なものだ、と店の人が勧めてくれた。山谷は今南京虫がとても繁殖しているから、このような薬が売れるのだろう。もちろん、まりや食堂でも購入し、ところどころに散布して南京虫のわなとしている。今のところは出ていない（二〇一二年八月末）。まりや食堂はこのまま終息してくれたらよいのだが。それには今後とも永伊さんへの水際作戦が欠かせない。

残暑

残暑は相変わらず厳しい。営業中に会計のカウンターに南京虫がいた（九月某日）。多分客の誰かが落としたのだろう。これは、この虫がどこからでも侵入する可能性のあることを示している。急いで潰す。ぱっと血が出る。山谷で活動する者の宿命みたいなものだと感じる。昔、センターの職員が、この方はよく野宿の人の世話をしていたが、自宅が蚤騒動になったことがある、と話したことを思い出した。ただ、南京虫がカウンターにいたことは、客に問題があるのではなくて、ドヤに問題があるのだ。やはりこういった事態が山谷に生じたのならば、その駆除をドヤ主がきちっと考え対応しなくてはなるまい。

うだる暑さで、客の中には頬がこけて人相の変わってしまった人が何人もいる。この暑さで食欲がないためだろう。私も体重が2キロ減り、53キロになってしまった。中には顔が真っ黒になっている人もいる。この人は仕事に行っているのかもしれない。夏場は日雇いの建築などの仕事が沢山ある。暑くて行かない人が多いからだ。私が日雇いに従事していた頃は保安帽をかぶって仕事をするのだが、太陽にあぶられて顔は真っ黒になるが保安帽の紐のあとが頬からあごの下まで白く残ってしまう。

夏の野外の仕事の厳しさを、この夏は本当に感じる。山谷の中でも土管の取替え工事がおこなわれていたが、労働者は作業着を汗に濡らしていた。本当にご苦労さんだ。

私が日雇いをしていた頃、夏はほとんど出てこない仲間がいた。冬眠ならぬ、夏眠だ。自らの体をしっかりと守っていたのだ。本によれば実際夏眠する生き物はいる。雷魚がそうだ。水が干上がると土にもぐりこんで次の雨が来るのを待つという。砂漠の植物がそうだ。ひどい乾季には種や根の状態で雨季が来るのを待つ。雨が降るといっせいに生命活動が始まるのだ。

十一月に南京虫がまた出た。販売カウンターの下に置いてあったビニール袋の中にいた。多分居心地がよかったのだろうが、すぐにつぶした。寒くてもこの虫は活動するのだろう。

吸い飲みで酒を飲む

私はこれを聞いたときにすごい豪傑だと感心した。この人は胃癌で胃を摘出したが転移し、もう手術は無理で自宅をホスピスにして医者の訪問や介護を受けて最後まで過ごした。亡くなる少し前は食事も取れなくなったが、酒はほしいとのことで吸い飲みに入れて飲ませてあげたという。最後の最後まで好きな酒が飲めて死んでいくなんて幸せだなーと思う。

山谷でも似たようなことはある。酒が飲みたくて自己退院する。そんなのはざらだが、その人も飲みたくて退院して、ドヤでウイスキーの小瓶をくわえて亡くなっていたという。飲みたくて退院して泊まるところがなくて凍死した人もいた。

私がノロウイルスにかかった時などは、酒がまずくてまずくて、飲みたいのに飲めないし、飲まないほうが気持ちがよい感じだったから、死期が迫っても酒がおいしく飲める人ってすごく幸せで、まさに大往生だと感じてしまう。

青空おじさん

まりや食堂は献品の衣類やそのほかの物をまりや食堂の前に出す。一種の無料配布だ。人出がないから手渡しはできない。ダンボール等に入れてどさっと出す。貨幣と交換できそうな物は弁当販売時にバザーとして安く売る。

朝出すのが常だから、それを待っている人が何人かいる。その中で少し身なりのきちっとしたおじさんがいる。顔見知りになったので尋ねた（二〇一二年の冬だった）。

「どこに住んでいるの？」

居場所を聞くことで、その人の生活の状態がわかるからだ。「ドヤ」と言えば、この界隈では大方は生活保護者だ。「野宿」と言えば生活の厳しい人だと推察できる。

「マンションに住んでいる」「どのあたりの？」。

「青空マンションだよ」一瞬、えーマンションに住んでいるの！　と内心驚いたが、はっと気がついたから、「いろは通りのマンション？」、「いや、浅草のマンションだよ」

「仲通り？」、「そうだよ」

一応解説しておく。「青空マンション」とは青空が見えるマンションつまり「路上宿泊」を意味する。「いろは通り」は山谷の中にあるアーケード街で野宿者の多いところだ。「仲通り」は浅草仲見世通りのあたりだ。

浅草の野宿の実態はほとんど知らないから、このおじさんに浅草の様子を教えてくれるように頼んだ。

今朝も玄関先に私が出勤する七時半にいた。「今日は何か出るの」と尋ねる。衣類を出しながら、「昼はどうしているの」と聞く。墨田公園の日向でぶらぶらしている。夜はマック（マクドナルド）で一〇〇円のコーヒーを注文して閉店の午前四時まで粘る。

春に出る城北福祉センター（山谷の中にある）の高齢者用の仕事を待っている。暖かくなったら飯でも食べて野宿の厳しさを聞くことにする。

二日ばかりして、朝山谷に行くと、青空おじさんが向かいのコインロッカーにいた。「見なかったねー」と声をかける。「かぜ引いて」。「四月になったらマックに行こうね」と話した。

「今日は出し物は何もないよ」。賞味期限の切れたチョコレートがあったのを思い出しあげる。

今日もまりや食堂の前に来ていた。「今日は何もないよ」と声をかけて、ゴミを出すのを手伝ってもらう。駄賃に飴の袋を渡し、それから少し話を聞くことにして、喉を潤すのに缶コーヒーを提供し、まりや食堂の反対側の縁石に座る。名前は滝田（仮名）さんという。昭和一七年八月生まれだ。私も名乗り、親しくなり以下数年の関係をまとめた。

私が最も関心があるのは、この年配者がなぜ野宿かだ。もう十分に生活保護をもらえる年なのにな一と感じている。本人は、「仕事をしている方が健康でいいんだ」と言う。本音はわからない。保護をもらえない理由が潜んでいそうな気もするが、それは置いといて。

都の外郭団体、城北福祉センターは高齢者用の楽な仕事を斡旋する。二四〇人が登録している。一日に四十人ぐらいの仕事がある。週に一回か二回くる。その仕事が彼の生活の主な糧だ。一日約六千円もらう。仕事は掃き掃除など、仕事は楽だが夏場は炎天で参る。野宿者や、生活保護者などが登録している。輪番制で、月に二万三千円ぐらい稼げる。後はたまに友達の仕事の手伝いをしてなにがしかもらうらしい。何とか食事をして、ドヤ代は出ないから、野宿だが彼の夜中の過ごし方は比較的良いかもしれない。

泊まり方はいろいろある。漫画喫茶は24時間でも泊まれる。四時間で七〇〇円ぐらい。個室で四時間ほど長いすに寝る。ふわふわの椅子で仮眠できる。冬は寒いからいいかもしれない。夜九時にマックに行き一〇〇円、二〇〇円使い午前一時まで粘る。それから漫画喫茶だ。そこも一〇〇円、二〇〇円で粘り明け方に出る。地下通路の椅子で地下鉄が終了するまでいたりする。その時の体や気分の状態で様々な方法でねぐらを獲得する。都心はその点ありがたい。地下鉄のシャッターなどが閉まるのが午前一時、始発が午前四時だから、この数時間だけ外にいれば後は地下街で寒さを凌げるのが浅草のいいところだ。

昨日の行動を聞くと、昼はぶらぶらしていて、それから図書館に行き新聞、雑誌を読み、夜は地下鉄の連絡通路の椅子で時間を潰し、午後九時ぐらいにマックに入り、あとはいつものパターンだ。

私は夜、玉姫日雇い職安前（ハローワーク玉姫労働）を通って帰る。そこでは数人がダンボールで囲い、毛布を二枚ほどはおって寝ているが、厳しい越冬だと思う。その点、彼は高齢者の仕事をして、それは週に一回ほどしか回らないのだが、その金を大事にしてマック等で宿泊するのは賢明かもしれない。

私は南京虫騒動以来、礼拝に山谷の人を誘う勇気が湧かなかったが、彼との交わりの成り行きの中で、自然に礼拝に誘うような状況だった。私がそれを意識的に回避することは、神意に反することと思い、礼拝の時間や曜日を紹介して誘った。

私は今、木曜日は人が来て、充実した礼拝にならなくてもよい、と思っている。山谷のおじさんに礼拝でキリスト教を教えなくても、彼らは既に救われている存在だ。ただ、生活の厳しい人を、私の出来る方法で支えたいので、滝田さんのように出会いがあれば、そこから関わっていきたいと思う。できることがあれば手伝いたい。何か上からしてあげるのではなく、同じ地平に立ち、生きていけたらよいのだ。私の方は何かと物的なものがあるから、それで支援ができればありがたい。それがまた、山谷における伝道だろう。キリスト教は押し付けない。ボランティアも押し付けない。淡々と五分の付き合いをすれば長続きするだろう。今日の礼拝は大勢さんで気持ちがよかった。大勢といっても六人だけなのだが私には大勢なのだ。

彼の田舎は岩手の盛岡だ。兄貴が婿に行って農家をしている。そこで手伝いを若い頃からしていた。多分、日雇いのように農家の手伝いの仕事を生業としていたのかもしれない。そこで部屋ももらって生活をしていたのだろう。長くそんな生活をしていて、何せ、兄貴と言っても婿さんだから居づらくなって東京に来たのだろうか。田舎ではいろんな単純作業をしていたらしい。こちらあちらに十日とか。それであっという間に何十年が過ぎた。

タバコはやらない、酒は少々だ。ギャンブルはしない。これはえらいことだ。こんなに硬いのになぜこのような不安定な生活をしているのだろうか。不思議だ。縁があってこうして出会ったから、生活保護を取るのに必要であればいつでも手伝うことを話した。

木曜礼拝は相変わらずさびしいのだが、ある時期から男性のボランティアが出席するようになった。それに続いて野宿の滝田さんが出席するようになった。野宿の人は大概続かないのだが、彼はもう半年にもなる。二〇一三年の十二月一九日に伝道所のクリスマスをしたのだが、彼も出席してくれた。クリスマスといっても、取り立てて何かをするわけでもなく、特に今年はもう何も改まったことはしたくないと思い、ありあわせのお菓子などでクリスマスを祝ったのだ。

ただ、今年のクリスマス（二〇一三年十二月）の最大の出来事は野宿のおじさんが共に参加をしてイエスの降誕を祝うことができたことだ。これはまさに神からのプレゼントだと思っている。彼は何を考えているかわからないがとにかく出席している。

ただ、彼の出席は私の痛みである。私はクリスマス礼拝で、馬小屋の誕生を通して、イエスが貧しい人の苦しみを共有するために馬小屋で生まれたことを話しても、彼の状態をいかんともできない私の今の状態は痛みなのだ。その私は曲がりなりにも普通の生活ができている。彼に対してできることは、お弁当を持たせること、クリスマスプレゼントに日持ちのよいものをたくさんあげることくらいだ。またせいぜい年末にアルバイトをしてもらおうと考えているくらいで、野宿の彼に何もできない私がいる。

生活保護を取る気なら一緒に福祉事務所に行くよと言っているのだが、本人にはまだその気がない。その後も来たり来なかったりで、来ればなにがしかの弁当を提供するような日々である。二〇一六年になってからぱったりと来なくなった。

死ぬなよ

永伊さんは連休は鬼門だから、休み前にはいろいろと酒やたばこのことを話すことにしているのだが、結果としては馬耳東風なのだ。連休なら私たちの目も届かないし、いくら飲んで泥酔してもよいと考えている。だから目一杯飲む。それも朝からだ。ある日都合で日曜の朝山谷に行くと、通りの飲み屋の前に座って飲んでいた。別に飲んでも一向に構わないのだが、酔った場合の問題行動で何度もドヤを追い出されたことが問題なのだ。本人にどれほどの自覚があるかわからない。

長年の飲酒から来た脳の萎縮のためか、からだは普通の人より老けてきた。内臓はどこも悪くないという診断だ。彼は通院しているから、人よりも体のチェック受けているから安全だと本人が言うが、何か府に落ちない感じが私にはしている。体のチェックを受けて、薬を飲みながら酒を目一杯飲むのは何だろうと思ってしまう。ただ、休みのときは飲みたいのだ。休みにはがみがみ言う私もいないから、前日に「飲むなよ」と言われても、今ここにはいないのだからさあ飲みましょうと尻を落ち着けるのだ。

この繰り返しを十年以上続けてきている。私はもうこれ以上言っても仕方がないと思い、ただ一言「いいか、死ぬなよ」と釘をさす。今度の連休もその一言を言って別れた。健康診断で異常がないと言われていても、薬を飲んでいるし、足元がおぼつかない所があるから、泥酔して車にはねられるかもしれないしと心配の種は尽きない。首に紐をつけるわけにもいかないし本人の運に任せるしかないのだ。

二〇一三年の五月の連休は四日間だ。スタッフはくたびれ、私は田舎に墓参りのために連休の途中でも永伊さんのチェックはできないことになった。今までの実績では、連休は必ず馬鹿飲みしてドヤに迷惑をかけたり、自損行為をしたりしていた。

今回の連休については、私たちもこれ以上はもう手を出すこともできないので、本人によく言い聞かせて、それぞれが連休を過ごすことにした。私はスタッフに、入院などはしかたがないが、万一死亡事故が永伊さんに生じた時には旅先に連絡するように頼んだ。

私は連休の前の日に切々と話した。「自分の体だからいくら飲んでもかまわないが、今ドヤから追い出されたら南京虫の出るひどいドヤしか泊まれなくなる。そうしたらもうまりや食堂の手伝いは頼めなくなる。南京虫をまりや食堂に入れるわけにはいかないからだ。君は働くのが好きなのだろう。だから休みの時は酒は断っていたほうが安全だよ。それに痩せてきたようだから、この際タバコも酒も止めて、おいしいものを沢山食べてよく休養しなさい」。

心配なので連休最後の日に会うことにした。その日の夕方までには仙台から帰れると判断したからだ。その日は渋滞を心配して向うを朝の五時に出発した。幸いに午後には東京に着いた。待ち合わせの時間にまりや食堂に来た永伊さんは、ひょうひょうとしていた。ああ無事でよかった。「よかった、元気か」。

「元気だよ」。「じゃあ、帰っていいよ」。「明日朝七時半に会うよ」と別れた。

機嫌がいいからきっと少しは飲んでいるのだろうが、身なりも正常でよかった。これが前の日にたっぷり飲んでいれば、酒臭くひげ面はよだれで汚れ、よだれで洋服はまだらになって来るのだった。

「先生の言葉が頭に入っているから馬鹿はできないよ」と堂々としている。彼は父が早くに死んで、小さい時から彼の理性となるべき父親の不在のままに成長し、好き勝手に生きてきたのだろう。私は多分彼の父として理性の導き手となっているのだろう。

酒で失敗の時は結構厳しく叱るし、あるいは、必要であれば彼の知っている知的範囲で、できるだけ優しく丁寧に酒の害や、酒を飲むとまりや食堂との関係がどうなるかを繰り返し説明している。これらがある程度彼の理性となり、酒を我慢するブレーキにはなっているのだろう。いずれにしても問題飲酒者だから、油断はできないが本当に今回はよかった。

もたなかった

いよいよ正月休み（二〇一四年）を迎える。滝田さんはもう早々に役所の設定をしている年末年始の無料宿泊所に行った。そこでゆっくりと休養できるのだ。

永伊さんには晦日《みそか》にまりや食堂へ来てもらう。もう休みに入り四日目だ。その間チョコチョコ会っているから深酒はできないでいた。時間に来た顔を見て安心した。素面だ。私は遠くへ出かけるので、預かっているお金を渡し、年明けの五日に来るように言った。

この五日間は長い。ここで飲み始めたらみじめだなーと感じているから、「いいか死ぬなよ」と念を押した。

「タバコは吸っていいか」。「好きな銘柄を目一杯吸ってもいいよ」とゴマをすった。私は祈るような気持ちで旅に出た。

一月四日、スタッフの家にドヤから電話があり、「永伊さんの部屋がめちゃくちゃだから見に来てください。冷蔵庫は倒れ、壁に穴が開き、シーツはぐしょぐしょだ」と怒っている。これは永伊さんが飲みすぎたときのパターンなのだ。

五日の夕方にスタッフは様子を見に行ったが、部屋はきれいになっていた。彼は要介護一なので週二度来るヘルパーさんが、既に掃除をしてくれていたのだった。スタッフは帳場の人と倒したという冷蔵庫と、ひっくり返ったテレビの具合を確認したが故障はないようだった。穴を開けた壁は弁償することで話がついた。

永伊さんが壊した壁の請求書がドヤからきた。占めて一九、九五〇円だ。生活保護費から出すのだから、この月はかなり貧しい生活をしなくてはならない。私は永伊さんに「今月は酒とタバコはなしにしないとできないぞ」と脅かすと、「はい、そうします」と神妙だ。とたんに私は噴き出した。できもしないことをまじめくさって言うので、こちらも怒る気もしなくなる。「まあ、少しぐらいなら酒もタバコもやっていいよ」と私。これが私の悪いところで、つい可愛そうに思ってしまう。永伊さんはそんな私の心をとうに見抜いているから、がみがみ私が言う時はまじめな振りして聞いていて、私の風向きが変わるのを待っているのだ。夕方、手紙を添えて、修理代を持たせる。まあ、考えたらお金で済むのだからよかったと思う。これで追い出されたら、また新しいドヤをさがすのは大変なのだ。ましてや酒が原因で、なんていうと大概のドヤは敬遠するからだ。今回永伊さんは大立ち回りをしたが、このドヤはビジネスライクにできそうなので、よかったと思う。

失禁——1

ヘルパーからの連絡で永伊さんの失禁がわかった（二〇一四年二月）。以前に寝ながら脱糞したことがあったから早晩そうなることは覚悟していた。ただ驚いたのは帳場の話では、半年前から時々シーツが尿で汚れていた。そのことは知らん振りしてまりや食堂でボランティアをしていたのだった。不潔この上ないのだが、私は衛生面はかなり厳しく言って、脱糞以来手袋などをして飯盛などをさせていたから問題はなかったろうと思っている。

私は酒乱の結果ドヤでごたごたを起こすことばかり心配していたから、失禁のことまで気がまわらなかった。多分飲みすぎれば泥酔し、しかも脳の薬も飲んでいるからその相乗効果もあり、深い眠りの中で失禁してしまうこともあるだろう。要支援になり、ヘルパーが部屋に入るようになったので、隠れたことがどんどん露見してくるのだ。

先日も朝から立ち飲みやの前で飲んでいるのを見た。断ちがたく酒を求めるのだろう。本人にも自尊心はあるから失禁を隠すのだが、そんな状態が酒から来るらしいとわかっていても、酒の誘惑には抗し難いのだ。これがアルコールという存在の怖さだ。長年の飲酒から体が酒に依存してしまい、酒が彼の存在を飲み込んでいるのだろうと思う。

帳場の話では、シーツは尿で汚した場合は、洗って乾かし、リンネル会社に返す。こんな状態では、いったいこの先どうしたら良いのだろうか。

まずは説得して酒が断てるかどうかだ。シアナマイドという禁酒を続けるための薬もあるから、医者と相談し、本人が承知ならそれを飲むのも良いかもしれない。

幸い介護の方で防水シートを用意してくれることになり、帳場もそれを了解してくれた。これを利用すれば失禁しても蒲団を汚すことは防げる。

こういった状態では、食堂の弁当を触らせるわけにはいかないので、弁当屋のボランティアは当分中止にして、風呂に入ってきてもらってからまりや食堂に上げて、私の雑用などをしてもらうボランティアが良いと思う。やはり手元に置いてた方が様子がわかるし、なんらかの形で関わり続けた方が良い。また、私たちにとっても人手として助かると思う。

ふと淋しさがこみ上げてくる。長年一生懸命に弁当屋の仕事を手伝ってくれていたが、それを断らなくてはならないからだ。衛生上やむを得ないと思うが、彼も晩年を迎えて失禁の状態が悪くなればドヤもいい顔はしないだろう。

彼の姿は私たちには大きな課題でもある。保護費をもらい、目一杯酒を飲んで失禁して、その尻拭いを私たちがするのだから、心にわだかまりがないほうがおかしい。今ボランティアが減りスタッフは忙しいのに、ドヤに行って帳場にゴマをすったり、電話で侘びを入れたり一生懸命に彼を守ろうとしているが、余りに自分勝手すぎると彼につい声を荒立ててしまいがちである。

彼は要支援の身だから、ヘルパーの方で紙パンツを用意してくれた。生活保護のほうで月一万円までの紙パンツ代は出るとのことだ。それに帳場が要求していた替えのシーツも二枚準備した。これで失禁してもひどく粗相することはないだろうが、病気で失禁ならそのような段取りもありがたいが、酒飲んで失禁の繰り返しのためとは何か気のめいる思いがしてならない。やはりこういった体になってしまったからには、禁酒の手立てを考えるなり、酒の飲めない施設で余生を送れるように準備を進めていくのが良いのだろうと思う。

失禁──2

まりや食堂に三日も顔を出さないのでドヤに見に行くと、体を九の字にして永伊さんは布団にもぐりこんでいたが、部屋には尿の匂いが充満していた。飯が食えなくずっと寝ていたようで、もう四日になる。寝ているときに失禁してしまうらしく、この状態に気が付かないとは、急に痴呆になったようだ。

大人がたっぷり漏らした尿が狭い部屋の暖房で温められ、アンモニアも発生しているようでむせ返るような匂いだ。一時間もこの部屋にいたので、鼻の奥にこの匂いがこびりつき、その後もふとこの匂いがよみがえり気持ちが悪くなってしまう。イエスの馬小屋もきっとこんな匂いだったのだろうと思う。

呼ぶとやっと上半身だけ起こしたが布団は尿の色に染まっていた。今日も食事はしていない。頬がげっそりしているから本当なのだろう。彼の難聴、語彙不足からこういった原因の情報が私の方に伝わらず、具合の悪い理由を調べる手がかりがない。今日は土曜日。私は今日から三日ほど山谷に来ないから、何か手を打たなくては永伊さんが持たないかもしれない。帳場から救急車を呼んでもらい、収容先の病院は確保した。

問題はこの先の事だ。とりあえず帳場には汚したものは弁償する旨話し、今後の事は入院の状態を見て相談したいとお願いした。

今部屋にはおねしょう用パンツと防水シートも用意してあるのに、今日行った時には防水シートは布団の足元の方に押しやられていて敷き蒲団をカバーしておらず、尿が布団を濡らしていた。ズボンと上着のまま寝ていたので、ズボンも、上着も濡れていた。物が食えず水分ばかり取っていたので、大量に失禁し、小便まみれになって寝ていたのだった。

これはどう見ても正常ではない。今までは多少はぼけてはいたとはいえ、正常な部分が多かったからどうしたんだろうといぶかる。できればまだドヤの生活をさせたいが、帳場の出方による。永伊さんが入院によって回復し、ある程度は理性が働き、判断する能力があれば帳場にお願いができるだろう。

帳場からまりや食堂に電話があり失禁の状態がわかった。畳まで尿がしみ込み、畳は替えるとのこと、シーツは処分し、布団はリースなので無料で交換だ。シーツ代八〇〇〇円、畳替え代一五、七五〇円しめて一六、五五〇円が必要とのことだった。これを弁償することによって彼の首が繋がった。

星座

シアナマイドがいいだろうと精神科医の青田（仮名）先生は言った。これでドヤは何とかなるかもしれない。飲ませ方は私やヘルパーやドヤの女主に頼んでやるしかないと思う。

永伊さんの今回の失禁の出来事は、遅かれ早かれ私たちにも生じる出来事だろう。彼は私たちの先を行ったにすぎない。私たちもより加齢すれば酒が原因でなくても、失禁が病気として生じることは十分に考えられるから、永伊さんのことは他人ごとではない。

ふとまりや食堂は星座だなと思った。私はオリオン座が好きでよくみる。見やすい星でしかも美しいからだ。目印はベルトあたりの三つ星だ。夏は丁度私の家の狭い庭から真上に見えるから、庭は小プラネタリュームだ。そのオリオン座の周りには牡牛座や双子座、子犬座、大犬座など様々な星座が群がっている。

今回の永伊さんの出来事を通して様々な動きがあった。滝口さん、藤波さん、介護施設のヘルパー、ドヤの女主、福祉事務所、青田先生、中村病院、まりや食堂（伝道所）などだが、このオリオン座の周りに位置する様々な星座のように、永伊さんという星座の周りにいて、それぞれの役割を輝やかしていた。

野宿の滝口さんは彼の代わりに掃除を、ボランティアの藤波（仮名）さんは弁当盛りを、介護業者ハーモニカ（仮名）は適切な助言を、ヘルパーは掃除を、ドヤの女主は部屋の管理、臭い布団の乾燥、びしょ濡れシーツの処分、畳代の請求を、青田先生は薬をいろいろ考えてくれ、まりや食堂はそれぞれの働きの触媒として奔走した。

これをネットワークと言えば簡単だが、この言葉からは合理的な繋がりを思ってしまうが、この星座の繋がりはもっとウェットな関係なのだ。そこには世話をして疲れ、こぼす人間の姿があるのだ。いくら言っても聞かず酒でこうなってしまう永伊さんを怒る人間でもある。まりや食堂がボランティア不足で忙しく、くたくたになっているスタッフがドヤの彼の様子を見に行く姿がある。でも、それは義務でしているわけでもなく、ひとりの人間に出会い、それだけのエネルギーを使うことを必要としているという事実の前に働いているのである。それぞれ星座は輝きながら干渉しあっているように、私たちの星座もそれぞれが輝きながらかかわり支えあっているのである。

シアナマイド

まりや食堂の前でおじさんが横になって寝ている。朝の七時半だ。アスファルトが濡れている。ズボンも濡れている。多分酔っ払って寝ていて失禁したのだ。小便の匂い、すえた匂いが漂う。

永伊さんも酒を止めないと最後はこうなるのだという姿を示されたようだ。今日入院先の医者に会って聞くと、軽い肺炎と脱水症状がある。半年前に入院した病院では誤嚥《ごえん》肺炎と言われ一か月間入院した。その時には肺に酒が入っていた。今回も大量に飲んで誤嚥したのだろう。しかも失禁がひどかった。もうこんなことは二度と繰り返してはならない。本人もかなり元気になったので、病院の休憩室で話をした。

「君は酒を飲むと、寝ている時おしっこをしてしまっても気がつかないのだよ。それは長く酒を飲んでいたから、おちんちんの神経が麻痺しているのだ」と説明した。「だから、今後ドヤで生活をするには酒を止めなければならないのだ。ただ、もう自分の意思でやめるのは難しいから、酒を飲めなくする薬を飲むのがいいのだよ」。

永伊さんはそんな薬があるのと目を輝かせていた。本人にも自尊心はあるから、お布団に粗相をするのは恥ずかしいという気持ちはあったようで嬉しい。彼にはまだしっかりした自分が存在しているという感じだ。まさに対自存在（「7　存在について」の項参照）なのだ。

多分、底をついたのだろう。このままではおしっこまみれのひどい生活になるので、酒を断たなくてはならないと自分なりに覚悟を決めたのだと感じている。ただ、シアナマイドを自分で飲み続けるのは難しい。最初のうちは緊張しているから、また失禁したことが記憶に鮮明だからまじめに飲むだろう。そのうちに必ずや飲酒欲求が出てくるから、やはり別の人が飲ませなければならないだろう。

こうなると三六五日、彼とかかわらなくてはならないから大変だ。普段の日はまりや食堂に来てもらえるが、日曜日とか、連休、夏休み、正月休みなどはどうするかだ。そういった日はボランティアにもお願いして交代で飲ませなくてはならないだろう。

この長い歩みの過程の中でボランティアなどが飲ませに行った時、拒否することが生じるかもしれない。そして、酒を飲み、失禁するかもしれない。あるいは薬を飲み、酒を押さえて快適な生活をするのもまた一つの生き方だ。結局は飲むも飲まないも本人の自由意思によるのだ。人には様々な生き方があるからその生き方がだめだとか、おかしいとはいえない。それも一つの生き方なのだと思う。

いずれにしても一人の人を支えるとは本当に大変だと改めて感じている。愛は惜しみなく奪うものだ。

いよいよ退院が決まったので青田先生に相談してシアナマイドを出してもらうことにした。介護センターの方と相談すると、介護として訪問看護で飲ませるのは週一回程度なら可能だといわれた。ドヤを訪問してもらい、私たちが無理な日をサポートしてもらうことにする。日曜日にする予定だ。次にボランティアにもお願いして、私が所用で東京を離れる時にドヤを訪問して永伊さんに薬を飲ませることにした。

薬を飲ませる数分のために一時間以上をかけて訪問するのは効率が悪いねとボランティアはこぼすから、

人の尊厳を守るためには大変な労力がいるのだと私。彼はこのまま飲めば失禁し、挙句はドヤを追い出され、路上に寝ることになってしまうのだ。それも自由であるが、やれることだけはやってみたいと思う。人間なのだから人間の尊厳と人格を守っていきたいと思う。それが永伊さんを野宿から立ち上がらせ今日まで来た理由である。

本当に一人の人を支えるのは大変な労力がいると思う。医者の援助、介護の支え、訪問看護、薬飲ませのボランティア、ほとんどの日を飲ませる担当の私。ボランティアは何人にもお願いして一人の負担が重くならないようにしたいと思っている。

訪問看護を多く使って飲ませるようにすれば、私たちの負担が軽くなるのではという人もいたが、今、日本全体で介護にかかる財政や個人の保険費代も増え続けているから、私たちができることは、できるだけするのがよいと考える。また、私たちは永伊さんと疑似家族なのだから、私たちができるだけ支えるのが自然だ。

みちは続く

退院だ。看護師に聞くと、失禁はまだ続いているとのことだった。トイレが間に合わなかったり、おもらししても気がつかないようだ。おしっこを感じる神経が麻痺しているのではないかとも。

私はこの話に気落ちしてしまった。酒を止めれば失禁は止まると踏んでいたからだ。

一晩寝て心を立て直した。酒なしでも失禁なら、その状態を受け入れるしかないので、いかにお布団などを汚さないで生活をするかを考えることが大切だと考えた。そうすればドヤ住まいもできるだろう。いずれにしても酒を飲まなければ酔っていないので、ある程度は自己管理ができるから、防水シートを敷いて、オムツパンツをはけば生活が安定するだろう。

酒から来る失禁でなければ、それは病気なのだから別に恥ずかしいことではないので、きちっと病院に行って原因を調べてもらい、対応策を考えたいと思う。本人は失禁のことを気にしているので、よく説明したら安心したようだ。

今まりや食堂は一丸となって、この人を支えたいと思っている。ある人々は弁当の販売や炊き出しで、ある人々はドヤを訪問してシアナマイドを飲ませる仕事だ。

病院からシアナマイドが来た（二〇一四年三月二四日）。さあ真剣勝負だ。これをうまく飲めれば安泰だからだ。私たちの努力が問われそうだ。これはまりや食堂の華になるだろう。困難な人に、まりや食堂が一丸となって支える仕事に取り組むのだから。旗日（祝日）はそれぞれ都合があるだろうから、できるだけボランティアは多く集めてやりくりしてお願いするのがいいだろう。本当にキリスト修行を実践するいい機会だ。キリストを沢山学ぶことができる。

ヘルパーさんとか訪問看護は労働して対価をいただくビジネスだから当たり前のことだ。けれども、私たちの仕事はまったくのボランティアだ。永伊さん宅を訪ね、薬を飲ませるのに、遠方のボランティアの場合にはたった5分の行為に半日を使う。これはまさにサマリア人のあの行為そのものである。永伊さんも私たちの行為にありがたさを感じ、断酒に励み、シアナマイドを忌避しないでもらいたい。

三六五日、この薬を考えなくてはならないから緊張する。私がもし飲ますのを忘れたら、また誰かが飲ますのを忘れたらという思いがとれない。なぜなら、本当に私たちは忘れっぽくなっているからなのだ。まあ何とか二重チェックでこれを凌がなくてはならないだろうと思う。

私は沢山の代償を払ってもいいから、永伊さんが何とかシアナマイドを飲んで普通の生活ができることを心より願っている。その意味ではこの飲ませる行為は本当に真剣勝負なのだ。

失禁——3

毎日失禁のことを聞いている。オムツをさせているので濡れているかどうかを尋ねるのだ。「いいか正直に言えよ。濡れたか」。「濡れていないよ」。「良かった」。「濡れていても恥ずかしいことではないからな。今は酒飲んでいないから、それでお漏らしをするのは、泌尿器の病気なんだから堂々と医者にいけるからな。それは病気なんだ。そんな老人はいくらもいるんだ」と強調しておいた。

一か月の間様子を見ていたが、酒を飲まなくても軽い失禁はあるようだ。昼はパンツをはかせているが少し濡れる。夜は用心しておしっこを吸い取るパットを買った。これは普通のパンツの内側に粘着テープで貼るものだ。とりあえず１８０cc まで吸い取れるのにした。

ドラッグストアでこれを買いながらわれながら内心笑ってしまった。男の私がオムツコーナーをうろうろして従業員に効能ややり方などを聞いているからだ。私は両親の介護はしなかったが、今まさにその状態になりつつあるようだ。だが、これはもしかすると自分のためなのかもしれない。もっと年をとると失禁なんていうこともあるから、その時にはこういったものも必要になるだろう。今からそのための買い方や、どんなものを買えばよいかなどの訓練や予行演習になっているようだとも思う。

時々、夜のパンツに当てているパットが少し濡れているようだ。原因ははっきりしない。本人は知的にやや問題があるのでなかなか認識が難しく、小便の切れが悪くパンツを濡らす粗相なのか、それともお漏らしなのかは定かでない。もうしばらく様子を見ることにする。

連休

例年の五月の大連休だが、今年は久しぶりに少しは安心して休める。それは永伊さんがシアナマイドを今のところ真面目に飲んでくれているからだ。これさえ拒否しなければ安定した生活ができるのだ。ただ、休み全部を薬のために山谷に行くのは参るので、何人かのボランティアに服用の仕事をお願いした。休みの日は本人が自分で飲んでもよいのだが、もしごまかせば、ただちに酒が飲めるから、元の木阿弥になる危険性が大なのだ。

酒を飲まないからどんどん健康が回復してきた。それは大変結構なことだが、ここにもまた相矛盾することが生じる。健康になれば、酒がほしくなるのは当然だ。大失禁の自覚があるから今は飲もうとしないが、時は記憶を薄めるし、酒の魔力は恐ろしいものがあるから、心配がふつふつと湧いてくる。だからまさかの時の対応を今から心に準備しておく必要があるので、彼には飲まない生活がいかによいかを会うたびに話し、ついでに飲んでいた時のひどい状態も付け加え、再飲酒の際はそうなることを強調している。

禁酒にとっては山谷の環境は決してよくない。酒屋はあちこちにあり、24時間売っている店もある。路上で、街角で朝から酒を飲んでいる。そういった町で禁酒を貫くのは大変だ。以前ＡＡ（アルコホーリクス・アノニマスの略）のミーティングで、アルコールからの回復者は怖くて「山谷にはいけない」と言っていたことが本当に実感としてわかる。悲観論だけでは致し方ないので、できるだけ励まし、まりや食堂のできる仕事をお願いして生活に張り合いがあるように仕向けていきたいと思っている。

再飲酒

思わぬところで彼の再飲酒を発見してしまった。完全に禁酒していると思っていたので、かなりのショックを受けた。

二〇一四年十二月二四日の夕方シアナマイドを飲ませるのを忘れ、まりや食堂が終えてから彼のドヤに薬を持って行った。ドアを開けると飲んでいるではないか。見るとワンカップや焼酎のビンなどが置いてあった。

「何だ、お前飲んでいるのか」と私は声を荒立てた。

彼はしまったという顔をして、「今日だけなんだ」と断言する。

確かに、今日はまだこの薬を飲んでいないから、それで酒が飲みたくなって飲んだのであれば、薬を飲ませるのを忘れた私が悪いのだ。でも待てよ、蒲団の脇の酒類は二種類だ。それがそれぞれ三分の二ほど無くなっている。私が今来る前に飲んだにしては量が多い。多分、何日も前に買い込んでいて、シアナマイドの服用のために、酒を飲んでも具合が悪くなるので、少しずつ何日間かかけて飲んだ量なのだろう。

折角来たのだが、酒を飲んでいるので、薬を飲ませるのは中止して、帳場に礼を言って帰ろうとしたら、帳場が「時々、飲んでいるよ」と私の落ち込んでいる気持ちに追い打ちをかけた。

でも、これである程度謎が解けた。それは飲んでいないはずなのに、まりや食堂に来た時に最近はひげを剃っていない。「どうした」「寝てしまい、風呂に入らなかった」と。時折、洋服は汚い。おかしいな素面《しらふ》なのに。それに調子が時々悪く、げそっとしていた。幻聴などの病気があるから調子が悪いのかなと思っていた。こないだは一晩中短波（幻聴のこと）が入ると言っていた。これでは一度病院で精密検査が必要かなと思ったりしていた。これらの事態の理由が飲酒の露見である程度わかった。彼は薬を飲みながら酒を飲んでいたのだ。今、薬の分量はほんの少しだから、酒を飲もうと思えば飲める。ただ、やはりある程度はこの薬のせいで酔っぱらってしまい、気持ちが悪くなってしまうのだ。その結果が次の日のよれよれの姿だったのだ。この薬は強いから体によくないと、どんどん減らしていったことがあだになってしまっていた。

私はニコチン中毒だったから、中毒者のパターンはよくわかる。彼が時々酒を口にしているなら、今後どこかで大量飲酒になる可能性があるので、彼の部屋を掃除に来るヘルパーさんの事業所に電話を入れて、失禁に備えて防水シートを再びするように頼んだ。

彼の主治医の青田先生にはこの事情を話したら、彼も納得だった。時々具合が悪く病院でも点滴などをしたり、検査をしたりと至れり尽くせりだったが、どうも原因はこの薬と酒の併用にあったようだと二人で了解し、シアナマイドの量を倍にすることにした。薬のリスクの方が飲酒の問題よりも軽いと判断したからだ。そして、もしまた大量飲酒ならば以前のように失禁、誤嚥肺炎などが心配だし、ドヤからの強制退去なども心配だからだ。

クリスマス

二五日、朝木曜礼拝。クリスマスだ。彼は素面だった。この人を支えるためにイエスは誕生したのだと実感するクリスマス礼拝だった。

「クリスマスおめでとう」と言うが、私は「おめでとう」とは言いたくない。山谷は重いからだ。それ以上にクリスマスはめでたいと言って浮かれるものではない。

「お前に頑張れ、と励ますためにイエスは生まれたんだぞ」と私は永伊さんに言った。イエスの馬小屋での誕生は私たちへの激励でもある。彼の飲酒は蟻地獄だ。もがいても、もがいてもはまっていく。酒は食いついたらしつっこく離れない。だから、支えても、支えてもうまくいかないと、もうあきらめて放棄しがちだが、イエスは馬小屋から私たちをあきらめないように激励している。

人間はスケボーみたいと、この事件（再飲酒）で感じている。スケボーはとても不安定な乗り物だ。私のは長さ50センチ、幅25センチの板下の前後に車輪が二個ずつ付いている。その上に両足で乗り、片足で蹴り、その足も上に乗せて走るのだが危ない。小さな石があればつまずき、転び、膝やひじをすりむく。ブレーキがあるわけではないので、ふらふらして不安定だ。いつ滑り出して転ぶかわからない代物だ。慣れるとその不安定さをコントロールして滑る。でもやはり基本的に不安定な乗り物なので、いつ転倒してもいいように構えている。

人間の人生もこんなものだ。永伊さんも私たちもその一人だ。安定しているのではなくて、不安定をコントロールして安定しているのだ。だから不安定が第一義だ。それが人生だが、それを何とか乗りこなして安定を維持しているのだが、ちょっとしたことで安定が崩れ、不安定になってしまう。

サルトルが、人は無の中に存在すると言ったのはこのことだ。人はその存在の根拠を持たないのだ。人間の存在の基盤は何もない。無なのだ。不安なのだ。あっても、せいぜいスケボーぐらいなのだ。永伊さんはそのようなスケボーの上にいる存在だ。それは等しく私でもあり、あなたでもあるだろう。

駅伝

箱根駅伝を見ていて、永伊さんの不確かな歩みを支えている形は駅伝だと感じた。

彼はシアナマイドを飲み続けなくてはならない。これは自分では無理なので、私たち他人が飲ませる。三六五日それをするのは本当に大変だ。一日として欠かすことはできないからだ。普段はまりや食堂で飲ませるが、単発の休みの日や連休も都合がつく限りは私が担当する。

時には連休は、何人かで交代でドヤに行くなり、あるいはまりや食堂の前で飲ませる。これがまさに駅伝のさまだと感じた。シアナマイドの薬がたすき代わりで、飲ませ終わったら、この薬を次の人に渡して次の日に飲ませてもらうからだ。薬のリレーだ。実際には薬は永伊さんの冷蔵庫に保管してあり、それを飲ませるのだが、交代でするのには違いはない。永伊さんが入院した時も駅伝のように交代で見舞いに行くのだ。このようにして、困難にある人を支えていく。

私たちの活動も駅伝のようだ。私は、人とのつながりが下手な人間だが、様々な人が現れ、人から次の人へと繋がって、いつの間にか支える会ができ、まりや食堂を立ち上げ、長年に亘り活動をすることができた。今度はいよいよ私が、次の人にたすきを渡す時が来つつあると感じている。

今永伊さんはまりや食堂のボランティアとして働き、同時にまりや食堂がさまざま形で支えるという、相互作用の中にいる。これはいい関係だと思う。

まりや食堂もさまざまな支えの中で今日まで来ることができた。献金者、献品者、弁当を作る人、売る人等はマラソンランナーなのだろう。それぞれ息長く支援してくださり、またボランティアを長くやってくださっている。熟年組も多くなったから、リレーのように後にたすきを受ける人がよりほしいと考える。今、まりや食堂はさまざまなつながりの中で生きている。

肝硬変

永伊さんは正月も何事もなく無事終わったが、食欲はいまひとつだったので、会えば「飯は食えるか」と聞く。これが最近の挨拶になっていて、彼との会話はここから始まる。一月に定期のＣＴ検査をすることになった。

正月過ぎてから「腹が張る、膀胱が張る」と辛そう。その前の検査の内視鏡では異常はほとんどないし、血液検査も問題なく、医者も「大過ない」と言っていたから、一過性かと思いあまり深刻に考えていなかった。気休めに胃薬などを買って提供していたが、ご飯はやっと食べられるような状態だった。ＣＴ検査の日まで何とか持つかと思っていたが、芳しくないので病院へ電話して行ってもらった。

その日の病院から電話で、腹水がかなりたまり、肝硬変の可能性があるらしい（二〇一六年二月）。翌日病院に行き説明を聞く。医者は見落としを謝り、彼の飲酒歴がひどいことは情報で承知していたので、CTを当初からやるべきだったと反省していた。

私が最初よくのみ込めなかったのは、肝臓が悪いと上昇する血液中のAST、ALT、ALP、r―GTPの数値が普通なので、肝臓に異常はないと考えていたからだ。

確かに彼はしたたかに飲んでいたから、肝臓はマークすべきなのだが、山谷ですごく飲んでいても体に異常のない人もいて、彼も肝臓が強く、それに関しては何でもないと理解していたのだった。それだけに致命的病名を聞いて寝耳に水というほど驚いて、医者に質問すると、肝臓がひどく悪い場合にはその数値は正常の値が出るとのこと。だからCTなどでチェックする必要があるのだ。

なんということだ。彼は幻聴のために精神科の病院にも長く通院していた。そこでも血液検査など何度もしていて、貧血ぐらいで他は正常だったとは何とも不思議な気がしてしかたがない。

いきなり肝硬変になるわけではなく、長い時間かけて肝臓が悪くなってきたのだろう。その折々に肝炎とか、慢性肝炎とかでいろいろ症状が出るだろうから、それらも血液の検査でチェックできなかったのだろうか。エコーの検査にも症状は出てこなかったのだろうか。長くかかっている病院の診断に誤診があったかどうか。医療に素人の私にはミステリーとしか言いようがない。ただ、今回総合病院でも最初は見落としていたから、精神科だけの病院では気が付かなかったのかもしれない。

体の現実は、腹水がだいぶ溜まり、肝臓を圧迫して肝臓が小さくなっていた。膵臓も小さくなっているとＣＴの写真を見せて医者は説明してくれた。腸が押し出されて鼠径《そけい》ヘルニアになっていた。肝硬変に伴う食道静脈瘤が四か所もある、内視鏡写真も見せてくれた。その瘤は結紮《けっさつ》して処理し、食道の壁を補強するための注射を施した。こんな具合だから決して軽症というわけではなかった。二週間後の写真では、結紮した瘤は干しブドウのようになって食道の壁にぶら下がっていた。これがポロリと落ちて治るのだ。

不幸中の幸いというか、生活保護での入院だが、ぞんざいに扱われることもなく、こうして少し遅れたとはいえ丁寧に説明をしてくれ、病状に対してもきちっと対応してくれたのはありがたい。とても混んで長く待つと本人はこぼしていたが、この病院を選択したことはよかったと思う。この病院は亡くなった中山さんが肝臓癌で入院した病院だ。彼もよい看護を受けた。それで永伊さんにもこの病院を勧めたのだ。彼がいなくなって、人手の少なくなったまりや食堂はあたふたしているが、やむを得ない。

癌などがなければ、その状態でだましながら生き続けていくのが一番だ。診断ミスかどうかはわからないが、前の病院で肝臓の悪さが見つかっていれば、私もまた酒を飲まないようにする説得の方法が違ったと思う。そうはいっても酒は断ちがたいから、早晩こういった肝硬変になるのは彼の宿命なのかもしれない。残念なのはもう少し早い時期からシアナマイドを飲んでいれば肝臓にこれほどのダメージは無かったかもしれない。永伊さんには自分で壊したのだから仕方がないんだ、と少し冷たい事実を示しておいた。医者は食道静脈瘤が怖いと言う。破裂すると出血が止まりにくく致命傷になる。再び内視鏡で瘤ができそうな食道の壁を硬化する薬を注入してとりあえず退院となる。今後は肝臓と瘤の定期的検査が必要だ。

私は何百回、何千回も酒をやめるように永伊さんに言った。肝臓も注意して病院でチェックしていたのに、突然としかいいようのない病名に、死を宣告されたようで、むなしさがよぎる。以前、まりや食堂にかかわっていた山谷の二人とも肝硬変から来る肝臓癌で亡くなっている。彼も早晩癌が生じるのだろうか。今はいかに生き延びていくかだ。何とか低め不安定で生かしてあげたいと思う。

彼は私には他山の石となった。私も結構飲むから、ゆくゆくは肝臓障がいが生じる可能性もあるので肝臓を大事に扱わなくてはならないのだ。しかも肝臓は沈黙の臓器というから用心に越したことはない。また、私には肝臓に血管腫があると言われている。これも大きくなったなら取らなくてはならないようだ。年もとってきた。これらの事から無理は禁物だ。酒もほどほどにしなくてはならない。

することはした

肝硬変と言われショックを受けたが、今の心境はある程度淡々としている。それはすることはしたという感慨だ。永伊さんとの今の挨拶は「体がだるいか」だ。亡くなった伊藤さんも「体がだるい」と言っていた。多分肝臓の悪い人の症状なのだろう。退院から二週間たって、少しだるさが取れてきた。食欲は十分にある。よく食べて、よく寝て、薬をしっかり飲んで散歩するように言ってある。

今はそれしかないのだろう。己の回復力でどこまで肝硬変がよくなるのか、あるいは低空飛行で何とか命を長らえていくのか。何ともわからないが、この間の検査では肝臓の機能が少しよくなったとほめられた。ありがたいことだ。

ただ、私としてはすることはしてきたから、シアナマイドについてはある程度身を引こうと思っている。旗日（祝日）の日も彼のドヤに行って飲ませたが、それはもうよそうと思う。もうここまで来たのだから、本人に任せようと思っている。

それは、彼が長い酒歴とシアナマイドを飲みながらの隠れ酒から最悪の状態の肝硬変になったのだから、今さら「わいわい」言っても仕方ないと感じている。もちろん、普段は最小限度のシアナマイドを飲ませるが後は本人に任せることにした。本人も腹水が溜ったり、内視鏡で苦しい検査をしたりして、もうこれ以上体を痛めないために酒はよそうと思っているのだから、彼の自覚に任せようと考えた。

それは私の解放でもある。私はどこにいても、休みの日は夕方五時までに東京に帰り、彼に薬を飲ませなくてはという意識があって、小旅行に行ってもその意識から解放されないでいた。年何回かの連休は遠出をするので、何人かのボランティアに頼んで開放されるのだが、細かい旗日は頼めないので私がそうやってカバーしていた。

もうそれはよそうと思う。わたしはここまでがんばったが、彼が肝硬変になるような日々の行動だったのだからもう仕方がないし、こちらの打つ手は何もないのだと思っている。本人が休みの日も自覚して酒は飲まないようにして延命を図ってもらいたい。連休の旗日はボランティアにはもう頼めないと思っている。それは、せっかく時間を使って飲ませに行っても、後で酒を飲むのではやっていることが無意味だからだ。

定期的に病院で検査をするからそう簡単に死ぬことはないと思う。それにしても彼は幸せだと思う。うちのスタッフにしても私にしてもめったなことでは病院には行かないし、行けないし、行けば金もかかるのだ。その点で彼は生活保護で医療費も無料と恵まれているのだから体をいたわってもらいたいものだ。

肝臓の薬がいいせいか、肝硬変なのだがそれなりに普通の健康状態で生活ができている。このまま彼なりに命を灯し続けたらよいと思う。場合によっては私の方が先に逝ってしまうかもしれない。年を取ればいつ癌になるかもしれないから、お互いに用心して生きて行くことが肝心だ。

飲酒欲求高まる

のど元過ぎれば熱さを忘れるように、入院して内視鏡を入れたりするきつい治療も忘れてしまったようで、彼の飲酒があちこちで露見している。日常的にシアナマイドを飲ませても飲酒欲求は取れないのだ。まあ仕方ないと思っている。肝硬変になっているのだから太く短く生きるも、細く長く生きるも本人の意思にかかっているのだ。ただ、山谷で酔っぱらっていると「まりや食堂で仕事をしている人が酔っているよ」と笑われるので、こっそり飲むようにとは言っている。

ある時は永伊さんが世話になっているヘルパーの事業所にひどく酔っぱらって行ったようで、そこの責任者の女性から「ひどく酔っていて怖かった」と電話があった。その人の名を挙げて注意すると「その人は知らないよ」と否認する。こんな具合だから、腹が立って「どんどん飲んで死ねよ、骨は拾うから」と怒った。「ただ、山谷では飲まないで、浅草などで飲め、酔ったらドヤに帰るな。そうすればみんなにばれないから」。これではっきりしたことは、彼はずっと以前から飲んでいたのだ。いつも否認していたが飲んでいたのだ。飲んだ次の日残っていると神経が立っているから、何かあれば大きな声を出したり、わめいたのだとよくわかった。

ここまで来たら、私はもう無理をしないでそこそこに支えるしかないと思う。彼は結構酒を飲んでいるようだから、用事があるときは無理やり時間を割いてシアナマイドを飲ませに行かなくてもいいだろう。お金の預かり方も考えなくてはならない。私に預けた金をちびちび引き出して、上手に飲んでいるように感じる。私は酒飲みに上手に利用されているようだ。シアナマイドを飲んでいるから飲酒しても沢山は飲めないのだが、すっかりこの薬に慣れ、巧みに飲むようだ。飲むのは大概土曜の夜だ。日曜日は私ではなく訪問看護師がシアナマイドを飲ませるから、酔っていても文句は言われないと踏んでいるのだ。それにしても、肝臓の薬を沢山飲んで、酒を飲むという何ともすごいことをしている人間だ。結構タフだという印象だが、肝硬変、食道静脈瘤などがこの先どうなるのか。ただ時に任せて歩むしかないというのが今の心境だ。

妄想が激しい

妄想なのか思い込みなのか永伊さんの様子が変だ。「帳場のおばさんが部屋に入って来て、胸のポケットの補聴器を取ろうとする。前の補聴器もその人に盗まれた。短波があるからライトを買って照らす。おばさんが入ってくるときはテレビの半分に映る（二〇一七年一月）」と。本人は真剣だ。「そんなことありえない」と私が否定してもだめだ。「おばさんに動機がないだろう」。この言葉は難しくて理解できない。「ほっとけば」と突き放すと落ち着いた。多分被害妄想なのだろう。だが、本気になっているところが怖い。妄想は時々あるが今回は症状が激しく、こちらにもそれが向いてきた。

それはお金のことだ。お金を預かっていて時々渡すが、今回は入院などがあり、お金が底をつき、最後の一万数千円を一週間前に渡した。ところがこの日、「二万円この間もらい、そこから五千円預けたからもらいたい」と手を出す。所持金が底をつき、多分自分に都合のいい妄想が生じ、そのような発言となったのだろうが、本人は本気にそう思っているので厄介だ。信用しないのならもう預からないよと脅したが、こんなふうに疑われたのは初めてだ。

残念ながら限界が来たようだ。お金はデリケートだから、もう預からないようにしないとだめだろう。今まで親しくしていたから、この件で放り出すのはかわいそうなので、銀行口座を開いてもらうことにした。

預かり金の件は解決しないといけないので、ドヤを訪問した。妄想と風邪気味で寝込んでいた。私は彼に「短波のせいで、私にお金をまだ預けていると思ったんだよな、お前自身はそう思っていないんだよ。ただ金がいるもんで、預けていると思ってしまったんだよ。君は献金を毎月千円してくれているから、その中から五千円やるよ」。この言い回しがよかったようで納得してくれた。

いよいよ貯金通帳を作る。本人はよく手続きがわからないから、私が電話で確かめて必要なものを用意させて、ボランティアに同行してもらった。こうして自分で金を管理すればもう騒ぎはないだろう。

通帳を作るために会った時には普通の状態に戻っていた。「お前は時々おかしくなるからな」とこぼすと、頭をたたきながらしょうがないなといった顔をしている。彼の中には二つの人格がいるようで、中々扱いにくい。今後ともこのように二つの面が時折状況で出てくるのだろう。

繋がる

またおかしくなっている。永伊さんがある事務所に行った時、盗聴器が仕掛けてあると騒いだようで、そこから電話が私の方にあった。

こういった状態ではやはり青田先生と相談するしかないと思う。永伊さんにそのクリニックの診察を勧めたが行くのを嫌がる。行かない理由付けがけっこう賢い。月一回しか行かないから、院長先生に見てもらっているから、十年かかっているが何にも進展がなかったから、この前検査した脳波に異状はなかった。だから、いまさら病院を変えても進展は考えられず、今の丸太（仮名）病院でいいのだと。

私が心配なのは精神障がいが進んでいるのではないかということだ。普通では考えられないことを真顔で訴えるから、このままほっとけない。

主治医の青田先生が労働問題で丸太病院を解雇された後も、永伊さんはその病院へ通院していた。私も山谷で労働者の側にいるのに、労働問題で首にした病院とかかわる気がしなかったので、その病院とは彼が薬をもらうだけの関係になり、症状に応じた対応などは何も相談することはなかった。

青田先生が自分のクリニックを立ち上げた時に、ちょうど今回永伊さんが変調をきたしたので、青田先生に彼をつなぐよい機会なのだ。先生は長く彼を見ていたし、先生と私はつながっているので、そういったネットワークでかかわればかなり正しく彼の症状を把握でき、対応もできるだろうと考えている。再び、青田先生と永伊さんを繋ぐことができた（二〇一七年二月）。うれしい限りだ。

次の日、永伊さんを再び説得した。彼は理屈やだからもっともらしい話が通じる。「帳場のおばさんが君の懐に手を入れたというのは普通ではないが、過敏だからそう感じるのだよ、青田先生はそういうことがよくわかる先生だから行った方がいいよ」。

「今まで紹介しなかったのは、今青田先生が勤めている病院は遠いからなんだ。今度自分のクリニックを開院したから行けるんだよ」。

名刺を見せて「心のクリニックとあるだろう。君は心がちょっと敏感で、なんかちょっと違うんだ。青田先生は京大を出て、千葉大医学部を出た優秀な先生だから心配ないよ」。わかったようで行くことになった。

次の日の夕方慌てて来た。「短波が激しく部屋にいられない」と不安な顔。真剣そのものだ。またかと思うが本人は本気だ。電灯をぱっぱっと付けるように、電波が飛ぶらしい。それが壁にも入り、自分の周りに激しく飛ぶので部屋にいられない。彼は小さなライトを持っている。短波が来るとそれで照らすといいらしい。その一部が白くなっていて、「ここに短波がぶつかったからこうなった」と見せてくれた。飴が少し付着していて、そこにチリ紙が貼りつき白くなっていた。彼はよく飴をしゃぶるし、だらしがないからその一部が付着したのだろう。だがそのような状態を、短波がしたと真剣に言うのはやはりおかしい。また、帳場のおばさんがちょこちょこ見に来たり、テレビをいじったりもする。春先はいつもおかしいが今回は少し極端だ。

とりあえず落ち着かせるため座らせて、部屋の様子を調べてくると彼に話して、スタッフを行かせたが何事もなく、永伊さんの前で「何もなかったよ。『短波に出て行け』と追い出したから、もう大丈夫だよ。おかしければ明日の朝早く来ていいよ」。彼はほっとして帰った。

大分前のことだが、心のちょっと不安定な人のお世話をした時のことだ。その人はドヤ住まいなのだが、夜中に畳を手のひらで抑えて、離すと爆発すると大騒ぎした。私は呼ばれ、救急車を呼んで病院へ一緒に行ったことがあった。永伊さんに似たようなことが起きないとは言えない。また、今の事情をドヤの帳場に話すと、どんな反応があるかわからないので用心して何も話していない。変な人だと一笑に付してくれればよいが、気持ち悪いと思われ警戒されては困るからだ。

そういった状態の永伊さんなので、被害妄想が高じて攻撃的になるかもしれないし、短波がはげしい場合、大騒ぎを起こすかもしれないと危惧している。

短波については後日落ち着いてきた時に彼に質問したことがある。彼の説明によると、頭の締まり、胸の圧迫、腕のしびれ、足の痛み、吐き気などが生じる時に、これらは誰かがおこなっているような感じがする。体にひどいことをするものがあるようだ。それらを言いようがないので短波と表現しているのだ。外部から何かが来るのは、私なども感じる時がある。流感になった時など外部から何かが入ってきて、体の中で吹き荒れる感じだった。時が経って、すっとそれが出て行った。体はそんなふうに感じる時もあるから、彼の感じ方は異常ではないと思う。

彼には幻聴があるが、それは外部が自分に働きかけているように感じている。それが真実に思え振り回されることもある。幻聴は何らかの原因で脳の内部で起きるのだろうが、外からの働きかけと、心も体も考えるようになっているから、先ほどの胸の圧迫などの肉体の障がいも幻聴同様に外部からの働きかけでそうなったのだと、感じてしまうのだろう。そのような体と心の立ち方ができているのだ。

もう一つは光が窓からどんどん飛び込んでくるようだ。それも短波と称している。窓から来た光は壁に刺さるとか、体に入って苦しいとか、本人はそう感じるのだ。多分、神経が過敏になった時に生じるのだろうと思う。神経が敏感な時には、非常に小さな音でも強く感じることがあるように、彼は光が非常に増幅して見えたのだろう。光が差しこんだ時、大量に強く差し込んできたと、感覚が感じ、壁に刺さり、体にも刺さってくるのだろう。

短波のよい例があった。まりや食堂の階段の蛍光灯が壊れかけ、ついたり消えたりしている。消えてつく時、ぴかっと光ってまた消えるが、あのようなことが連続して部屋で起きるらしい。実際その階段の蛍光灯の現象にびくっと彼は反応した。結構理性的に現象を言葉化できているのには感心した。過敏な反応は多分脳神経の問題かもしれない。薬で抑えるしかないだろう。それに睡眠薬や精神科の薬を飲みながら酒を飲むから神経がおかしくなるのは致し方ないのかもしれない。

いずれにしても、至急何か対応をしなくてはならないと感じ、クリニックへ行く日を前倒しして明後日がいいと考えた。狙いは二つあって、激しい症状を抑える薬の処方と緊急時の搬送先を青田先生が勤めている病院でできるかどうかだ。私も山谷は古いし、牧会も古いからカウセリングなどの方法で落ち着かせたりすることはできるが、症状が激しい時はやはり医者の処方箋しかないと考えている。症状については、以前よりひどくなっているから精神的な入院先もしっかりと押さえておきたいと思っている。

永伊さんとはもう淡々と付き合って、必要最小限度のお世話をやくだけで、後は本人の好きなように生きればと考えていたが、そうとばかり言えなくなってきた。それは妄想がひどく、帳場に強い被害妄想を持っているからだ。一番心配なのはドヤだ。私は彼をそのドヤに紹介し、私が保証人になっているので、彼とドヤの間のなんらかのトラブルだけは避けなくてはならない。それが私の社会的責任だ。

ある一日

永伊さんの症状がひどいので、クリニックに行く日を早めてもらうために、青田先生に電話を入れて了解を取った。翌日来た永伊さんに医院に行く日の変更を頼んだ。「頼んだ」とは最近の彼は頭がよくて、理屈も立つのでうまく対応しないと拒否されるからだ。案の定「あーだ、こうーだ」と渋る。

私は説得して、「短波がひどく、ドヤのおばさんもテレビにいたずらするんだろ。君が言っていることは間違っていないし、そういったことを一生懸命聞いてくださるのが青田先生なんだよ」。

何とか説得して、その場で青田先生にOKの電話をいれて。本人を帰してから詰めの電話をした。

そのクリニックは始めてなので、本人が無事にたどり着けるかどうか不確かだが、絶対にミスがあってはならないので打ち合わせを密にした。駅に一つしかない改札口で青田先生は早く来て待っていてくださり、本人に会ったら私の方に電話をくれることになっている。

夕方永伊さんが来る前に、私は東武動物公園駅に電話をして、どの電車に乗るのか、所要時間は、止まる駅の名などいろいろ聞き、そのメモを夕方彼に渡した。わからない時は北千住で駅員に聞くようにアドバイスした。

このようにさまざまなやり取りなどをしている最中に、勇太（私の愛犬。日常はまりや食堂に連れてきて、三階の執務室にいる）が、突如そわそわして表に出たがる。こういった時は何かがある。急いで一階に降りて外に出るとすぐに下痢便をした。下痢など今まで生きて来た十一年間で数えるほどしかないのに、その日だけでも四回。甲斐（愛犬、十年前に死亡。お腹が弱く常に下痢をしていた）の経験があるから手早く処置はできたが、今日のように様々な要件と重なるとは、偶然とはいえいたずらがひどすぎる。淡々と出来事をこなすしかない。

午後三時には、永伊さんの件で介護の集まりを持つという大変な過密スケジュールになってしまった。この会議で得た収穫は、訪問看護師の情報で彼は肝臓の薬をさほど飲んではいないようだ。私が「飲んだか」と言えば「飲んでいるよ」と返って来る日々ではあった。でも、受診している病院の定期検査では肝硬変は安定しているという報告なのだから不思議だ。彼はきっとタフなのだ。

夜の弁当屋が始まるが、今日はスタッフはいなくて、週に一回半ほど入る人が仕切っている。その人では多少心配だが、勇太がひどい下痢なので、かかりつけの医者の所に、店が閉まると同時に出かけた。治療が終われば戻ってくるから、点検などは簡単に、玄関のカギはポストに入れて帰るように頼んだ。何とも激しい一日だった。

介護について

朝日新聞に目を引く記事があった。脳性まひの方が、介護は契約型と非契約型のハイブリットがよかった。契約型の介助だけだと契約以外のことはしない、と言う。対談の相手の方は、無償の奉仕は信用できないと言っていた（朝日新聞、朝刊「障碍者が狙われて」二〇一七年二月二五日）

私たちも同じような環境にあるので目を引いたのであるが、二重三重の介護やボランティアの絡みを私たちは日常的に経験している。

一つは永伊さんのことだが、彼の世話を私たちはしているが、それはボランティアとしてだ。現在彼は要介護1で、掃除や薬飲ませの訪問看護が入っている。新聞の対談を読んで、私たちも彼の世話をハイブリット式だと認識した。

介護はそこそこによくやってくれているようだが、それを専門にしてしかも国から手当てがでているのだから、彼が快適な生活ができるように面倒を見てもらいたい。

私たちはそれ以外の全部を見通して、このストーリーにも綿々と書いているように、様々な配慮を、見えるところ見えないところでしている。同時にそれはある程度アバウトになっている。それは、この対談の人も日本はあいまいな社会であると言っているが、大枠で彼を捉えて、細かいところは流すようにしているのだ。そうでなければ彼も窮屈でやっていけないし、こちらもそこまでは時間や労力でやれないと感じている。そして、私は大枠でしっかりと彼を支えていくのがいいだろう。

介護の契約型と非契約型のハイブリット方式はうちの弁当屋にも言える。

ここは安くてもお金をとるから、客に対しては粗相のないようにしなくてはならない。単品を忘れたりしない。ご飯もきれいに盛る。ご飯の大小を間違えないこと、ありがとうと言うこと。箸でものりでも忘れないことを私は口を酸っぱくして言う。

これとて一種の契約だ。お金を頂いてこれだけの品物を提供するという責任なのだ。責任という意味で品物を忘れることは絶対あってはならない。まりや食堂はボランティアなくしてはできないのだが、ボランティアは非契約型だ。無償でしかも善意だが、そこに気を付けないと、客に対する責任が少し希薄になる危険がある。お金を頂いたその品物は責任を持って、忘れずに提供しなくてはならない意識をしっかり持つ必要がある。

それは弁当づくりにも言える。お金をとるのだから、生煮えがないように、ご飯はいいお米を上手に炊くことなどだ。まりやの弁当は総じて評判はよい。論より証拠でよく売れる。必ず私は試食をする。次の日に前日の弁当を食べる。そこでいろいろと吟味してスタッフに希望を言うのである。うちもやはり契約と非契約のハイブリットだなと感じている。この組み合わせをうまく運用することが肝心だ。

行方不明とかごの鳥

毎日顔を出すのに、火曜日から来ない（二〇一七年四月）。ドヤに行ってもいない。四日間もいない。合鍵で部屋を覗けば入った気配はある。だから入院などではなくどこかにいるのだ。この月曜日には酔っぱらってまりや食堂へ来ていた。スタッフが帰して、それっきりだ。木曜日に部屋のドアに張り紙してまりや食堂に来るようにした。それを見たのか、その日の夕方真っ赤な顔をして、胸が痛いと言って来た。結構飲んでいるようだった。「病院に行きたい」と訴える。「酔いを醒ましてからだ」。明日の朝来るようにと言った。「短波がすごい。寝られない」。「じゃあ表でぶらぶらして夜中にドヤに戻れよ」と帰した。

次の日は酔いも醒めてまりや食堂へ来た。根掘り葉掘りこの四日間のことを聞いた。この土曜日と日曜日に競馬をして、飲んで車で山谷に帰ったが、どういうわけか清川の自分の所ではなく、南千住のドヤに泊まった。以前から今のドヤは短波がひどくて移りたいと訴えていたので、「二、三日他所のドヤに泊まったら」とはアドバイスしていた。その事が頭にあり、酔いの勢いでそこに泊まってしまったようだ。だが、ここも短波はひどかったようだ。

ここに四日間いたのだが、問題はその間まりや食堂には来なかったことだ。今のドヤには昼間上着を取りになど、そっと行ったようで帳場も気付いていなかった。泊まったドヤでは、ぼーっとしていたらしいが、そんなはずはなく、めいっぱい飲むためにまりや食堂へは来なかったのだろう。こうしてシアナマイドは避け、そのドヤで連続飲酒になっていたのだと思う。

競馬や酒、何だかんだで通帳のお金は全部おろしてほぼ使ってしまっていた。次の保護費の支給日までだいぶあるのになぁと思いつつ、怒る気持ちはのみ込んだ。それは今しっかりと彼を取り込んでおく必要性が出てきたからだ。それは介護と絡み合っている。一人介護者の中にすごく世話好きな人がいるので、注意をしていこうと思っている。それは永伊さんと私たちは家族共同体なのだから、これをうまく維持したいからだ。たとえば、彼はアルコールに問題があるから、時には厳しくしなくてはならないが、そういった時に余計な手出しをして世話などしてもらうと、せっかく厳しくしても意味がなくなるのだ。

ただ、総じて介護の世話になっていることはありがたいと思っている。私たちは弁当屋が中心だから手の回らないことなどもあり、ヘルパーが介護の枠でいろいろと彼の世話をしてくださっているからだ。彼は年を取ったせいか下の方を失敗したりするが、介護の方でしっかりと掃除などをしてくださっているのでありがたい。そういった介護サービスと私たちのかかわりの組み合わせでうまくいくと思っているが、私たちの組織は熟年化してこの先若い人が入る見通しもないので、ゆくゆくは介護による世話を色々とお願いしなくてはならないだろうと、介護の事業所には話ししてある。

私は、以前永伊さんが自由にすべてをすればよいと考えたが、永伊さんは残念ながら自己を管理する力が極めて弱いことが分かったから、どんな理由があってもほっぽり出すのは無理だと感じた。それに関係者に対して、私たちの社会的責任もあることを思う。泊まっているドヤも私たちが保証人になっている。病院でも私たちが親代わりになっている。そういった社会的関係があるから、彼が酒を飲もうが、嘘をつこうが、やはり最後までかかわり続ける義務があることを行方不明の時に痛感した。

彼は酒についてはノーコントロールの上、生活の要のお金の管理も駄目なことが今回はっきりわかった。こういった人を何人も山谷で知っている。金が入れば全部使わないと気が済まないのだ。彼は金がほぼ底をつきかけたからいつもの掃除の代償として弁当を上げて生活を凌がせ、足らないところはお金を貸すことにした。彼は今回の出来事を通して、私に再びお金を預けることを望み、自分から籠の鳥になることを喜んでいるのだ。私もそのように依存されることに満足している。四日も来なかったときは心配よりも不安が心に溜まってきた。多分それはこのまま来なかったらどうなるのだろうという不安だったと思う。私も彼がいなければ落ち着かないのだ。まさに共依存関係だ。多分、私もお世話をして満足するタイプなのだろう。酒に関しては「飲むな」と言っても飲む。ただ、シアナマイドを飲ませておけば、この薬の効果で沢山は酒を飲めないだろう。

普段の日は私たちが飲ませ、日曜日は訪問看護師が担当していたが、旗日（祝日）も看護師に頼むことが精神科医の働きでできたことはありがたい。もう旗日はボランティアには頼めないからだ。後は何とか連続飲酒の発作が起きないように注意していくことが賢明だろう。いずれにしても、本人の生きる意思に従って対応していこうと思う。

彼のもう一つの課題、短波だが、その短波のせいもあって違うドヤに泊まった可能性もあるが、その短波は違うドヤでも同じようにひどかったようで、それがドヤ替えの理由にはならないと納得したようだ。いずれにしても短波が「むぎや」のせいでないことは本人も理解したと思う。じっさい泊まるところはここが一番なのだ。先に私は、彼の出奔が私の勧めの可能性を指摘したが、実際この行動の真実はミステリーなのだ。ある人はこの行方不明を私の気を引くためではないかと指摘した。もちろん無意識の行動なのだが。このあたりの心理的分析を少ししたいと思う。

「嫌い、冷たい」。これは永伊さんがほかの人に、私のことをこんな風に言っていたのだ。私はこの言葉を妙に恥ずかしく感じていた。何が恥ずかしいかと言えば、この言葉は男女間の愛憎のセリフに似ているからだ。彼は私を無意識に父性よりも愛憎で感じていたのかもしれない。こんなことは山谷ではよくある。ここは男社会だから男同士で男女の役割を果たして、それぞれが性を昇華していると感じている。永伊さんも私との長い関わりを通して、私を男性として、自分を女性化していたのだろう。多分それは無意識なのだが、この言葉によって顕在化した。

このことから私はここでは依存のことを考えたいと思う。ここ半年の間、本人の飲酒の問題から依存関係を断ち切っていく最中にこの言葉が発せられた。

彼はひどい依存タイプだが、私はそれを増長してきたと思う。依存とは、自分ですべきところを、こちらが何でもしてあげていたことが、そういったことを仕上げていったのだ。馬鹿酒飲んで騒動を引き起こせば、私がしゃしゃり出て解決することがほとんどだった。酒で具合が悪くなり入院すれば見舞いに行って世話をする。自己責任でしなくてはならないのに面倒を見てきた。それは三重苦や知的に軽い障がいがあるので同情してきたからだ。ところが最近同情できなくなることが起きてきた。そのことを語る。

その背景には最近理性が強くなったことがあると考える。多分シアナマイドのせいで酒の量が少ないので脳が回復してきたのだろう。理屈っぽく、また記憶力が強くなった。知性がしっかりしてきたせいか、飲酒欲求が強い時はシアナマイドを拒否することもあり、私は怒り、預かっていたお金を返した。私が金の管理をして、上手に酒を飲む手伝いはできないと、依存関係を切りにかかった。

これから彼は生活が乱れ酒三昧になった。それでも、それ以後もシアナマイドは飲むからさほど深い飲酒はできない状態だった。それでもシアナマイドを一度拒否してからは、彼をコントロールしないで自由に生きてもらうことにし、私はもう深くはお構いをしなかったことから、私を冷たく感じたのだろう。

私が彼をほっぽり投げた時、彼は自由な生き方を垣間見たのだろうと思う。自由に生きて、シアナマイドを飲む自由も飲まない自由もある。飲まなければ肝硬変が悪くなり死ぬ自由もある。金を全部使う自由もあるが、その後に野宿となる怖さがある。

自由には責任が伴うから自らを抑制しなくてはならない。自由とはとても恐ろしいことだ。サルトルは、人間は自由の刑に処せられていると言ったが、本当に自由でいることは大変だ。残念ながら彼は自由から転落してしまったのだ。

その自由に関しては、今回の彼の出奔は自由という反逆ではなくて、かまってもらう（依存の）ための演技だったのかもしれない。彼には依存を選択して生きるすごさがあるのではないだろうか。幼子はかわいいから親が一生懸命面倒を見て、それで成長するように、彼は弱々しく、病弱で面倒を見たくなるタイプとして生きてきたし、そうなることによって本能的に生き延びてきたのだろうと思う。今回にしても、私の態度が冷たかったから、汚れて弱々しく、何とかしなくてはと周りが思うような無意識の振る舞いとして出奔し、私たちを慌てさせ、共依存を引き出そうとしていたのかもしれない。実際、彼は事の顛末の後、上手に依存を私から引き出した。諸事情があったにしても、私は彼の浪費の尻拭いをして、彼の支えを再開したのである。

彼は再び私たちに金銭を預け、籠の鳥として生きていくのが最善と心得たようだ。私はぶすぶす言いながら、大変な人を支えると思うと気持ちが高揚し、お世話をすることが生き甲斐になっているのだろう。まさに、私は依存を作る共犯者なのだ。人間とはそんな生き物なのだろう。

これからどうする

部屋でひどく脱糞した（二〇一七年五月）。かけ蒲団、シーツ、畳を汚した。帳場の女主は夏掛け蒲団に取りかえるので、部屋に入った時にその状態を発見した。永伊さんは出て行っていなかった。本人は粗相をそのままにしていたようだ。蒲団の上のは直径が30センチほどだ。固まっていないので広がったようだ。ドア入口の畳は20センチほどだ。午後にスタッフが呼ばれて行った時には、一応はふき取ってあったが、ウンチの黄色い痕は明瞭についていた。畳は染みになっていた。

後で永伊さんに聞いたら、何も気づかずに朝早く散歩に行ったとの事だ。私はまた酒がらみと睨んでいるが、何も証拠はないし、いずれにしてもそういった状態をほったらかしにして、出かけるとは尋常な状態ではないと思ってしまう。しつこく聞くとうんちではなくて、もどしたとうそぶくが、多分、羞恥心からごまかそうとしたのだろう。ただ、誰でも年を取っていくと、そういった事が避けられないかもしれない。

ちょうど介護の日なので事業所に電話して、事情を話してきれいにしてもらった。こういう点では介護の支えはありがたい。ヘルパーさんが畳を歯ブラシで目に沿ってこすり出して拭きとり漂白した。掛け布団カバーとシーツはシミがついて使い物にならないので新しいのを買って弁償した。

土、日は酒を飲んでいるという情報があるから、酒飲んで下痢をし、酔っていたので間に合わなかったのだろう。今までも二度ほど軽い粗相はあった。詫びを入れなにがしかを持って行った。

まりや食堂のスタッフもボランティアも食品を扱うから、大便の粗相の時にはドヤに行って世話をするのは無理なので、今まで関わっていた介護の業者に頼むしかない。私たちができなくなれば介護の方の世話になるつもりだが、これほど早くそういった状態になるとは思わなかった。ぼちぼち彼の世話は私たちの手に余るようになるかもしれない。

脱糞の処理は気を付けないと非衛生的になるので、介護の方に頼もうと思うし、自費であればまりや食堂が負担するつもりだ。また、そういった状態では彼のまりや食堂への立ち入りは注意しなくてはならないだろう。彼は今回の大きな粗相でも、次の日は何事もないようにまりや食堂に来ていた。スタッフは彼の帰った後のドアの取手は消毒した。

今後たびたびこういった事が生じれば、ドヤ生活はもう無理かもしれない。帳場には、「置いておけなくなったら、どうか遠慮なく言ってください」とお願いした。介護業者に相談すると、そうした時は介護保険で面倒を見てくださるとのことでありがたい。聞けば山谷には永伊さんのような例はいくつもある。山谷が老人の街になったので、そういった下の問題の人も結構増えてきているのだろう。「そのような人は施設に行くのですか」と聞けば、本人次第だというが、大便のお漏らしの場合はドヤ生活は大変だ。

私たちが世話したドヤ住まいの老人がそうだった。彼は体が不自由で、最後は大便の処理がうまくいかなくなった。ドヤは福祉事務所に連絡し、施設に入った。結局は、ドヤが手に負えなくなれば、福祉事務所と相談するしかなくなるだろう。永伊さんの場合はアルコールの問題もあり、もし入るなら、きちっとした施設がいいだろう。施設では自由はある程度拘束され、管理されるが、酒に問題があるから仕方がない。というよりも、そういった体制の方が本人にとってはいいかもしれない。長く一人で自由な生活してきたが、最後はそういったところに入所すれば少しは健康的な生活ができるだろう。私たちは永伊さんを慰問し、見守りを継続することによって支えていくのがいいだろう。

介護の街

老人化している山谷は介護の草刈り場だ。

労働者の街だった山谷は、労働者が老齢化して老人の街になった。多くは生活保護で余生を送っているが、多くは単身者で二畳ぐらいの狭いドヤ暮らしだ。お布団を敷けば部屋はいっぱいだ。大概自炊はできず、外食だからどうしても偏る。体の不自由な人も多く、杖をついている人が目立つ。日本全体が高齢化している中で、山谷という小さな場所にそういった老人が集中しているので、ここは介護業者にとってとても商売の良い所だ。介護事業所が幾つもでき、ドヤというドヤには介護業者が出入りしている。今後山谷は益々老齢化が進むだろうから、この地域は介護の街になってしまうだろう。

介護業者には行政から経費が出るからヘルパーを使い濃厚な介護が可能だ。私たちまりや食堂はまったくの自立した団体で支援だけで活動をしているから、介護の中身には限界がある。私たちが活動を始めたころは私たちのようなグループが主流で、また行政の世話にはなりたくないという気持ちが強かった。

今私たちが世話している永伊さんは週二回ヘルパーさんが来て掃除、洗濯をしてくれる。私たちはそれほどの世話はできない。私たちのような団体はどこでもそういった状態であろう。国が体の弱った老人の世話を介護業者を通してすることはありがたいわけで、時代が変わったと感じる。そこでは私たちの仕事は介護業者がきちっと永伊さんの世話をしているかどうかのチェックだ。私たちが時間的にできにくい世話をしていただくのは本当にありがたいと思っている。

その介護の問題は過剰介護だ。勢い山谷はそうなるだろう。軽い障がいでもある程度認定を重くして、そうすれば受けては楽だし、業者にはより報酬が入って来る。これは私が住んでいる地域（墨田区）でも感じるし、日本経済新聞などがそれを指摘している。

そもそも自立した日常生活を営めるよう保険給付をする。これが介護保険の目的だ。だが、高齢者の自立を支える制度なのにサービスを多く使うことに歯止めが利きにくい。いわば設計ミスだと指摘している（日経、朝刊二〇一七年四月二五日）。その結果、日本全体で負担する介護の財政は莫大で、私なども支払っている介護保険料は馬鹿にならない。

この山谷は蜜に群がる蜂のように介護業者は老人たちに群がっている。蜜に群がる蜂のように感じてしまうのは、同じようなことが、私が日雇い労働をしていた時代、二十年、三十年前にも言えたからだ。

日雇いは企業の景気の安全弁、使い捨て労働者として重宝だ。やはり蜜なのだ。業者は群がる蜂だ。日雇いの仕事を終え山谷に帰ると、山谷には飲み屋、ドヤ、食堂みな労働者という蜜に群がる軍団だった。ドヤも飲み屋も繁盛していた。パチンコ屋、ギャンブル、そこに落とす日雇い労働者の金額は莫大だ。その証拠に労働者のいなくなった山谷は飲み屋は数えるぐらい、ドヤも減った。

そして、今はその元労働者は老人になり、その老人たちに群がるのは介護業者なのだ。日雇い労働者はこうして最後までしゃぶられている。これが資本主義というものなのだ。

永伊さんが介護の世話になっているのに言いたいことを言ってると批判されそうだが、この制度の持っている弱点の事実は事実として述べた。ただ、山谷はほとんどが単身の老人だから、ある程度の過剰な世話はあってもいいだろうと思う。そのようにして何とか生涯を全う出来たらよいのではないだろうか。永伊さんの場合でも山谷で暮らせる間は介護の世話になり、実際今世話になっている介護施設は丁寧なので本人も満足している。ドヤ生活がこの先無理になればどこか適切な施設にお世話になるのが良いのだろう。

最近は調子がよさそうでそこそこに生活しているようだ（二〇一七年八月現在）。ただ酒や下の事は聞いても何も言わないから実態はわからないが、見かけの状態は前よりも上向いているようだ。調子の良い時は少しだけでも、まりや食堂の手伝いをして体を使い、体を整えて歩めたらよいのだろう。

3　お弁当販売

指

いろいろな手がある。まりや弁当販売窓口では最初に勘定してもらい番号札を渡す。お金はトレイに入れたり、手で受け取ったり、見本の上に置いたりとおじさんたちはまちまちだが、お金を出す手には変わりはない。お金を頂くからお金を持っている手に目線がいく。するといやでも手の指や手の姿を見てしまう。

手の形にも様々な姿がある。太い指、細い指、さすが元労働者の手と思えるような節くれだった手もある。指が欠けた手もある。山谷には結構指の欠けている人がいる。任侠の世界の小指の詰められた手ではなく、多分労災で失ったのだろう。

日雇いをしていた時期、指を失う事故には私は合わなかったが、ヒヤッとすることは何度かあった。それは不用意なことから起きた。小さなクレーンを扱った時のことだが、クレーンからフックが下りてくる。私はフックを荷にかけ、荷が動くので安定させるためにフックを吊っているワイヤーを持った。オペレーターは荷を釣りあげるためにワイヤーを巻き戻し始めた。ワイヤーはフックの上部についている滑車を通って巻き上げられるのだが、ワイヤーを握っている私の手も一緒に引っ張られて滑車に巻き込まれそうになった。小さいクレーンとはいえ巻き込まれたら指は切断されていただろう。危なかった。現場では、こんなことは日常茶飯事だと思う。けがと弁当は手前もちといわれる土方の世界だった。

弁当を買いに来た時、何気なく見える小指のない手もある。小指の第一関節のところで切り落とされている。二の腕のところからちらりと見える唐獅子牡丹の刺青。多分背中一杯に彫られているのだろう。どんな理由か知る由もないが任侠の世界から足を洗うために指を詰められたのだろう。

お金の置き方も様々で、千円札をぽんと置く人、コインをぽんと置く人、囲碁の布石のようにパチッと音を立てて置く人。きっとさっきまで娯楽室で囲碁を楽しんでいたのだろう。何かそれぞれの性格がにじみ出ているようだ。カン集めをしている人の手はごつく、指は太く少しひび割れしている。ひび割れに汚れが入り込んで筋のようになって、いく本も指に走っている。私はこれを見たときにきつい労働によって指がひどくひび割れした人のことを思いだした。

それはかれこれ三十年以上前の話だが、私がまだ山谷伝道所を間借りして伝道をしていた時のことだった。ここに出入りしていた日雇い労働者はとても悲しい酒を飲む方だった。その人は金が入れば飲み続け、最後は路上にヘドロのように汚れきって寝ているのだった。生きるために飯場に行くのだが、こういった人なのでよい飯場の口はなく、冬も近く越年のためにダム工事の飯場にもぐりこんだ。山はもう冬支度だった。吹き晒しの中での作業だ。河川工事は冷たい水の中での作業だ。護岸工事のコンクリ打ちなどいろいろした。クリスマス近く山谷に帰ってきた。

集会に顔を出し、「ダム工事はきついよー」と前歯の抜けた人のよさそうな顔でそんな話しをごもごもとする。彼の指にはすごいひび割れがいくつもあった。割れ目から中の肉が見えるほどだった。冷たい風に晒され、水の中の仕事のせいだろう。

私も冬に護岸工事に行ったことがある。テトラポットを作る工事だった。来る日も来る日も型枠を組み、コンクリートを流し込み数日で型枠をばらし、型枠をケレン（汚れや付着物などを落とす作業。）して、また組み立てる。その繰り返しを寒風の中、多摩川の上流でしたことがあった。指にひび割れができるほどの厳しいものではなかったが、冬場の護岸工事は大変だった。ましてや彼はダム工事の現場だ。こうして辛い思いで稼いだ金だから全部飲んだらもったいないし、年も越せないから「少し預けたら」と言っても聞かなかった。それはもう飲酒欲求が強く出ている証拠だった。その夜から飲み続け次の日路上で泥酔している彼を見た。私はまもなく山谷伝道所を出て、新しい伝道所を立ちあげる時だったので、深く関わることは出来なかったが、その後亡くなったと聞いた。あのような飲み方ではとても身体《からだ》が持たなかったのだろう。

この頃（二〇一五年代）街では杖を持っている老人が多くなった。山谷も老いたなという感じだ。弁当も杖をついて買いに来る人が幾人もいる。中にはかなり足の悪い人もいて、杖で体を支えるために片手は杖専門に使い、もう片方の手でポケットから小銭の入った袋を出して、袋を持ったままその片手で中から小銭を出そうとしている。そんなのは誰だって無理なので、その袋から必要な小銭を出してあげる。日雇いは結構きつい肉体労働だから年を取ってきて足腰に障がいが出てきているのだろう。

まりや弁当のメニュー

今まりや食堂はキヨスクだ。いろんなものをバザーしている。インスタントコーヒー、靴、シャツ、飴玉、そして弁当を。時折缶詰も置く。秋刀魚、さば、いかなど。この日は牛缶の大きいのを二〇〇円で売った。献品の中に高さ15センチ、直径10センチほどの大缶詰があった。なんと馬肉缶ではないか。これはどうかなーと思った。確かに、山谷周辺では馬肉（桜肉）を売っている店はある。吉原大門のそばには馬肉（桜鍋）を食べさせる店がある。そういったわけだから、酒を飲む人であれば馬肉のことは知っているが、馬肉の缶詰では食欲がわくかどうかが問題だ。

いつものおじさんが弁当を買いに来た。買うときはいつも迷っているが、結局は大盛りの卵弁当と缶詰だ。その缶詰は缶入りではなくて小パックに入れて四〇円で売っているパック入りだ。これはまあまあの売れ行きだ。それとは別に缶詰を売っている。果物の缶詰の時もある。

そのおじさんは今日は迷うことなくしゃけ弁を注文した。しゃけ定食は高いほうだ。三九〇円する。躊躇なく、さっと財布から一万円札を出し「大盛だ」と言う。四四〇円だ。何となく私の視野に財布の中身が入った。お札が最低二十枚はあるようだ。たぶん皆一万円札だろう。なぜなら、彼は代金に一万円札を出したのだから。私は内心驚いた。卵弁当ではない上に一万円を出したからだ。彼は釣りをそっと数えてくれと周りを見渡していた。丁度その時は、客はまばらだった。私は隠れて釣の九千円を数えてそっと渡した。

月末近いから生活保護者も皆懐が厳しいのに、だいぶ景気がよさそうなので、調子に乗って馬肉の缶詰を勧めたら、「そんなの食べたらまた走っちゃうよ」と目を剥き、「山谷の人にそんなの勧めたらだめだよ、皆おけらになるよ」と小言を言う。（少し、注釈すると「走っちゃうよ」とは、馬肉は馬だからみな競馬の馬券を買いに走っていくから、そんなのは売ってはだめだというのだ。もっとも、いつもみな走っているのだが、それを食べたらもっと走ってしまい、明日からの生活に事欠くことになるのだ、ということだ）。

「景気がよさそうだけど、いいのを取ったの（ギャンブルで大穴を当てたのか）」と尋ねると、「二、三日仕事にいってきたんだよ」と言う。

あれだけのお札を二、三日の仕事で得るのは不可能だからとぼけているのだが、でもすごいなと感心した。馬肉の缶詰が出た日と彼の景気のよさは偶然に同じ日だった。こんな出来事から一年以上たったある日、用事で秋葉原に行った時、小さなレストランの表の看板に馬肉のカルパッチョと書いてあったのを見た。馬肉も昨今ポピュラーになったのだろう。この馬肉は桜肉と呼ばれ、明治時代に食肉とされたようだ。先ほどの馬肉専門店のホームページにこんなことが書かれていた。

桜鍋を売る店は蹴飛ばし屋と呼ばれた。桜鍋は明治の頃、吉原遊郭で遊びたいけど金のなかった客が自分の乗ってきた馬を吉原近辺の商家に売って金を作った。商家はその馬で鍋を作ったら繁盛して、遊郭の行き帰りの粋客の人気になったそうだ。

若いボランティア

ある学校の中、高生が年に二、三度ボランティアに来る。すると販売窓口の雰囲気が違ってくる。買いにくるおじさんたちはにこにこしながら「今日は若い娘《こ》が沢山いるね」。「うん、体験ボランティアなんだ」。「毎日来るといいね」。買いに来るおじさんたちに奥さんがいたら、一番下の娘ぐらいだろうか。みな可愛く見えるのだ。

いつもは熟年組のおばさんかおじさんが窓口をする。年恰好は買いに来るおじさんたちとどっこいだろう。おじさんたちは大概六十歳から七十歳ぐらいだ。この年齢だから「おじさん」というのは変だが、呼びようがないのだ。「おじいさん」の呼称ではよぼよぼすぎる。結構皆元気なのだ。彼らは窓口の熟年組のおばさんたちに会えるのも楽しみにしている。「販売の女の人は日替わり定食と同じで毎日違うんだね」とよく見ている。

おじさんたちはほぼ全員が独身だ。顔はふけても心は青年だ。ほとんどがドヤ住まいで外食。洗濯は自分でしなくてはならない。まあ、コインランドリーだから楽だが。部屋の掃除はきっと帳場がしてくれる。そのような人が山谷に今五千人以上いる。その数パーセントがまりや食堂に買いに来る。

弁当の常連の一人はまりや食堂のバザーの衣類もよく買う。ここでほとんどを調達している。自分のことを「買い魔」と称している。最近ドヤから駒方のアパートに引っ越した。花火が目の前で見える。先日の花火大会は残念ながら途中で大雨になり中止だった。多くの人々はびしょ濡れだ。若い浴衣姿は可愛そうだ。折角の可愛い浴衣がびしょ濡れだったよ、と教えてくれた。

駒方に引っ越した人はもう七二歳だが、まだ現役で仕事をしている。まったく元気だ。現金仕事ができるならそれに越したことはない。生活保護は安いから、人生をあまりたのしめないとがんばっているが、この酷暑、真っ黒に日焼けしている。気をつけないと日射病になる。まさに真夏の日雇いは命を削るような仕事だ。

今、山谷の路地の古い家が取り壊されている。労働者が汗と埃で真っ黒になって片付けをしている。その現場の脇に飲み物（ソフトドリンク）がたくさん置いてある。脱水を避けるために飲みながらしているのだろう。私も日雇いの頃は、おやじがバケツにトマトやきゅうりを入れて用意してくれていた。あの暑い盛りによくぞ表の仕事ができたなーと感慨深い。それほど年をとってきたのだ。

この暑い盛り、南京虫は元気だろう。去年（二〇一二年）は大騒ぎしたが、永伊さんは引越して、山谷でも高いほうのドヤに移ったから南京虫の出現はない。ただ警戒はおこたらない。窓口も警戒の場だ。おじさんがくれる札の間にいることもある。弁当を渡す時に袖口からカウンターに落ちることだってある。実際一度札の間にいた。おじさんはよく札を二つや三つに折ってくれるからその間にいたのだ。だからお札をもらった時には広げながら南京虫のいないことを確認する。一度は弁当出し口のカウンターを徘徊していた。

原発について

弁当を買いに来たおじさんが今度福島に行くという（二〇一三年六月）。聞くと、彼は六九歳なのだが現役で仕事をしている。仕事仲間の紹介で福島へ出張だ。仕事は草刈や土をどかす仕事だ。単価を聞けば、抜きの二万円だ。やたら単価がいいから、明らかに除染作業の仕事だ。東京の事務所に集まって話されたことは、放射能はレントゲンを取るほどだから心配はないという。この人の話では、山谷ではどんどん年齢の高い人も採用されている。多分被爆量の関係でいける人が減ってきたのだろう。

福島の原発の廃炉作業は遅々として進まないようだし、汚染水の処理などもうまくいっていないようだとニュースは報じている。これは日本を覆う暗いニュースだ。他方では、原発の再稼働が着々と準備されているようだ。こういったことをニュースで時折聞いたり見たりするが、新しい様々な出来事のニュースの洪水で、人々の原発や廃炉についての関心が心の隅に押しやられ、関心が薄れているのが現状だ。

今、山谷では原発がどうなっているか気になり、販売窓口で幾人にも原発の仕事のことを尋ねると大概は知らないと言うが、この間知っているという労働者がいた（二〇一五年三月）。その人の話によれば手配師が原発の仕事を持ってくる。通いは無理だから、出張だ。抜きの一万五千円だそうだ。抜きとは宿舎等の飯場の食費などを差し引いた単価だ。それだけの賃金が日にもらえる計算だが、実際は酒代など付けも引かれるからもっと少ないだろう。この単価は出張としては一見高そうだが放射能に対する危険手当が入っての単価だから、高いどころか相当ピンハネされているらしい。普通は出張なら抜きの七千円か一万円程度だから、原発のこの単価はたしかに高い。でもこのくらいの単価でも行かないという。命を縮めることはしたくないからだ。放射能の害についてはニュース等で誰でも知っているのだ。除染作業の募集は新聞にも載っていると言っていた。

詳しいことは何もわからないが、除染や放射能の汚染のある廃炉の仕事は誰もが敬遠するから人出不足なのだろう。山谷は縮小したとはいえ、まだまだ日雇いの労働者がいるから山谷の日雇にも触手を伸ばしているのだ。

時々バザーのインスタントラーメンを買いにくるおじさんは、たぶん野宿をしていると思うが、原発のことを聞いたら声はかかったことがないが、あんなに高い単価はあり得ないから、放射能の恐れがあるから決して行かないと言っていた。ぎりぎりの生活をしていても原発の仕事は忌避《きひ》するのだ。それだけ放射能は怖いのだ。それだけに福島の現地の人は本当に気の毒だ。とんだ状態になってしまったものだ。

除染の情報に詳しいこの労働者が久しく買いに来なくなった。ひょっこり来た（二〇一五年六月二日）ので、「出張に行っていたの」と聞けば、手配師から除染の仕事を抜き一万三千円で行くはずだったのだが、この人だけ違う方に回されて最近山谷に帰ってきたと語ってくれた。

他にも以前に窓口で原発は日に三万円はくれると話してくれた。彼は一年ぐらいいたそうだ。多分放射能は計量するのだろうから、被爆量はチェックできるのだろうが、いつか新聞で計量器に鉛などの金属を張って測量値をごまかしていたと書いてあった。だから、下請けや孫受けでは何が生じているかはわからない。山谷から行くのには何段階もの下の下の下あたりが雇うのだから危ない面もあるのだが、やはり報酬に惹かれて行くそうだ。放射能のひどい時に行った人など何百万円も残して山谷に帰ってきたというが、ギャンブルでみな使っちゃうからなぁーと笑っていた。

考えたら、そのような健康によくない仕事は、否が応でも下積みの労働者へと押し付けられていくのだ。山谷の場合でも口コミ等で潜在的に相当数の労働者が福島方面に除染作業の仕事に行っているのだろうと思う。厖大な土地を除染しなくてはならないし、一般の労働者は定職を持っているので、勢い派遣や日雇い労働者がその仕事へと囲い込まれていくのだろう。確かに報酬はよさそうだが、これとて結局は健康と引き換えで行っているようなものだ。万一放射能の強いところで作業をしてしまったら直ぐにでも発病して健康を損なうかもしれない。少ない放射能でも何十年後に、その放射能による癌が発生する可能性は否定できないが、それは統計学上であって科学的な証拠は皆無なのだ。つまり、その人が三十年後に癌になっても、それが原発の作業との因果関係は証明できないのだ。

その意味では雇い側は確信犯なのだ。どうせ誰が発病するかはわからないし、それが原因とも特定できないことを承知の上なのだ。山谷では冗談半分に年寄りが好まれていると笑っていた。普通労働現場は年よりは嫌われるのだが、原発に汚染されても癌が発生する前に亡くなってしまう可能性が高いからだろう。

何年経とうがセシウムは消えるはずがない。三十年過ぎないと放射能は半減しないから一生の問題だ。山岳地帯のセシウムはどうなるのだろうか。廃炉作業は遅遅《ちち》として進まない。除染した福島の地域に帰る人は少ない。もう人間の住める環境としては厳しいのだろう。今度新たに原発事故が起きたら狭い国土で住むところがますます狭くなる。この状態でも再稼動の動きが活発だ。また再稼動を進める党が選挙で多数選ばれる奇怪さはどこから来るのか。日本人の考え方や感覚が間違っているのではないだろうか。

日本には自然を利用する再生可能エネルギーが満ちている。日本を取り巻く海洋に風車、太陽光発電、地熱発電、急流が多いから小規模の水力発電、バイオ発電もある。バイオ発電は日本は得意ではないだろうか。納豆とかその他発酵技術を日本は蓄積しているからだ。

費用が安いから核燃料だという論理が私にはわからない。核燃料を燃やした核の灰をどうするのかとか、事故が生じたときの何兆円という費用や住民の被害補償を考えたら、とても原発を再稼働しようとは考えられない。当面は化石燃料を中心に電力を起こすようにして、徐々に再生可能電力に切り替えていくことが必要だ。核燃料を使う原発にこだわるのは、何かとても政治的な匂いがしてならない。

この間の労働者の話のように、スポーツ新聞（日刊スポーツ、二〇一五年四月六日）を見たら除染作業の募集が載っていた。その募集はいくつかあって日給は約一万六千円〜約一万七千円だ。三食付とあるから多分抜きの単価なのだろう。勤務地は南相馬・飯館村とあるから放射能除去や廃炉の作業だろう。同日の日経新聞朝刊に電力のことが掲載されていた。

経済産業省の発表によると、現在30％の原子力使用を二〇三〇年には21％にして、再生可能エネルギーを現在の11％から24％に引き上げる。残りは化石燃料に頼ることになり、消費者の負担が増えること、海外から購入費用がかさむこと、ＣＯ２の排出が多くなること、再生可能エネルギーは生産が不安定だという。

私たちはこういった状況に押し切られないために、原子力の使用をできるだけ減らすための再生可能エネルギー生産を高める努力を国民一人一人は考えなくてはならないだろう。もう原発事故を起こしてはならない。

ドイツは再生可能エネルギーの利用を二〇三五年までに総電力の55％以上にする計画だ。原子力発電は二〇一一年の福島原発事故を契機に半分近く停止した。日本の力であればドイツぐらいの達成率は無理ではない。後は政府にやる気があるかないかだけの話だ。

今年（二〇一五年）は猛暑だが、大手電力会社は比較的余裕のある電力供給を続けている。すべての原発が停止したままだが、太陽光発電の普及と節電によって真夏の電力不足の心配は遠のいた。太陽光は天候に左右されるが、猛暑日はまず晴れだから電力の供給を十分にしてくれる。（朝日新聞朝刊二〇一五年八月八日）。まさに太陽光は真夏向きの電力と言えよう。太陽光は設備投資が比較的安価だから大いに増やして少しでも化石燃料を使わないようにしたいものだ。

こういった努力にもかかわらず同年八月一一日に川内《せんだい》の原発(鹿児島県薩摩川内市)が再稼働一号機となった。電力事情が何とかなるのにこの再稼働は経済性以上に政治的思惑以外の何物でもない。もし福島のような原発の事故が発生したらもう日本には住むところがなくなってしまうだろう。

疑問を呈した原発の発電コストについて、大島堅一『原発のコスト――エネルギー転換への視点』岩波新書(二〇一一年)から考えてみる。

発電事業に直接要するコストは減価償却費、燃料費、保守費だ。この燃料費は化石燃料が高く、核燃料は安いとされている。間接的費用として技術開発コストと立地対策コストがある。軽水炉(日本の一般的な原子炉)にかかわる技術開発コスト。高速増殖炉や核燃料サイクル技術などに関するコストも含む。

高速増殖炉は実用化のめどがたたないが、何十年も多額の費用をつぎ込んだ。これが国費から出されている。開発費は事業者が負担すべきだが、そうしないのは原子力開発のコストを過小評価することだ。国費とは国民の負担のことだ。原子力発電所を設置した場合に、交付金を国からその自治体に支給する場合にこれも原子力発電に不可欠のコストとしなくてはならない。環境コストは事故等が起きた場合にかかるコストだ。事故被害、損害賠償費用、廃炉費用、現状回復費用など莫大だ。これら間接的費用は膨大だ。これを事業者に負担させなくても、国民が負担しているのだから、結局は原子力発電ではこの国民の負担部分もかかっていることを意味する。したがって、見かけの直接費用は安いが、本当は核燃料を使うことはかなりの費用を掛けていることになる。しかも、もし事故が起きれば、その可能性は今回の福島の原発事故で経験しているように、莫大な費用が掛かる。

この本を通してわかることは、感情論ではなく、コストの面で原発を行うことは必要ないし、日本の地理的、地殻物理学的に見ても無理だと言える。今、原発を推進するのは何か政治的な思惑があるのでは、と述べたが、二〇一六年二月に出た本がそのことを正面から取り上げていた（小森敦司　日本はなぜ脱原発できないか「原子力村」という利権　平凡社）。

この本によると、原発は単なる一つの産業ではなくて日本のあらゆる勢力を巻き込む巨大な力であることを教えてくれた。その名は原子力村だ。これは産業界、財界、官僚、政治家、学者、学会、メディアを含む強力な原子力複合体なのだ。

今までは電力は独占企業だからそこから上がる収益によって地域に様々影響を与えてきた。議員を送り込む、官僚の天下り先、メディアにも広告などでメディアを抑え込む、新聞社のOBを顧問に招く。

原発の建設に膨大な金がかかるから産業界との密接なつながりができる。政府による交付金で地元と強い関係ができ、地元は国に強く依存する体質になり、政権を支える役割を担う。その地域の行政寄りの政治家が跋扈《ばっこ》する。交付金などの助成によって電力会社と政府は密接な関係になっている。

そういった状態であるから、原発をなくすことは多くの関係者の利権を失うことを意味するので猛烈に反対することになり、時の政権もそれに加担しているから同じように原発を推進し利権関係を維持しようとするのだ。今回の福島原発事故の結果安全神話が崩れ、コストも他のものに優れてはおらず、再生可能電力もかなり普及してきたこと、電力の自由化が進んできたことなどから、著者は「原子力村」は追い詰められていると「あとがき」に記している。確かにこの本を読むと、原発にしがみつく根拠は経済的にはもう薄れているという印象だ。特に原子力のコストについては新聞等でも取り上げているが、そのコストが安いという神話はもうない。後は、農政がそうであるように、政治を中心として利権によって原子力の虚構が作られ続けていくことが問題なのだ。

二足のわらじ

弁当屋のカウンターに並んでいる幾種類の弁当を眺め回して帰って行く人が何人かいるが、そんな客人にも「ありがとうございます」と先日初めて言えた。何も腹に一物はない。冷やかしなんて来なくていいなんて思っていないのだ。客が来れば「いらっしゃいませ」「ありがとうございます」。値段を下げれば「タイムサービスだよ」と呼び込む。私は大概会計の方に陣取り、やっているが弁当の出し方はボランティアだ。多分全員が中流以上の家庭だと思う。だから生活に苦労をしているはずもなく、ゆえに、「いらっしゃい」とか「ありがとう」という言葉が中々言えないようだ。ましてや呼び込みなどとても無理だ。

卵焼き作り

だが、中には客とけっこうぺちゃくちゃおしゃべりしているボランティアもいるし、むつっとしてるボランティアもいる。その流れの中でそれぞれの個性が出るのが「振りかけ」だ。これは支援の物資の中に入っているのを利用している。切れればそれまで。中にはボランティアが持ってきてたっぷりかけてあげている。山谷のおじさんは「振りかけ」が好きだ。結構たっぷりかける。確かに、卵焼き弁当やのり弁はおかずが貧しいから、ふりかけでご飯を食べれば食欲が増すだろう。中には、盛り上がるようにかける人もいる。これでは砂を噛むようでおいしくないと思う。ただだからたっぷりかけようとするのかもしれない。でも実はただではない、誰かが買ってくるから。それでカウンターに用意できるのだ。費用は掛かっているのだ。だから大切に使ってもらいたいのが私の気持ちなのだ。出し方のボランティアはそんな気持ちを知ってか知らずか、気前よく目一杯かけてあげる人、「あまりかけると健康によくないよ」とかけてあげる人、「ほかの人にもかけてあげるからね」とそこそこにかけてあげる人、おじさんに瓶を渡して自由にかけさせる人、瓶を渡すと瓶の半分ぐらいまでかけてしまう人もいる。少ないと、「もっと」と所望する人など様々だ。一瓶がなくなれば「今日はもうありません」としまいにするが、中には自前で持ってきたふりかけを追加するボランティアもいる。メサイア・コンプレックス（Messiah complex 救世主妄想とも呼ばれる、個人が救済者になることを運命づけられているという信念を抱く心の状態を示す言葉）という言葉があるが、この弁当の出し口はそんな振る舞いの自由にできるかけがえのない場になっている。たぶんそれがそれぞれの癒しにもなっているのだろう。

仕込みのボランティアは定食についてはいろいろ工夫しているから、私としては余ることなく売れるようにカウンターでがんばる。出方が少なければ売り込みをする。

売り込みには協力してくれる強力なオジサンのボランティアがいる。元デパートのセールスをしていたので何の抵抗もなく頭を下げ丁寧語で激しく売り込む。客が少ないときは外で呼び込む。私にはそれはちょっと恥ずかしい。私はカウンターからそれなりに売り込む。アジ定食が売れない時、客が買い迷っていればこれを勧める。あるいは値引きをして売り込む。というわけでだいぶ商売というものが板についてきたようだ。

私は一方では牧師をしている。木曜日には礼拝だ。月一の土曜日は読書礼拝だ。私は読書礼拝が好きなのだが、今まで小説から哲学までさまざま本を読破して礼拝をしている。今（二〇一三年現在）一生懸命読んでいるのが、サルトルだ。一時下火になったが、『存在と無』が再版され読まれていると思う。今の時代これといった良書が少ない。本屋や新聞広告でいい本だなと思って買えば大概再版だ。

戦国弁当屋

最近はあまりのんきなことを言っておられなくなった。日本が二極化したのか、高い商品を売っているかと思うと、やたら安い食品が出回っている。その中で山谷は弁当の安売り激戦区だ。地方都市でも食堂やパチンコ屋の激戦区を見る。街道筋に派手な色の大きな建物の外食食堂が軒を並べている。こんな地方でこれを吸収する人口がいるのかといぶかるほどだ。大型パチンコ屋もいくつもある。正に商売戦国時代だ。耐えられなくて閉店する店がいくつもあり、それがまた居ぬきで違う食堂やレストランが出来る。まさに資本主義制度の激しい自由競争社会だと実感する。

山谷にカレー二〇〇円、焼きそば一〇〇円の店が出来た。うちはカレーライスが三二〇円だ。弁当を買いに来るおじさんに聞けば、「得たいが知れなくて買えない」と言う。どのようにして利益を捻出するのか。私たちが弁当屋をしているから大体原価はわかる。だが、得たいが知れなくても、懐の厳しい人は買うだろう。そういった弁当に押されているのか、内容はいいのだが、まりや食堂のカレーが最近はあまり売れない。山谷も弁当屋のつぶしあいの乱世の感がする。ただ今山谷に弁当屋は六軒、コンビニ四軒、スーパーが二軒だ。いろは通りの弁当屋がつぶれた。三年ほど前に出来た。まりや食堂の弁当と値段はほぼ同じ。この値段でやれるだろうかと、この店の弁当を試しに買ったときに思った。それは私たちのまりや食堂の弁当でも献品をたくみに使って、やっと同じような値段にしてまりや食堂の採算が少し赤字になっているという具合だからだ。

近くの小スーパーもつぶれた。そこは煮魚や焼き魚も売っていて、私もよく利用した店だ。この店は、私が山谷で日雇いを始めた頃もしていたから三十年以上の老舗だ。それが先日店じまいだと、店主が言うので尋ねると、周りにコンビニがいくつも出来てやっていけなくなったようだ。確かに山谷にはいくつもコンビニがあり、最近もまた二つできた。それに中型のかなり強力なスーパーもあり、これらは全てチェーン店だから、つぶれた小スーパーのような独立系ではやっていけないのだ。あるいはよほどのノウハウを持っていなくては経営を維持するのは大変だ。

今、山谷はまさにデフレの勢いが強く、体力勝負になってきている。体力のあるところが生き残るのだ。その点でチェーン店は強い。聞くところによれば、大量に仕入れて加工し、各チェーン店に卸すからコストが安いという。

私たちは素人の集まりだから、コストについては何も計算できてない。ただ情熱でしているだけだ。もともとは、野宿者や日雇労働者が老齢化して生活保護者になった方々に食事を提供したいという、同じ日雇いを長らく経験した私の思い入れだった。

そのような山谷に派遣労働者などの非正規労働者が流入したり、外部で生活保護を得ているが宿泊は当地とかで山谷の様相が変貌した。まさにこの地域は、負の条件を強いられた人たちが多く集められた地域だと考えられる。ドヤはそういった人たちを集める力を持っているようだ。ドヤ代は割高だが簡単に泊まれるし、金がなければ野宿もある。

この簡易宿泊所について、目を引く記事があった（朝日新聞、朝刊　二〇一五年五月二六日）。

「川崎市の簡易宿泊所二棟が全焼して九人が犠牲者となった火災は、一時的な宿泊先であるはずの場で、生活保護を受ける高齢者が長年暮らしている現状を浮き彫りにしました。」

この状況はまさに山谷の姿でもある。山谷のドヤの大部分は生活保護者が占めている。ドヤにとってはとりっぱぐれのない上客だと私には見える。山谷以外で生活保護を受給して居宅は山谷というケースも目につくのだが、それについて、首都大学の岡部卓教授の言葉を引用して「川崎の惨事について、ケアが必要になってアパートに住めなくなった高齢受給者などは、本来介護施設を利用できるようにすべきなのに空きがない。公営住宅も数が足りない。結果的に行き場のない人が無届け高齢者施設や宿泊所に集まってしまう」と指摘する。

また不動産業者は単身高齢者にアパートを提供するのを避ける。孤立死して事故物件になることを業者が恐れているという。多分そういう事情で山谷でも外部の生活保護者が居宅を求めて山谷に住むようになるのだろうと思う。

山谷では結構孤立死があると思う。時折警察の車などがドヤに来て、亡くなった人を引き取っているのを目撃する。ドヤはアパートと違って一時宿泊所だからその点でさばさばしているようだ。

そのような負の条件を強いられた人々に、安い弁当を提供するのがまりや食堂の現在の立場になっている。山谷にやたら安い弁当屋、惣菜を出すミニスーパーがいくつもできたのはそういった山谷の現象に対応した結果なのだろう。こういった状況の中、デフレがはげしく体力勝負になっているから、まりや食堂は支援の力を信じてもう一段値段を下げて、厳しい生活の中にある人々を少しでも支えるために、体力競争の渦中に入って行った。三二〇円の定食を三〇〇円に、一五〇円ののり弁を一三〇円に値下げした。これによって日替わりは三〇〇円、魚弁当は三〇〇円〜三九〇円、卵弁当は一六〇円、のり弁当は一三〇円となった。のり弁当はご飯が普通盛りが三五〇グラム、それにちくわ、のりなどと醤油だ。

「こんなに下げてやっていけるの」と心配してくれる客、「安くて助かるよ。ぴーぴーだから」と感謝を表してくれる人もいる。

いかに安いかを示すと、今日のお客さんに「小のり弁当、ゴマ醤油ほうれん草、酢の物、煮豆」の注文があった。占めていくらだと思いますか。答えは二〇〇円だ。私は会計をしているのだが、計算していてあまりに安いので笑ってしまった。中には、勘定があまり安いので「間違っているのでは」と親切に言ってくれる人までいる。二度計算しても違っていないので、「安くてすみません」と謝る。

値下げ前の話をすれば、当初は日替わりは三五〇円だった。それを三二〇円に。でも客足は伸びなかった。ただこれ以上下げてやっていけるかなという気持ちは強かった。それは売り上げは、日に二万五千円前後が多く、当たり前の話だが、採算は取れていなかったからだ。だが、まりや食堂の趣旨は生活の厳しい人に提供するのをモットーとしているから、デフレならもっと安くしなくてはならないのではという二律相反する気持ちが心で拮抗していた。もちろんのり弁も創設して一五〇円で販売していたから貧しい人への配慮はしていたのだが、のり弁もさほど売れるわけでもなかった。

ある日突然、値下げしようと心が叫んだ。拮抗する二つの気持ちの中で値下げの心が勝ったのだ。どちらも正しいので逡巡していたのだ。だから、どうして値下げの方にしようと決まったかは私の心の中でも定かでない。とにかく「値下げだ」と心は叫ぶのだった

これを決めた次の日、なぜか心がさわやかだった。やはり心は値下げを希望していたのだろう。キリスト教を標榜するのだから採算を度外視しても、客が本当に助かる値段にしなくてはならないのだろう。ここまで値下げをしても客が来なければ、それはもうまりや食堂の責任ではないのだ。

カウンターに並べたお弁当の見本

次の日から日替わりは完売だった。完売だからといって売り上げが伸びるわけでもなかったが、何か気持ちよかった。のり弁が一三〇円で日替わりが三〇〇円という看板を見てもすがすがしかった。のり弁はおかずはそこそこだがご飯が多い。セブンイレブンのおにぎりの三倍は入っている。

ボランティアの方々も売り切れる日替なら作りがいがあるだろう。一生懸命皆さん作っている。それを安く販売して、喜んで買っていただけたら作り手は嬉しいし、買い手だって嬉しい。値下げして三日たつが日替は連日完売だ。

値下げ前は、最初だけわっと来て後はちびちびだった。途切れると、こちらの気持ちも萎えて元気がなくなってくる。特に一生懸命時間と手間をかけて作った日替があまり出ないとガクッと来る。今は、どんどん来るから元気が出る。「いらっしゃい、いらっしゃい」と気合いが入る。それでも終わりごろ百人近くなると、疲れてきて早く終わりたいなと思ってしまう。少なけ

れば「少ないなー」とこぼす。まったく人間の気持ちなんて勝手なものだ。

それでも月日が経つにつれて、売れ方はまちまちになった。五時半過ぎるとその価格を少し下げて売り急ぐ。余らせたくないからだ。だが、むやみには下げない。客が来た時に買いそうな場合は、一押しする。「この魚弁当三九〇円（鮭弁当は高い）、二〇円引きますよ。おいしいよ」。三〇〇円の日替は絶対に内容的に格安なのだが、それでも余る時がある。客の目はやはり厳しいのだ。価格とおいしさをきちっと値踏みをするのだ。だから買い迷っているときは「二八〇円まで下げるよ」と売り込む。うちは常連が多いから、私は大概の顔は知っているし、買い方のパターンも承知している。だから客の心理状態に応じて値段を言っていくのだ。この人はリッチと見えれば三〇〇円のままで、「日替わりは三〇〇円で、安いよ」と売り込む。まさに人を見て法を説くように、人を見て値段を決める「てきやのおやじ」になりつつある。

多すぎる

安い価格の弁当を一生懸命作っても、暑い時や寒い時、あるいは雨降りまたは炊き出しと重なるとおじさんたちはあまり来ない。私たちも気候を気にしたり、天気の具合に一喜一憂している最中に、「仕事が多すぎない。みんなやめていくわよ」とあるボランティアが専従者に一声。専従者はその言葉にショックを受けて涙が噴出した。なぜなら、おじさんのためを思い、必死に弁当を作っていたからだ。

専従者はボランティアの状態をきちっと観察して対応していなかったのだろうか。いやそんなことはなかったと思う。私とメニューの相談を始終しているのだが、今度の水曜日の手は弱いから、簡単な料理にしようとかいろいろ気配りをしていた。それだけにその一喝は脳天を打つものであったのだ。

でも、弁当作りの仕事の量が多すぎる、という指摘は厳しい忠告だ。確かに多すぎる。背伸びしてやってきた。野宿者が減って、売り上げが減ったものだから、自前でもある程度努力して生活保護者にもっと来てもらうことを考えた。そこで、定食等の内容をもっと豊かにするために、材料を増やしたので調理の仕事が格段に増え、ボランティアの負担が増えた。しかも、長くやっていただいている方が多いのでベテランではあるが、熟年にはなるし、しかも仕事量は増えるという二重のマイナス要因が重なっての発言だったと思う。そのように叱られても、生活保護者にはできるだけ定食を売り込もうとしている。彼らに定食を買っていただき、一三〇円の弁当を買う人の分を補ってもらいたいという思いがある。のり弁の価格では経営はできないから、安いものと高価格のものを販売して均せば何とか黒字になるという思いで定食をとらえている。野宿者が減ったとは言え、のり弁は一晩で十人以上は出るから、これは絶対必要なことだ。この価格で食べられるという事は私には嬉しいし、のり弁を買ってもらうとほっとする思いなのだ。厳しい人を一人でも支えているという思いだ。それに一六〇円の卵焼き弁当だけでは経営は維持できないから、ある程度安定した収入のある生活保護者に定食を売りこみ、弁当全体で何とかまりや食堂を最低限維持できればと願うのである。

だが、ボランティアを大事にしなくてはならない。ボランティアがいなくてはまりや食堂は成り立たない。ゆえに、少し戦線を縮小しなくてはならないのだ。答えは見えている。手の込んだ料理は避けることだ。それに定食はダブルにしないで、日替わりだけにする。魚定食は廃止して魚は単品で出せばよいのだ。そうすれば魚の好きな人は単品で、魚とご飯と何か野菜の単品を買えば、それなりに栄養が取れると思う。

（今のところは魚定食も何とか継続はしている。二〇一五年四月現在）。それに単品も減らす。これは実行して今は単品の種類は少ない。このようにして現在のまりや食堂のボランティアの実力で、できる弁当を提供しようと努力している。それでも無理ならパートを増やすしかない。現在は専従者以外に水曜日に半専従者を一人、他の曜日はパートを数人お願いしている。今日は雨。七十人から八十人しか来ない。買いに来る人は老人が多いから、こんな日は近くのコンビニで用をすますのかもしれない。

ボランティアは雨が降ろうが、寒かろうが、欠かさず来てくださる。一生懸命に時間をかけて、くたくたになって作っている愛情弁当だ。おかずはおいしい。煮物も入っている。ご飯は多い。煮物などはスーパーでも、コンビニでも高い。まりや食堂では三〇〇円で買えるのだ。

でも、天気の都合で少なくては、ボランティアに申し訳ない。ボランティアのためにも、天気など蹴っ飛ばして、傘をさしておじさんたちどうかまりや食堂の弁当を買いに来てくださいね。大目に余れば仕方がないので、夜のボランティアに低額で買ってもらう。今日は私も二つ買って家内と食べる。

台風

朝、台風が関東地方をほぼ直撃し、電車の多くが止まった。あるボランティアから電車が止まったと電話があった。動き始めたら来るようにお願いしたが、風が強ければ休むようにと話した。今日はボランティアが少ないので、その方は年配なのだが、危険でなければお願いしたいのであった。まだ風が少しあったが、電車が動いたと来てくれた。連絡のない人も遅れて来た。一人はバスだ。バスは運休がないと、いつもの時間に来た。今日のスタッフも電車に缶詰になったが遅れて来た。一人は、子どもの学校が休校で家にいなくてはならないことになった。

いつもより二時間ほど遅いが、急ぎ仕込みが始まった。本当に感謝だ。こんな日にわざわざボランティアをしに来てくれるのだから、頭が下がる。私にしても、台風の進路が予想できたから、やれることはしておこうと、朝早くまりや食堂に来た。途中風と雨が強かったが、車で強行軍だ。少し緊張したが無事ついた。勇太は休み。今日は開くことが肝心だから、できるだけ簡単なメニューと数を少なくして今日の仕事をしようと考え、いろいろと段取りをしたのだった。

まりや弁当に並ぶ人たち

金曜日はカレー

昨夜はカレーの日だ。カレーライスには少量のから揚げや、フライがつく。カレーの盛りもよい。家庭のルーを使うからまろやかでうまい。このような好条件が揃えば、売れないはずがないから値下げ前でもこの日は客が賑わい、大概売れきれる。

それを値下げだ。その日は思い切って、数を増やした。普段は二五食なのだが三十食を作った。それでも完売だった。私は会計をするのを常としているが、この日は客がほとんど途切れることなく、買ってくださっていた。中には金曜日はカレーを食わなければ、一週間が経ったような

名物カレー弁当

気がしないとカレーを注文してくれる。

先週の金曜日、いつも卵焼きを買いにくるおじさんが目の上をけがして血を流しながら来た。体がガッチリしていて、よく仕事をしている風だった。それがどうして日替わりでなくて卵焼きなのかなーと不思議に思っていたので、心にとまっていた人だった。だが、カレーだけは買う。目の上から血を流しながら並んでいる。「どうしたの」と言っても返事がない。その人の番になった。ふらふらしている。突如しゃがみ込むが、へたり込まないように両手は受付のカウンターのへりにつかまり、何とか立ち上がってきた。ほとんど泥酔して足が立たないような状態だ。それでも「カレーをくれ」と三〇〇円をカウンターの上に置く。これほど泥酔していてもカレーは食べたいのだ。足元もひどく心もとないから、どこかで転んで目の上をけがしたのだろう。私も一度不覚にも泥酔してしまったことはある。なにかの調子で飲みすぎて、後で効いてくることがあるから、彼もそうなのかもしれない。いずれにしても、そういった状態でもカレーは食べたかったのだ。感謝。数日後また買いに来た。眉毛の上にバンドエイドを貼っていた。

まりや食堂は前金制だ。注文を聞き、お金を頂き、番号札を渡し隣の場所で弁当を提供する仕組みだ。油断すると売り切れたまま販売することになり、お金を頂いたのに、品物がないなんていうことがある。特にカレーは早く買おうと大勢並ぶので、私も必死になって注文を取っているうちに、うっかり売り切れになってしまうのだ。そんな場合、私は「何番さんすみません、カレーが売り切れてしまって、お魚定食十円値引きしますから変えていただけませんか」とお願いすることになる。できるだけそうならないように、注文を受けながら在庫に気配りし、「カレーはあと何個ある?・」と時々数を確認する。もたもたすれば、待たされているお客さんがイライラするのでけっこう神経が疲れる。

カレーの数を四十個に増やした(二〇一七年五月)。これが能力の限界だ。客には一人二個までにしていただいている。これでもすぐ売り切れるから皆店が開く前から並ぶ。並ぶのが嫌な人はすいたころ来るが、あるとは限らない。

来た客が「えぇ、もうないの」と嫌な顔をしてカウンターを手で叩くから、「やめてくれませんか」と抗議した。ぷいと帰ってしまったが10分ほどして戻ってきて「済まなかった」と詫び、卵弁当を買われた。この人は怖い顔をした人だが意外と紳士的だった

補完関係

日替わりを充実し、のり弁当を創設してからも客足は増えたり減ったりと頼りない。すべてがおじさん次第なのだ。特に冬の水曜日はひどい。この日は冬場だけ、午後の早い時間に玉姫公園で炊き出しがある。まりや食堂の営業時間と近いせいか、まりや食堂の客は、普段よりも二十人ぐらい少なく約七十人ほどだ。日替りも少なくなるから、きっと生活保護者もその炊き出しに並ぶのだろう。

こうした現象は、炊き出しとまりや食堂が補完関係にあることを示しているように感じる。まりや食堂

は通年しているから、炊き出しがない時にまりや食堂を利用しておなかを満たし、あるいは炊き出しの一食だけでは一日が持たないから、まりや食堂の安い弁当を利用するといった関係ではないだろうか。だから、炊き出しとまりや食堂は互いに補う関係だと理解している。

炊き出しの延長に近い弁当としてのり弁がある。特徴は飯の多さだ。ただ、おかずはさびしい。弁当の中でも、のり弁は本当に厳しい人に買っていただくために作った。でも、現実にはこのご飯の盛りの良さから、これを買い、おかずは他所で手当てする人も何人かはいる。それは致し方ないが、一食でも厳しい人が買うことで、おなかが満ちることができればありがたい。中にはのり弁の大盛りと卵焼き弁当の大盛りの二つ買う人もいる。大盛りはご飯が四四〇グラムあるから計八八〇グラムのごはんだ。約一キロ近くのご飯の量があれば一日食えるだろう。ただ、今から季節が暖かくなるからご飯の傷みが心配だ。その点でご飯の付け合わせは梅干しに限るだろう。これも支援者におねだりしなくてはならない。

黒い卵焼き

この人は卵焼き弁当を何時も買う人だが、できるだけ焼けた卵焼きを所望する。「できるだけ黒く焼けたのがいいよ」と販売窓口で注文する。彼は黒い卵が好きというわけではないのだ。次の日に食べるのでよく焼けているのをほしいのだ。野宿の身、冷蔵庫がないので傷むのを用心しているのだ。だから、この人にはその日の卵焼きで最も焼けたのを提供するようにしている。

大枚千円

客が戻ってきたようで忙しく、百名ほど来た。店を閉める。ピンポンが鳴る。時折、弁当を買いに顔を見せるおじさんが毛布をくれと来た。

この人は時折それで来る。あげると寒いからもう一枚ほしいという。今日は珍しく素面《しらふ》のようだ。何んでもねぐらの毛布を盗まれたらしい。いつもなら、追加は渋るのだが、今日は幸いシスターが毛布を十枚ほど持ってきてくれたので、気軽にあげることができた。追加をあげる時に、なんと彼は数枚の札を出して、中の一枚千円を「献金だ」と出すではないか。これには驚いた。「あれ仕事に行ってきたの」。「そうだ」。

献金は気持ちだけもらうからと受け取らなかった。あげたかったようだが、私としては複雑な気持ちだった。それはもらえば借りができるし、返したところで今日全部酒に変わるだろうとは思っていたからだ。でも「献金」と言って、金をくれようとした時に、この男にも温かい心があるんだなと感じた一瞬だった。そのように思うにはわけがある。この人は飲むと、飲み続け自分をコントロールできずにどろどろになってしまうのだ。洋服は汚れ、ズボンはおしっこで濡れ、履物はどっかにやってしまい。靴下は片方だけになって、真冬まりや食堂のチャイムを鳴らし、――そんな状態だから私をスタッフは呼んで、私が対応するのだが――、「寒くて死にそうだ。毛布をください」と哀れな声を出すのだ。そんなことが時折あった。

と思うと素面で自転車に乗っている。飲まない時はきちっとしているのだ。たまに弁当を買いに来る。大概閉店間際で、卵弁当を注文する。閉店近いので焼きあがったストックはなく、卵が焼きあがるのに三―四分はかかる。数人並んでいる最後にいて「まだできないのか」と叫ぶ、「門限がまもなくだから早くやってよ」と声を荒げる。

野宿に門限があるのかといぶかる。まりや食堂は、彼が大変な時に幾度も毛布をあげたことを忘れているのだろうか。他の人はじっと待っているのに、なぜ大声を出さなくてはならないのか。こちらも一生懸命しているのだから、少しは待っていてもいいじゃないのと不快な気持ちがこみ上げてくる。「もうちょっと待ってね」と頼むのだが、もう毛布はあげたくないと思ってしまう。ほんと、心がすさむ。

それが、今日の今献金をくれようとしたその態度に、私はこの男にもすがすがしい人間の温かい魂が宿っていることを確認して何か嬉しかった。今まで野宿の方々にいろいろなことをしているが、献金などというのはめったにいないし、ましてや大枚千円を出すとは驚いた。

貸し借りができるのを心配して断ったのだ。献金をもらえば、酔った時にしつこく毛布などをねだる可能性があるので、二人の関係はあくまで淡々としたものでよいのである。

彼は酒に関してはノーコントロールのようで、今日稼いだ金も、きっと今晩全部飲んでしまう可能性が高い。いや全部飲んでしまわないと気がすまないのだ。そして泥酔し、数日経つとまた汚れきった姿になってしまう。本当に気の毒な体質だと思う。

怪我と弁当は手前持ち

手を石膏で固め、包帯を巻いた腕を肩から吊ったおじさんが弁当を買いに来る。この人は何時も向かいのコインランドリーにいて、常用で仕事をしている。ギャンブラーゆえに稼いでも何時も金がない。山谷に泊まるのは嫌いで浅草のカプセルホテルが好きだ。

先日、なんでも重量ものの鉄骨の間に手を挟まれたそうで、指が何本も折れたという。結構ほら吹きだから真実はわからないが、でもあの包帯の様子では明らかにどこか骨折していると思う。

「労災にしたの」と尋ねると、「しない」という。すればおやじに迷惑をかけ、仕事にいけなくなる。治療費はおやじが出す。

私は同じようなことを大手の建設会社で見たことがある。そこでは現場に無事故一〇〇〇日とかいう幟が立っている。こんなの嘘で、現に腕を怪我した日雇いがいたが、会社もちで治療に行き、サボらせないために現場には来させていた。

先ほどの人もそうなのだ。労災にすると、基準局とか、役所がうるさいのだろう。

私も現場で何度か怪我をしたが、労災にしてもらうのにおやじに頭を下げて変な感じだった。当然の権利なのに日雇労働者は本当に弱い立場にある。二か月近いけがで労災の世話になっても、おやじにはその中の一部を世話になったと差し出すといった具合だった。そうすることによって関係をよくして、治った後もそこの仕事にありつけるのだ。怪我一つでもいろいろと苦労する。こんな苦労は別に日雇い労働者だけでなく一般の労働者にも言えることだろう。特に今のような厳しいご時勢では。

セミになる

連日の猛暑。気温は35度。うんざりだ。おじさんたちも外出を控えめにしているのか、暑い日は客足がぱったりと止まり、七十人~八十人と低調だ。ご飯を余らして四苦八苦だ。でも、定食類は何とか出る。やはり安くてバランスがいいからだろう。これを作るボランティアには頭が下がる。この猛烈な暑さを押して、ただ働きの仕事に来てくださっている。ただ感謝だ。この愛情の込もった弁当を食べるおじさんも幸せだ。顔をよく知っているのが買いに来た。

「暑いね、部屋にいるの」

「うん、部屋も暑いし、もうどこにも行くところがないよ、木の下にいるよ」

「うん、セミと一緒だな」

隅田川沿いには並木があり、昼寝にはよいところだ。そこで暇をつぶしたり、暑さを避けてぼっとしているのが一番の健康なことなのだ。なまじ動けば熱中症になってしまう。

私は会計をしているが、やはり暑くてぼうっとする時がある。五〇〇円玉をもらって、お釣りを二〇〇円返すのに七〇〇円返そうとして隣のボランティアに注意された。よかった。これには理由がある。それはおじさんたちはよく千円札を出される。一六〇円の弁当でも、三〇〇円の定食でも。それで私の頭は千円モードになっている場合が多い。定食三〇〇円買うと七〇〇円のお釣りとなっているから、客からいただいたのが五〇〇円玉でも、七〇〇円の釣りを無意識に提供しようとしてしまうのだ。特にこの暑さだ。よほど意識してやらないとそのモードになる危険性がある。

五〇〇円玉のことで以前も言われたことがある。ここは五〇〇円玉出すとたくさん釣りをくれるよ。多分私のことなのだろう。最近はだいぶ気をつけてはいるのだが。

でも、だいぶ会計にも慣れてきた。会計を担当した初めの頃は三二〇円（定食がこの価格の頃のことだった）

の代金に千円札の場合、いくら釣りを払うのかは瞬時には出てこなかった。伝票に三二〇円を書いていくら加えると千円かを考えた。最近は代金の三二〇円を見れば釣りが六八〇円だと頭で瞬時に計算ができ始めたのはうれしい。細かいところでは、卵弁当一六〇円に単品二品（一品三〇円）、六〇円を足すのがよく飲み込めなかった。瞬時には計算が出来ない。一六〇円に四〇円を加えて二〇〇円として、残りの二〇円を加えて二二〇円だと納得する。これも最近はできるようになった。だが、結構計算は複雑だ。定食も値段が三種類ぐらいある。その大、中、小がある。それに卵焼き弁当、のり弁当の大、中、小がある。この組み合わせがいろいろあるから結構厄介だ。ほとんど計算機は使わず、暗算と筆算だ。

言い訳めくが、計算を間違う理由の一つには毎日ボランティアが違うことだ。会計カウンターの後、つまり私の背後でしているボランティアのおかずやご飯の見つくろいと、それらの弁当を手渡すところまで、間違いがないように気配りするのも原因だが、当の本人が間違ってはしょうがないな。

買いにくるおじさんの中に計算の得意な人がいる。その人はいろは通りで野宿しているのだが、大盛りの弁当と単品をいくつか買って、私が数字とにらめっこしている間に「五三〇円だね」と言ってくれる。私も追いついて同じ金額なので、「おじさん早いね」と驚くと、昔そろばんの一級を取ったそうで頭の中にそろばんが入っているのだ。お釣りは一〇〇円玉であげる。ロッカー代なのだ。

ボランティアが減って、私は年をとるほどに食堂の手伝いをしなくてはならなくなった。だが、会計をしているので、山谷の人々と触れ合う機会が多くなったのはいいことだ。窓口ではいろんな人との出会いがある。ふてくされたの、威張っているの、感謝するの、陽気なの、様々だ。基本的には客は仏様ぐらいだからこちらはいつも下手だ。このほうが安全だ。その意味で、この窓口はキリスト修行によい場所だ。理不尽なことを言われても、我慢だ。あるいは説得だ。

無料の炊き出しはどちらかというと、あげる方が横柄になりがちだ。うちも小さい炊き出しは月一回してるが、そこではやはり少しこちらが威張る感じがしないでもない。「はい一回だよ。あんた二回目でない？」「並んで、並んで」などと、言葉もぞんざいになりがちだ。

金を取る販売は、主役は向うだ。ましてや今は弁当戦国時代だ。おいしいものを安く、しかもボリュームたっぷり提供することが肝心だ。まりや食堂は支援とボランティアによって支えられているが、それでもやはり食堂はある程度は収入を得ることで、支える会の財政を健全にすることができる。とはいっても今は専従、パートなど何人もの有料の働き人がいないとやれなくなった。今後がもっとそうなるだろうと思う。その意味で支援なくしてはやれない。

いんちき牧師

某日、今日も弁当を販売。私は会計をいつものようにしていた。弁当出し方のほうで客が質問しているのが聞こえる。「ここはプロテスタント、カトリック？」。「プロテスタントだよ」。「集会はいつやってるの？」。出し方のボランティアが会計をしている私に「何時」と聞く。「今忙しいからまた後にして」と答えた。しばらくしてから、その客人はやおら大声で、「忙しいからといって、礼拝の案内をしないなんていんちき牧師だ」と窓口でどなり、買った弁当を「こんなのいらないや、金返せ」と怒鳴る。私は黙って大のり弁当のお金一八〇円を返す。

このような若い人を集会に案内したらどうなっていたことやら。集会で気に食わないと大声で騒ぐことは目に見えている。私の方針としては今までの経験から、初めて見る人は、少し様子を見てから集会の案内をするようにしている。建物に入れてしまうと大声で騒いだり、暴れたりした場合に手に負えなくなるからだ。何回か買いにきて、話を聞いてから判断するようにしている。

今日の人は始めて買いに来た人だ。身なりからして山谷の労働者や元労働者でないことはわかる。若くてがっしりしている。どんな事情で山谷に来たのかはわからないし、行きずりかもしれない。何もわからない。だから用心したのだ。それに木曜日の礼拝は基本的には山谷のおじさん用だから、そうでない人は断るようにしているのだ。

山谷は最近雰囲気が変わってきたようだ。派遣とか他で生活保護を取り、住まいは山谷とか、見慣れない人や労働者あがりでない人、若い人なども流入していると思う。中には少し精神の不安定な人などもいるようだ。

先日は車でまりや食堂のそばに来たら、突如「お前そこにいたネコを轢いたろう」とわめかれた。それから「東大がどうのこうの」と意味不明なことを言う。まりやの向かいのアパートの若い人は「殺すぞー」と大声をあげ、外でわめいていた。何か怖い感じだ。それに今時の若いのは逆切れする場合もあるから怖い。こちらが正しくて注意しても、恨まれて殴られたりするから気をつけないといけないなと感じている。

うな丼

中にはユーモアのおじさんもいる。今日は土用の丑《うし》でウナギの日だ。巷ではウナギが高いとかどうのこうのと言っている。まりや食堂にとってはどうでもよいことだ。生活の厳しい人が安い弁当を買って楽しんでくれたらよいからだ。

今日、開店してしばらくしてから、「うな丼ひとつください」とお客さん。「!」一瞬返答に困ったが、「すみません、売り切れです」と答えて一見落着し、お客さんは一〇〇円玉二個をカウンターにぽんとおいて「卵焼き弁当」と言われた。私は冗談の続きをした。「はい、うな丼ひとつお願いします」と後ろに伝え、その弁当をカウンターに移動して「お待ちどうさま、うな丼できました」とお客さんへ。お客さんも笑いながら帰って行かれた。

ヘブル語で弁当はなんていうの

「弁当って、ヘブル語でなんていうの」。これには参った。「わかりません」と正直に言った。これは弁当販売時の出来事だ。隣の弁当を出す係りのボランティアが目を丸くして「あのおじさんヘブル語わかるの?」。

私は会計をしているから、販売窓口の左側にいて注文取りと会計をする。客が切れると販売カウンターの端の方に、ヘブル語のテキストを出して辞書とにらめっこをしている。客が来れば、それを端に寄せて注文を聞き、勘定をする。以前、好奇心のあるおじさんが「それなあに」と尋ねた。「うん、ヘブル語なんだよ。旧約聖書の原典なんだ」。それ以来そのおじさんは弁当を買いに来ると、「これはヘブル語でなんていうの」と冷やかすのだ。ほとんどヘブル語の単語は知らないし、覚えられないので返答に困る。知っているのはせいぜいヨーム（日）とかエロヒーム（神）ぐらいだ。

実は、ヘブル語の通信教育を受けているのだ。実際は独学に近い。時間がないので、客が切れたときに内職として、ヘブル語の練習問題をしている。ヘブル語は今から何十年も前に神学校で習った。ギリシャ語はものにできたが、このヘブル語はちんぷんかんぷんのままで終わってしまった。イスラエルとパレスチナのことなどがあり、最近まで、旧約はほとんど手がついていなかった。でも、イザヤ書五三章だけは座右の聖句として私を長年支えていた。

私が旧約聖書をやる気になり、また原典も何とか読みたいと思ったのは、今のイスラエルはシオニストがつくった、植民地国家だという言葉に出会ったからだ。そのような言葉はヤコブ・M・ラブキン著『イスラエルとは何か』（平凡社新書、二〇一二年）で言及されている。この人はモントリオール大学教授（歴史学）で、敬虔なユダヤ教徒だ。

その本から彼の見解をかいつまんで述べる。

イスラエルはシオニズム運動（パレスチナの地にユダヤ人の祖国づくりを目指すことを）によってつくられたシオニスト国家だ。シオニストとはシオニズムを行う人のこと。

この国は律法とは無関係な世俗的政治国家だ。この人は敬虔なユダヤ教徒として世俗国家は必要ないという。それぞれが身を置く国家において、法を順守して行けばよい、と。

それをこう言っている。解放により西ヨーロッパのユダヤ人は所属の国に同化し、ユダヤ教の伝統を保ち、国家にも忠誠心を持った。ユダヤナショナリズムは土地の領有にも、土地の主権にも依存しない超越的観念だ。トーラーのみがユダヤの民を一つの集団たらしめる。

シオニズムは東ヨーロッパで起きた。これは宗教イデオロギーではなく、政治的イデオロギーとして一九世紀後半に東ヨーロッパで生まれた。東ヨーロッパは抑圧的で、そこからパレスチナに多くが移住したという。東ヨーロッパに住むユダヤ系住民は長く反ユダヤ的感情にさらされ、それが、それらの人々をパレスチナに惹きつける要素であったのだ。パレスチナの開拓入植者と現地でのシオニズム指導者の大部分は、東欧出身者で占められている。

シオニズム運動は、さまざまな人が住んでいた西アジアの一角をヨーロッパ人の手で、植民地化することだった。土地を買い取り、先住民を追い出し囲いこみ、分離、隔離政策で入植地を増やしていった。シオニズムの実践は領土拡張運動だ。イスラエルは先進諸国の植民地社会と同じ仕組みだ。

イスラエルの地の意味は、約束の地を占有するのとは違う。かの地もトーラーの精神的遺産からすれば、ちょっとした足の踏み場にすぎない。トーラーを侵してしまう恐れが、一般のユダヤ教徒をして、イスラエル移住を躊躇させる要因だ。多くの敬虔なユダヤ教徒は、イスラエルの地で政治的顕現を放棄してこそ、ユダヤ教本来の姿だと考える。著者はこのように語り、イスラエル国家をシオニスト国家と呼んでいる。そしてユダヤ教の伝統がシオニズムに拒否の姿勢を示している。

今のパレスチナ人に対し、強硬なイスラエル政権の思想はジャボティンスキーに遡るとされる。この人は一八八〇年にロシアに生まれたユダヤ人だ。ユダヤ人多数派を持つ、ユダヤ人国家をヨルダン川両岸に建設することが彼の運動の主眼だった。それらの運動を力（強い軍事力）で、遂行しようとした力の信奉者だ。彼の思想は、党派リクードの元首相ベギン、現在の首相ネタニヤフ（二〇一五年現在）を含め、現在のイスラエル右派全体の思想的源流だ。（森まり子『シオニズムとアラブ――ジャボティンスキーとイスラエル右派一八八〇～二〇〇五年』講談社、二〇〇八年参照）。私はラブキンのこの本に出合うことによって、イスラエルという国の呪縛から解放された。私たちは旧約聖書も聖なる神のテキストと理解して使用しているが、その旧約を信奉する国がパレスチナ国を侵食し、パレスチナ人を過剰な攻撃によって、多くの犠牲を強いているのを見て、同じ旧約聖書を信じていることにおぞましさを感じていたので、そういった国が信奉する旧約聖書にはできるだけ触れないようにしてきた。

けれども、この本によって、イスラエルがシオニストによって構築された政治的な植民地であること、宗教的ではなくて、民族的ユダヤ主義であることが理解できた。そういったシオニストの反対の極に、宗教共同体としてのユダヤ人やユダヤ教徒がいること、彼らは何らパレスチナに領土的野心がないこと、またその必要性もないことが指摘されている。このようにしてユダヤ人の中に二つの潮流があることがわかる。シオニズムによって作られた世俗国家イスラエルと、そこで生活をさまざまな形で営んでいる人々。そこには、無神論者もいれば熱心なユダヤ教徒もいる雑多な世俗国家だろう。そして、それは報道等で示される（二〇一四年七月）パレスチナ人へのひどい攻撃をした現在のイスラエルの国だ。

他方では、ディアスポラとして各地に散っていて、トーラーでつながっているユダヤ教を信奉する領土的野心のない宗教集団としてのユダヤ人がいる。後者とともに歩むことによって、旧約聖書がユダヤ教の聖書であると同時に、プロテスタトの聖書であることも堂々と言える。その旧約聖書がユダヤ人の精神的支えであるように、またプロテスタントにとっても聖典である。

私はこの人生において仕残したヘブル語を、こうした状況の下で始めることができた。以前からヘブル語を仕残して人生を終わるのは、心残りだという思いが強かった。旧約聖書は、たくさんの豊かな神の思いが詰まった書物だということは、日々感じていたからだ。ヨブ記などは私にとって、とても励みになる聖書だ。ただ、ヨブ記にしても、ヘブル語からの訳出が聖書によって違うし、注解書によっても違う。極端な場合は正反対に訳出している場合もある。それだけに原典に当たることはとても重要だと感じている。

最近は、弁当販売の窓口のカウンターの脇に、大きな分厚い本が開かれている。その本はヘブル語の逆引き辞典だ。これなしには旧約の原典の訳出には手も足も出ない。中間で客が切れるので、その隙間時間を使い、原典をまさに一字一字、その辞典を使い自分なりに訳しているのだ。

その辞典は厚みが7センチはあるだろうか、B5よりも二回り大きい本だ。そこにはヘブル語が無数に書かれている。客が見たら変な字だなと思うのが当たり前だ。興味のある人は「それ何」と聞くのだ。「ヘブル語だ」と話す。するとその人は「旧約聖書だね」と言うではないか。結構、知っている人がいるのだ。世間だって旧約聖書がヘブル語だと知っている人がどれほどいるか。ただ、私は、ヘブル語がイスラエルで使われていることには言いよどんだ。それはイスラエルのパレスチナに対する攻撃の過剰さが目立ち、普通の人なら誰だってそのことを知っているから、そのイスラエルの言語をしているなんて恥ずかしくて言えないのだ。

とりあえず、ヘブル語の通信教育は一通り終えたが、何とかものにしたいので、再度通信教育を受けている。今度は都内の聖書神学校のものだ。DVDを見ながら独習する。練習問題は送れば添削してくれる。ほかに、何でもヘブル語の質問を受け付けるというキャッチフレーズに食いついた。というのは、既に旧約聖書の原典には当たって砕けているが、文法的にわからないところが沢山あるので、立ち往生しているからだ。その手ほどきを受けたいと考えていた。ただ、後でわかったことは、ヘブル語の通信教育の担当者が、ある教会の牧師をしていることだった。これだけ仕事を抱えているのでは教科書以外の事はあまり聞けないなと感じている。

幸い、ボランティアの一人の行っている教会の牧師がヘブライ大学を出た人で、ヘブル語が得意と聞いて、紹介をしていただき、原典の不明なところはいろいろと教えていただいている。何とか辞書を片手に原典が読めるようになれたらありがたいものだ。

特にヨブ記は何とか原典で読みたい。

湿疹

この白っぽいテープは縦横3センチ、4センチあるから目立つ。弁当販売で会計をしていると、「それ何」と聞かれる。「湿疹ができたんだよ」。ここで会計を十年以上しているが、私のようにべたべた張った人は見たことがない。

木曜礼拝でヨブ記を続けている時に、偶然なのだが皮膚病が発症した（二〇一四年九月）。市販の薬を使っても、近所の病院の薬もだめで、発症してから半年にもなり、体のあちこちに蚤に食われたような点々ができた。数か所には、直径が1センチほどのかさぶたができ、薬を付けて腫れが引いてもまた元に戻る。家の近くの評判のよい皮膚科医院に行く。混んでいてだいぶ待った。医者の診断では貨幣型湿疹だ。しつこいと言う。その湿疹に刺激されて体に赤い点々ができ、むずがゆい。お腹以外はほぼ全身だ。気軽に考えていたが、その処置が大変だ。小さな点まで薬を塗ってそこに抑えのガーゼを置き、紙テープで留める。私は裸にさせられ（パンツは着用）、看護師さん三人がかりで、この処置をする。見るからに手間だなと思う。体に五十個ほどの紙テープが張られる。上着を着るから目立たないが、でも手の甲だけで八か所も貼ってある。

しつこいと医者が言ったので、真剣に取り組まなくてはならない。これだけ貼るのだから家では処置は無理、次の日も病院に行く。看護師がはがすが、たくさんあるので私も手伝う。厄介なのは塗り薬を取り除くのに油のついた脱脂綿で拭い取ってから、チリ紙で脂分を吸い取り、それからシャワーだ。これは丸裸だ。看護師さんが一緒に入って、洗い方をコーチする。驚いたのはとても軽く洗うことを勧める。体は軽く手で洗う。頭も軽く。軽くふいて。なんでも軽めだ。薬の処置もまた同じように大変な作業だった。

何か、ヨブの皮膚病のことを思い起こす。ヨブは骨に皮がぶら下がるようなひどい皮膚病だ。茶碗のかけらで皮膚をかきむしるかゆみだ。私もかゆみはあったが、薬もあるし、病院もある。でも、私はこれだけの皮膚病は始めてなので驚いている。医院のシャワーを浴びるなんてと驚いている。今はステロイドの強い薬を使っているがこれから先どうなるか。これはヨブを味わうための神の恵みなのだろうか。

若い現役

若い人が山谷のドヤに泊まり仕事に行っている。まりや食堂の弁当もチラホラ買いに来る。昨日のり弁を買いに来た人がとても若く二十代に見えた。余り若いので、「ドヤにいるの」と聞くと「そうだ」。「仕事に行ったの」、「やまと」だという。「運転」と聞けば仕分けだった。ドヤは割高だが、重宝だから日雇い的仕事に向いている。ドヤは敷金や権利金はないし、斡旋料もいらない。身分についてもうるさくない。蒲団もついている。だからぽっと行って泊まれる。そんなお手軽がドヤのよさなのだ。

この仕分けの仕事は決して楽ではない。冷凍物で経験しているが、集荷された荷物も決して軽いものだけではないからだ。冷凍物では仕分けは集荷した荷物をコンベアに下ろす仕事が一つだ。これは手作業だから大変だ。次にコンベアに流された荷物を種類ごとや地域ごとに取り分ける仕事だ。これは多分ベテランがするのだろうと思う。これらを一日やっていたら相当くたびれるだろうと思う。これらも多分パートか派遣なのだろうと推測する。宅急便の仕分けがどんなシステムかはわからないが、似たようなものだろう。

よく卵弁当を買いに来る四十代の人がいる。ベットハウスに泊まっている。一部屋にベットが二段になって八つある。ここは一泊千円だ。ドヤとしては安いが、今二人しかいない。今ベットはそんな状態だという。汚く、ゴキブリ、南京虫もいるらしい。ただ風呂が広く、二十畳ぐらいあってよいそうだ。

このハウスはかなり大きなビルだが、その一部を取り壊し、外人専用のベットハウスができた。一泊三千円と書いてあった。ベットハウスにしては少々高いかなという印象だ。山谷の労働者が減った分、外人向けの部屋を作ったのだ。今日本に大勢の外国人が観光に来ているから、山谷はそういった人の需要を当て込んで、外人用に宿泊所を衣替えしているのだ。このような時代の流れによって、山谷のドヤ街は今生活保護者用と外人用とにほぼ二分されているようだ。

先ほどの人は日雇い労働者には見えない。聞くと、引越しや、移転の仕事をしているという。毎日はない。週末が多い。会社は決まっているというが、明らかに派遣と同じだ。忙しい時だけ雇われるのだ。引越しは季節的なもので、移転が多いという。これはビルなどの建物の部屋から他の部屋へとか、階層間の移動とかの仕事だ。ロッカーとか机とかの移動だから、結構大変な仕事だと思う。仕事のないときは日雇いの仕事に行っている。

ここに現代の山谷の姿があるのだろう。派遣と日雇いを兼ねて仕事をする。これが山谷の労働者の実態だ。大企業は海外移転によって日本人を棄民《きみん》しているのだ。だから、国内では仕事が少なく派遣とか日雇い的仕事が多く、そういった人たちが企業を低賃金によって支え、低コスト生産を生み出している。同時に、国外の低賃金労働者よってコストを切り下げているから、企業は二重に利益を得ているのである。

某日、首になった派遣労働者との出会いが弁当販売窓口であった。

「その半袖見せて」と若い人が壁にかかっている、こざっぱりした白の開襟シャツを指さした。「こんど面接に行くんで、きちっとしたいんだ」と、弁当を出すおばさんに言っていた。私は隣で会計をしているが、それを小耳に入れたものだから早速取材の気持ちが生じた。

「それ似合うよ、面接にいいんじゃない。少し話が聞きたいから、それあげるから少し時間もらってない？」と強引に頼み込んだ。

彼は最近弁当をよく買いに来る人で、日雇い労働者には見えないし、派遣労働者かなと思っていた。彼の話によると、三月まで愛知で仕事をしていた。その名前に反応するのは大手車屋Tだ。そこで仕事をしていた。期間工ではなく派遣で行った。消費税が上がる四月に人員が整理され、派遣で行ったものは首になった。NPOと相談し、NPOと役所の掛け合いで一時生活保護を取り、今ドヤにいて、時折派遣の仕事などをしている。年を聞けば四十歳だが、若く見える。

本人も長く生活保護を取る気もないし、実際見るからに普通そうだから、本人は就職をしたいと考えていて、職安から仕事を紹介してもらい、今回面接に行くというのだ。

一時山谷には若い人が結構いたが、今は少なくなったのは、就職して山谷から去ったからかもしれない。この人もうまく就職できればよい。本人はもしうまくいかなかったら、長野に帰り農業をするという。家が農家なのだ。今までどうしたのかは知らないが、四十歳までいろいろな仕事や経験をしてきただろうが、最後にT社を首になり山谷に来たのであった。そして、まりや食堂の弁当を買っているのである。

山谷にはこういった人が一定程度いると思う。この年恰好の、しかも日雇い労働者という感じでない人を幾人も見かける。多分この人のようなケースなのだろう。また本気の派遣労働者も幾人もいる。この人はそれっきり顔を見せないから、きっと面接がうまくいったのだ。就職してドヤからどこかアパートにでも引越ししたのだろう。

日本経済新聞、朝刊（二〇一四年十一月六日）に面白い記事があった。トヨタ自動車が二〇一五年三月期の連結純利益が上場企業で初めて二兆円になると書いてあった。派遣労働者が消費税値上げで切られ、片方では膨大な利益をあげる会社の構造を山谷にいて感じている。その利益の半分は株主に配当すると新聞に書いてあった。

最近、弁当を買いに来る一見サラリーマン風のおじさんも派遣だ。シャツがほしいと、弁当を受け取りながら語っていた。これはMとかLとか会話しているうちに、「おじさん今日は仕事だったの」と聞けば、トラックの荷おろしの仕事だ。「汗をかくからシャツはいくらでもほしい」と言う。「ここのシャツは安いから助かるし、特に弁当は日替わりが三〇〇円で飯の盛りがすごくよいから助かる」と。

「表（手配師）から行くの」と聞けば派遣だ。派遣から一箇所にまわされ、そこにずっと行っている。休めばはずされるから疲れても、行かなくてはならない。先日重いものがモモにあたりけがをしたが、休めばはずされるから我慢して行った。労災なんてもっての他だとぼやく。ドヤに泊まり数年になる。六十歳になると仕事がなくなるから、何とか今の仕事をがんばっている。そういう時にここの安くて、うまくて、腹いっぱいになる弁当は助かるとほめてくれた。野宿者が減って、のり弁や卵弁が一時のように百人分はもう出ないが、それに代わって、派遣労働者など、低賃金で働く人が山谷で増えてきているから、そういった人を支えるためにも、安くてボリュームのある弁当が必要なのだ。

二〇一五年四月ぐらいからの現象なのだが、お客さんが少し増えたようだ。八十人ぐらいで低迷してたのが、百人ほどになった。顔ぶれは新しい人も幾人もいる。多分外部から山谷に入っている人で増えているのだろうと推測した。何度か買いに来た若い人に聞くと、日雇いをしている手配師から聞き、ドヤに泊まっている。今少し景気がいいから、建築、土木の仕事なども増えたのだろう。このような日雇い労働を求めても山谷に来始めているのだろう。そして、口コミでまりや食堂の弁当の安さを聞いて、来てくれるのだろうと思う。

宿泊の事を色々述べたが、簡単にまとめると、ドヤ宿泊は生活保護者が多く、ほとんどは元労働者だった人だ。次に日雇いとか派遣とかのドヤ住まいの労働者。少し高めのドヤは外国人が多い。そういったドヤも目立つ。比較的安いホテルもいくつもある。これで山谷のドヤ街は復活したともいえるだろう。

三十年ぶり

「前にいた街に三十年ぶりで行ってきた。皆懐かしかった。あの橋も昔のままだ。酒屋も変わらない。その酒屋を見たら、ふっと飲みたくなった。かれこれ半年もやめているのに、何とか止める方法はありませんか。今までも数か月間は何度もやめたが、なんかのきっかけで飲むと、止まらなくなってしまうのです」と弁当の販売の途切れた時にその方は来て語るのであった（二〇一四年十月九日）。この人は「大枚千円」（本書117頁）の人だ。

この人のことはよく知っているが、こんな風に個人的なことを、話すことは始めてなので内心驚いた。やはり酒について深刻に考えている証拠だ。

Kさんと呼ぼう。山谷は結構古そうだ。私とKさんが交わりを持つのは玄関が主《おも》だ。「寒いから毛布をくれと」インターホンを鳴らす。出てみれば、汚れきって靴は片方だけだ。前の方はおしっこで濡れている。多分何日も飲んで、へべれけになり、もう飲めなく、少し酔いがさめてまりや食堂に来たのだろう。こんなことは幾度もあった。たぶん彼はお酒に問題のある人なのだろう。時には弁当を買いにくる。その時は素面《しらふ》だ。飲まないときは何とか仕事などに行き、卵焼き弁当を買うのだ。

たぶん彼には糖尿病もあるかもしれない。弁当を買いにくるKさんの仲間が、彼は、足が壊疽《えそ》だと教えてくれた。酒は糖尿病によくない。山谷では酒から来る糖尿病患者も多い。そんな玄関でのかかわりがほとんどで、口をきくことはなかった。今日は、はなからそんなことを窓口で話すではないか。「マック（山谷の人を中心にしたキリスト教系の断酒会）がいいよ。断酒会だ。あなたが希望すれば一緒に行ってもいいよ」と私はすばやく反応した。この人は明らかにアルコール依存症だ。それも連続飲酒のパターンなのだ。この人は、酒をコントロールして上手に飲むことはもうできない体になっているから、普通の生活をするには、酒をやめ続けなくてはならないのだ。一人ではできないから、そういった集まりに出て、元アルコール依存症の人々のミーティングで、回復していくしか方法はないのだと手短に話をした。

彼は黙って卵焼き弁当を買って帰った。それから数日後にもう一度買いに来た。酒の問題は難しい。私だって愛飲酒家だ。事情があってやめ続けなければいけないときなど、本当に断てるのか自信がない。先だっては、体の湿疹がひどく、皮膚科を受診した時は、必死になって酒を二週間断った。

それから二年経つが、Kさんはそれっきり弁当を買いには来ないが、街ではたまに見かける。ある時は汚いなりをしてふらふらと歩いている。ある時は自転車に乗りしゃきっとしているのだった。

ネグレクト（自己虐待）

時折弁当を買う野宿の人が来た。青い顔をして痩せている。「どうしたんだね」と尋ねると、糖尿病で昨日退院してきた。「入院中に毛布を盗まれたからくれ」。「やーもうないよ」。いや、私のを上げようと内心つぶやく。「じゃ、ちょっと待って」。三階に駆け上がり、私の毛布、何年も使っていて愛着があるがあげよう。「じゃこれ使ってね。お大事に」。

こんなやり取りが今日弁当販売であった。この人は以前に数度毛布を取りに来た。「入院していて退院したら毛布が盗まれていた」と。こんなに幾度も入院するなんて変だなーと思っていた。この人はまりや弁当を買いに来て古い。この人をよく覚えているのは、ある時怒らせてしまったからだ。当時、野宿者が多く、客が計百五十人とかだった。その日、ご飯が少なくなり、並んでいる人全員にいきわたるために、大盛りを中止した。ちょうど、その人の前で中止になったものだから、彼はかんかんに怒ってしまったのだ。

今日も弁当を買いに来たので、それとなく聞いたら、野宿していて糖尿病が悪くなって入院し、生活保護は嫌で退院してまた野宿だ。なぜ、生活保護がいやなのかははっきりわからない。目も悪い。お金がはっきり見えないようで、手のひらに乗せた硬貨から私が料金分を頂く。会計のカウンターはそれなりに明るいので、普通なら見えるのだが、きっと、彼は網膜が糖尿でやられているのだろう。「これでは失明するから福祉をもらって通院したら」、「病院は嫌だ」。失明したら仕方がないともいう。何ともむちゃくちゃな生き方だ。ハローワーク玉姫日雇い職安前はテラスのようにコンクリートが打ってある。そのわきが歩道だから、このテラスは恰好の野宿の場所だ。いつも誰かがダンボールで囲って寝ている。時折弁当を買いに来るあの糖尿病の人もそこがねぐらだ。今朝自転車で通ると彼がいた。上半身を起こしフードをかぶっていた。

「まりやのおやじだけど、写真撮らしてもらっていい?」と聞いた。彼はこちらを真っ直ぐ見たが、その眼は見えない目で見つめるような、焦点が合ってないようだった。もう一度名乗ったら、表情を和らげ「顔は見えないが、声でまりやの牧師さんだとわかったよ。いいよ、撮っていいよ」と快諾してくれた。

「これ少しだけど取っておいて、酒は飲まないで何か食べて」と小さくした千円札を手に握らせた。「すまないねー」と律儀だ。

彼の住まいは、ダンボールで周りを囲み、ダンボールを敷いて、寝袋と毛布を掛けていた。

彼はインシュリンを注射するからと、腹をつまんで注射器を刺した。何ともすごい場面に遭遇したものだ。明日にもまた入院する。山愛会（仮名）が救急車を呼んでくれるそうだ。糖尿病がよほど悪いのだ。

「今度入院したら、生活保護にしてもらって、野宿は止めた方がいいよ。だいぶ目も悪くなっているようだ。足まで切るようになるよ。入院したら見舞いに行くから名前を教えて」。

この人の生き方は一種のネグレクト（neglect）だ。この言葉は、育児怠慢などの児童虐待などに使うが、この英語の言葉は怠慢、軽視という意味だ。その意味では、彼は自分の体の扱いに怠慢だから、あるいは自分の病気を軽視しているから、彼は自分に対してネグレクト（自己虐待）だといいたい。

なんとなくその気持ちはわかる。直りもしないこの病気に気を使い、食事を制限し、インシュリンを自分で腹に打つような生活に倦《あぐ》んでいる（何らかの困難があって、物事を思うように進められずにいるさま。）のだ。私は貨幣型湿疹と言われ、湿疹があちこちに神出鬼没だ。対処療法でそこに薬を刷り込むだけなのだが、一年近くになっても症状はあまり変わらないので、それに対する対応がいい加減になってきている。ある時には塗らずにほっておいたりするし、保湿の乳液はもう面倒で塗らない。この人は糖尿病という怖い病気に食いつかれて、体が蝕まれつつあるのだが、沈黙の病気のゆえに痛みなどがないから、ついいい加減になってしまうのだ。このままいけば壊疽《えそ》だ。足を切らねばならないし、早晩失明になってしまうだろう。体を守るためによほど禁欲的生活をしなくてはならない。失明も怖い。ボランティアの糖尿病の人はある朝なんにも見えなかったと、失明の恐怖を語ってくれたことがあった。

たまに来る野宿の缶集めの人は窓口で「永伊くーん」と呼んでいる。彼はまりや食堂に弁当を買いに来るようになって長い。時々文句を言っていた人だ。彼は酒に問題があり体もだいぶ弱り、台車で缶を集め酒を飲んで野宿だ。長らく風呂にも縁がないようだ。永伊さんも彼の仲間だったのだ。永伊さんは自分の生を否定するような、飲んだくれた生き方をしていた。生きていくことがどうでもよいようなネグレクト的生き方だった。彼はまりや食堂と二十年前からかかわり、酒を抜いたり、ひどく飲んだりの波乱万丈だが、まりや食堂とはつながって、かろうじて普通の線上の生活になっている。人とのかかわりでこんなにも違ってくることを実感している。ただ、ここまで来るには大変なエネルギーがかかっている。本人は頑張っているが、酒が最大のネックでどれだけ私たちが苦労したか。彼だって苦労しているのだ。現在でもシアナマイドを飲んで耐えているだけで、いつ奈落に落ちるかもしれない薄氷の世界にいるのだ。気ままに生きられたら素晴らしいのだが、人間の体はさほど強くないようで、ある程度禁欲しないと奈落に落ちてしまう。まあ、それも一つの生き方だが、アルコール依存症はある種の自殺だといわれる。じわじわと体が蝕まれ死に至るからだ。でも、酒の魅力は断ちがたく飲み続けるのだ。そういった酒ではあるが、彼とは長いつきあいだからなんとか生き長らえてもらいたい。

花植え人

弁当販売口の横に玄関があり、それはじかに道路に接している。その玄関の道路際のプランターにすみれが咲いている。黄色と紫のあどけない花弁が鮮やかだ。このプランターは以前手入れされないで草が生えていたが、ある時きれいになくなっていた。誰かが悪戯したかなと思っていた。以前このプランターが50メートル先に転がされ、土がこぼされていた。たぶん酔っ払いの仕業なのだろう。だから、今回もまた誰かがふざけているのかなとぐらいに思っていた。

ある朝、おじさんがそのプランターをいじっていた。「花植えていい」と聞く。たまに弁当を買いにくる人だった。彼はドヤ住まいなので、花が好きでも植えるところがないとこぼす。この人が草むしりをしてくれたのだった。ある時からすみれがきれいな花を咲かせていた。もう半年にもなろうとしている。枯れないからよく手入れしているのだろう。土も程よく湿っている。「花盗人」というのはよく言うが「花植え人」は聞かない。わざわざ他人の花壇に花を植えるめでたい人はいないからだ。

いつも生き生きしているから、時折花を植え替えているのだろう。黄色の花弁がとてもきれいだ。紫と黄色のアンサンブルもある。雨降りの時には花弁に水玉がきれいだ。私は毎朝この花を愛でシャッターを開ける。私はたまに家から花を持ってきて礼拝堂に挿すが、プランターの方は最近怠けていたから、彼が植えたきれいな花を朝と帰りに眺めて帰ることができるのはありがたい。

その人は時折、朝2リットルのペットボトルを手に、山谷の裏通りをうろうろしているから、まりや食堂のように外に出してある鉢やプランターに空きがあれば花を植え、枯らさないように自分が植えたところを巡回して水やりなどをしているのだ。時間があれば、プランターや鉢を愛でて、手入れに余念がないのかもしれない。うちのプランターの土もいつも程よく湿っている。四月初め、急に気温が上がったせいか、まりや食堂のすみれたちは勢いを得てプランターいっぱいに青春を謳歌している。

東向島(自宅)の近所の紫木蓮《もくれん》がつぼみを膨らませはじめた。紫は少し地味だが趣《おもむき》のある色だ。私は白木蓮より好きだ。紫木蓮は全開よりもふくらみかけた形と色がきれいだ。ブロック塀の上にプランターや鉢を置いてすみれが花盛りの家などもある。あちこちで色とりどりの色彩がにぎやかだ。明けるのもだいぶ早くなった。朝の五時半には東の空が暗い青から明るい青に変わり始めている。間もなく木々が思いきり花を咲かせる時期が来る。さまざまな花たちもそれぞれの色彩を輝かせその存在を謳歌するだろう。

郊外に出ると、鶯はおずおずと声をだし、美声の練習に余念がない。ひばりは上空高く舞い上がり思いきり鳴いているかと思えば、忍者のように瞬時に急降下し、草むらに着陸だ。小鳥たちも恋の季節だ。木々の間を逃げ回るのを追いかけまわしている、つがいの小鳥たちが愛らしい。海を渡り帰巣した燕たちは電線で体を休め、羽をしごいて狩りの準備をしている。何もかも春めいてきた。

ある朝、花植えおじさんが2リットルのペットボトルを二本持って、山谷の路地にいたからお礼を言ったら、「いいのがあるから今度植えるね」と楽しそう。何を植えてくれるのか楽しみだ。

猛夏(二〇一五年八月)、玄関脇のプランターは、みずみずしい小さな青と黄色の花で覆われている。たっぷりと水やりをしているのだろう。人間はげんなりしているのに、しっとりとして、とても元気にこの猛暑に健やかだ。あのおじさんが頑張っているからだ。

二千万円の当たり馬券

よだれの出そうな当たり馬券だ。もしかすると山谷の誰かが当てたかもしれない。なぜなら、山谷の人は生活がそんなに楽ではないから、当然高額配当（大穴）を狙い、当たる確率の少ない馬券を、少額のお金で幾通りも買うのを大体の方針としているからだ。礼拝に出ていた、もう亡くなったが、その人らも同じだった。たまには当たってご祝儀として、私などにもお小遣いをくれたりした。でも、大概は取られっぱなしで、年がら年中ピーピーしていた。弁当販売の窓口でも、仲間どうしでギャンブルの情報交換をしている。それぞれが晩年の余暇を好きなギャンブルに打ち込んで人生を全うしようとしているのだ。

新聞（朝日新聞朝刊二〇一五年五月一八日）によると、日本中央競馬会の東京競馬場で五月一七日、G1（最高レベル）レースで史上最高となる二七〇万五、八一〇円の配当があった。着順の当て方の組み合わせはいろいろあるが、この場合は三連単といって1～3着を着順通りにあてる馬券だ。一枚が一〇〇円で売られる。的中した馬券は一九六枚あった。これしか売れないということは、ほとんど当たる確率のない着順だったのだ。この当たる確率は約28万分の1だ。このレースの売り上げは約五六億円。何ともすごい金額だ。これだけのお金を投資する人々がいるのだ。山谷の人はその中の幾分かを投資していることになる。それにしてもすごいのは、一〇〇円の馬券が二千万円に化けるのだ。これでは少し大きいのをとれば、競馬に病み付きになってしまうだろう。

次の日、弁当窓口で弁当を買いに来たおじさんに聞くと、近所のドヤの人がこの大当たりの馬券を5枚買っていたそうだ。まさに一億の金が入ったことになる。すぐにドヤを引き払い、どこそこに行ったそうだ。ほかの人の話ではこのあたりで取った人はいない。これだけの金額をとれば隠し通すのは難しいとも言う。もっともなことだ。弁当をよく買いにくるおじさんが、急に来なくなったから、きっとこの人もその金額を手にしたのではないだろうかと、私は邪推してしまった。このようにして、うわさがうわさを広げていくのだろう。あるおじさんが、それだけとってもまた追いかけるから、一年も持たないだろうと言っていたのは真実だろう。

山谷の人でも今回の三連単は買いづらいという。それは1着、2着、3着の馬を当てるのだが、今回3着に来た馬は買えないそうだ。なぜなら、その馬は18番人気だからだ。「どういうこと」と私が聞いたら、「十八頭で走る最低の人気しかないからだ」。

これは、山谷の人はやみくもに大穴を狙うのではなくて、それぞれレースを真剣に研究し、組み立て、大穴になりそうなのを狙って買うことを意味する。この18番人気を買った人は、本当に競馬を遊んでいる人なのだろう。多分、私のように競馬を全然知らない人が、あの馬は容姿がいいとか、なんとか冷やかしで買ったのではないだろうか。

蛇足だが、単勝というのがある。一着の馬を当てる仕組みだ。これは確率が高い。強い馬は実績から判断できるからだ。ただ、その分当たる確率が高いから配当は低い。

この五月のダービーでは単勝は約二〇〇円だった。つまり一〇〇円買って戻りが二〇〇円だけだから山谷の人は絶対に買わない。

大穴の日の夕方、常磐道下り線で競馬を輸送している車を見かけた。多分、茨城県の美浦村にあるトレセン（トレーニングセンター）に行くのだろう。大型バスほどあり、クーラーもついた馬専用車なのだ。このトレセンからは何度も優勝した馬を出しているらしい。馬主はここに持ち馬を預けて、筋トレなどの調教をしてもらうのだろう。そして、レースの日はそこから出陣だ。何とも金のかかる道楽だ。

同じ常磐道では家畜の輸送も時折見る。この沿線では常陸牛など、それなりに名のある牛が飼われているので、屠殺場に運ばれるのに常磐道を使っているのだ。何頭もトラックに乗せられていたが、牛は自分の運命を知ってか知らずか、かわいい目をして揺られている。哀れに感じるが、私にしても牛肉はたまに食べるから、人間の業は深いと思う。競走馬でも、優秀な馬は種馬として生き残り、余命を全うできるが、ほとんどの馬は食肉として、吉原などの近隣の食膳に提供されて、その一生を終えるのだ。

シェアハウス

弁当を買いに若い人がチラホラ増えてきた。通りでも若い人が結構いる。確か、山谷は老人の街になったはずなのに、と思うことが時々ある。観光客が安いホテルを利用するために山谷の街を通ることは常にある。そういう人はなんとなく感じでわかる。そうではなくここに住んでいる雰囲気の若い人が結構いるのだ。ただ、派遣労働者にはドヤの個室は結構高くつくが、敷金、権利金、保証人など面倒なことは何もないから利用しているのかなとも思っていた。ベットハウスは安いがもう少ないし、一部屋に六人ぐらいで寝るから、敬遠されて数が減ったのだろう。

この間、弁当を買いに来た若い人に聞いたら、シェアハウスに泊まっていると言う。私ははっとした。そうか、私はシェアハウスの事を考えていなかったのだ。これなら月に数万円で借りられるから、生活の厳しい人でも何とかなるだろう。

今、この手のアパートは、都会ではどこでも沢山あるだろう。これなど、現代の貧しさの象徴ではないかと思う。安くてそれなりにプライバシーが守れるのはシェアハウスだろう。

この人のは二十人ぐらい泊まっているそうで、月三万五千円、個室だ。仕事は自動販売機に缶を入れる仕事で週に三回ぐらい行く。この仕事でも何とか食べて行けるのだろう。

シェアハウスができた当初は、この手の宿泊が、男女一緒で付き合いの機会が多いので、はやってきたそうだが、山谷では、そんな呑気なことを言ってはいられない生活の厳しさがある。多分、山谷にもこの手のアパートはたくさんあるだろう。古い民家の改築、シャッター通りの閉店家屋の内部改装で作り変えられているのだろう。

本にレストボックスというのもあると書いてあった。一部屋が2〜3段のベットになっている。一泊千円〜一八〇〇円だ。台所、トイレ、ランドリー、シャワーは共有だ。これは山谷のベットハウスと同じだ。今、山谷ではベットハウスは数えるほどになってしまい、人気がないと聞く。実際泊まっている人に聞くとガラガラだ。私は泊まった経験があるが、汚く、じめじめしていた。蒲団などはいつ取り換えたかわからない。今のこのレストボックスはどの程度かわからないが、安ければさほど清潔さは当てにできないかもしれない。弁当を買いにくるおじさんたちに、このレストボックスを聞いても知らないという。その名は使わずにアパートとかドヤとかで通っているのかもしれない。いずれにしても、個室のドヤは二千二〇〇円ほどして結構高いから、派遣などの仕事では出費が厳しいのではないかと思う。だから、多分そういったドヤに投宿しているのだろう。そしてまりや食堂を利用しているのだと考えられる。（レストボックスについては「生田武志『釜ヶ崎から──貧困と野宿の日本』筑摩文庫、二〇一六年」やインターネットを参照した）

今日本は変わってしまったのだ。貧富の差がひどくて、貧しい人はとことん貧しく、派遣とかで生活を凌ぎ、費用はできるだけ安いものを利用するのだろう。そのような人々が増えたからこそ、スーパーでもやたら安い惣菜が売られ、またそれに応えるようにシェアハウスが増えているのだろう。そして、まりや食堂の弁当にもそういった人が並ぶのだろう。

ネットにまりや食堂のことが載っている。誰かが載せたのだ。安い、うまいと書いてある。多分買いに来た方が書いたのだろう。今はネット時代だから、特に若い人はネットの利用が多いだろうし、そういった人もネットを通して、安い弁当屋ということで買いに来るのだろう。ただわざわざ遠くからは来ないだろうから、比較的山谷から近くの、さまざまな宿泊施設に泊まっている人たちが、そこにあるネットを利用してまりや食堂を知り、安い弁当の必要な人が買いに来ている可能性は高いと考える。

まりや食堂には、いろいろな人が、弁当を買いに来るが、山谷は様々な事情で、生活の厳しい人たちが集められた街になってきていると感じる。他方では、この地は単身者とか生活の厳しい人がなんとなく来て、生活するのに生活しやすい街なのだろうとも思う。それは、山谷にはドヤもまだ結構あり、年配の人たちが通りや路地を行き交い、立ち話などもしているから、仕事のない時ぶらぶらしていても気にしなくてもいいし、いろは通りでは宴会もしているし、炊き出しもあるし、まりや食堂のように安い弁当屋もあるからだ。こうして山谷が変貌し、山谷の生活保護者などは、よい方の部類にランクされる時代に変わってくるかもしれない。弁当を買いに来る人の中には、葛飾区で保護を受け、山谷のドヤが居宅になっている。その人の話では、その区では老人に貸すアパートが少ないからだそうだ。これでは山谷は減少どころか膨張するかもしれない。

そういった状況の今日、まりや食堂の弁当は、様々な理由で山谷に来た生活の厳しい人たちの、生活の一助の位置に座しているのではないだろうか。

コインロッカー

コインロッカーベイビーという怖い話があるが、コインロッカーで生活している人の話をする。
山谷にはコインロッカーは結構ある。ランドリーと一緒のところもある。このロッカーは結構野宿者が利用しているようだ。一日一〇〇円だが、月にすれば三千円だから馬鹿にならない。ただ、身の回りの品とか手元に置ききれない大切なものを入れるのだろう。ある場合には、仕事を得て余計なものはロッカーに入れ、身軽にして仕事に行く人もいる。まりや食堂の斜め向かいもランドリーとコインロッカーが併用してある。このロッカーを生活の拠点にしているおじさんがいる。私は毎朝まりや食堂に行くが、その人はほとんどそのロッカーのある建物にいる。その人はそのコインロッカーの建物の掃除をしたり、その前の道路を掃除とか、ポリバケツの中の仕分けなど、行くたびにいろんなことをしている。その人が、借りているらしいロッカーがこの間は開けてあり、日常的なものがきちっと入っていた。多分、この人は野宿なのだろうと思うが、野宿先から朝この建物に来て、自分のロッカーを開けて、歯ブラシを出したり、靴下を出したりしている。彼には、ロッカーは重宝なクローゼットや引き出しになっている。大切な生活空間なのだ。この人は、このコインロッカーが二十、三十個ある建物を毎朝熱心に清掃している。私の見るところ、このコインロッカーの所有者とこの空間を毎日清掃する契約を結び、その見返りにロッカー代をただにしてもらっているのではないかと思う。

不思議なのは、その人はまりや弁当を一度も買いに来たことはない。私の憶測では、そのロッカーの所有者に義理立てしているからだろうと考えている。所有者は表通りの玉屋という飲み屋なのだが、そこのおやじと私は戦争状態なので、買いに来られないのだと思う。

喧嘩の原因はロッカーに置いてあるゴミ箱だ。「まりや弁当の弁当殻が入っているから、それを何とかしろ」とおやじ。「それは筋違いで、弁当を買った人がどこで食べようが、どこに捨てようが、その人の自由意思だからとやかく言えない。お宅が嫌ならその人に注意したらいいのだ」と言い返して、戦争状態になった。ただ、私たちはキリスト教を標榜しているから、夜とか朝にそのごみ箱を見て、空弁当箱があれば取るようにしていた。それもいつの間にかうやむやになってしまったが、冷戦状態はそのままなのだ。今朝も、その人はロッカー前の道路を掃除していた。

いつも六十歳

時折、買いに来る人が、今日の仕事はきつかったとこぼす。表から仕事に行っている。今現場では年齢制限があって、六十歳過ぎると大手は使わない。怪我や事故を心配しているのだろう。彼は現在六五歳だが、現場では六十歳と言っている。書面に書かされるときは無理だが、口頭の時はそれで通るそうだ。だから、彼は「万年六十歳なんだ」と笑っていた。現場では年を取っていても、年季の入った人は助かるのだ。若くて仕事のわからないより、よほど重宝だからだ。だから、多分現場の監督などうすうす知っていても、そういった事情で使ってくれるのだろう。

今、日本は少子高齢化だ。年を取ったからと言って、楽隠居はできない状態なのだ。老人が増え、若い人がそういった人たちの年金を負担することがもう無理になりつつあるのではないだろうか。だから、老人も元気なうちは働くことが必要だし、日本の人口が減少していくのだから、老人力を使わなくてはならない。ある大手の証券会社は部門によっては年齢の制限がなくなったという（二〇一七年）。

他方では、山谷には若い日雇い労働者も、結構いるのだろうと思う。弁当を、茶髪の若者が仲間と二人で買いに来た。「若いね、ここに住んでいるの」。「そうだよ」。仕事はここから行くのだそうだ。手配師から行くには、どうしたってこのあたりに泊まったほうが都合はよいだろう。こないだは若いのが来た。労働着だから現場の帰りだろう。この人は山谷からではなくて、携帯電話であちこち電話をして仕事に行くという。

マッチ・ポンプ式

「今日もやられた」と元気がない。このおじさんはいつも卵弁当とのり弁の二つを買っていく。かっぷくのいい人で、何時からか買いに来た時に話すようになった。彼は競艇の大ファンなのだ。何で食べているかはわからない。大概万札を幾枚も持っている。ある時は大当たりだと財布を見せてくれた。万札が5ミリほど入っていた。競艇の話を聞いても、私には難しくてよくわからない。彼はギャンブルを知っている前提で話しているようだ。彼の堅い所は有り金全部を賭けるのではないことだ。競艇場に行くときには一万とか二万と決めて持って行く。それで当たればよし、外れればあきらめて帰ってくるそうだ。こんな方法で自己コントロールができれば、外れても傷は浅い。

十一月頃から元気がなくなった。全然当たらなくなったのだ。それまでは「行けば取れるんだ」と豪語していた。私は同情して、「また当たるよ」と全然慰めにならないことを言っていた。十二月になると借金した。やっぱしこの人はギャンブルで食べているのだなーと感じた。十二月二八日「やられたよ」と肩を落とす。間もなく晦日だ。「有り金は残しておかないと、年を越せないなー」とこぼす。「そうだね、それは残しておいた方がいいよ」と支えた。次の日、二九日買いに来て「取ったよ」と嬉しそう。「よかったね、はずしたら野宿になってしまうよね」。でも、そんなに取ったわけではなさそうだ。財布に畳んだ万札が幾枚か入っているだけだった。でもよかった。やっぱし大ファンだから、金があればやりたいのだ。

そのようなギャンブラーにとってしびれるような法案が通った。二〇一六年十二月一五日に「カジノ解禁法案」が国会を通過した。それはギャンブルファンにとっては吉報か訃報はわからない。カジノのバカラというギャンブルはとても単純な博打で、当たればお金がどっさり、外れたら文無しだ。こんなのにはまったら気が狂ってしまうが、これで日本のギャンブラーがまた増える。山谷にもそのうち、そういった人がやって来るだろう。ご丁寧にも、ギャンブル中毒の対策も一緒にする。まさに火を付けといて、それを消そうという算段なのだ。これをマッチ・ポンプ式という。そうまでして日本で賭博を開催する必要があるのだろうか。これもなりふり構わず、儲け話に食いつこうとする強欲資本主義の一つなのだろう。

まりやの飯はデブになる

まりや食堂の側面の壁には衣類がぶら下がっている。献品の一部をバザーにしているのだ。お弁当のおじさんが壁に掛けてあるのを見て、「それいいなー見せて」。「これLだよ」。「だめだ。３Lでないと」。

見かけはさほど太っていないが、よく見ると腹がぽこんと出ている。「まりやの大盛りを食うとこうなるんだよ。ここのは本当に盛りがいいからな。山谷の連中は皆でデブになっちゃうよ」。

「すみませんね。まりやは気前がいいので、大盛りは思いきり多くしているんだ。四五〇グラムはあるかな。私の二食分だよ」。

献品のお米で賄っているが、大目にお米が集まっている時は、盛りをさらによくする。そして集まりが減ってくれば、盛りを少し減らすなど、自由自在がまりやの弁当だが、基本的にはスーパーの大盛りがまりや食堂の普通盛りなのだ。献品のお米は結構いいのが来るから、まりや食堂の飯はうまくて、盛りがよいと評価されている。

先ほどのおじさんは色々物色して柄物を買って行かれた。私たちは献品の衣類を二種類に分けている。バザー用と、それ以外は衣類出しに使う。本来なら手渡しで配りたいが、人手がないので衣類が来た時にまとめて玄関前に置いて、自由に持って行ってもらうようにしている。「助かるよ」と野宿の人が時々言ってくる。バザーは安いが、それでもお金は取るから、その対価に耐えられるような品物を並べるようにしている。おじさんたちはほとんどが一人で生活しているので選眼は鋭く、上手に良い品を選び取って、買ってくださる。

ねぎ一本

まりや食堂はいろいろと献品に支えられて活動が成り立っている。お米から醤油から野菜から。蛋白源は痛むのでめったに来ない。野菜については葉物は痛みやすいので余り送られてこない。何時も支援をいただいていた、ある人の献品に手紙が入っていた。この手紙に心打たれたので一部をここに紹介する。

我が家では、夫がリューマチになり、畑は地主にお返し致しまして、今はネギ一本でも買う生活になりました。本日は北海道のジャガイモと自家製の切干大根をお送り申し上げます。ほんの少しですがお使いください。

早く春が来るとよいですね。

この畑から取れたものをまりや食堂に送ってくださっていたのだ。ほんとうにありがとうございます。「ネギ一本でも買う生活になりました」とはすごく迫ってくるものがあります。なにか畑の大切さ、畑が耕せる大切さ、そして病になりそれが出来なくなる切なさがネギ一本に込められているようであります。

土地を返しネギ一本も買わなくてはならないのに、地方に行くと広大な農地が遊んでいる。土地はものを作り出すのにもったいないなー、と何時も感じる。そのような農地は春には雲雀《ひばり》の天国になっている。馬鹿な農政を笑うかのように、頭上高くから雲雀《ひばり》の威勢のよい鳴き声が四方に響く。

まりや食堂の弁当はこのお手紙をくださったような支援者の支えで野菜類が豊富だ。大根、かぼちゃ、ジャガイモ、にんじんなどなんでもある。これでおじさんたちの健康のバランスが取れている。スーパーやコンビニの弁当は野菜類は少ない。採算の故だと思うが、その点でも、まりや食堂は誇りを持って、安くてバランスのとれた弁当を販売している。

一期一会

老人の常連客は何人もいる。いつも早くくるおじさんが、ここ数日仕舞い間際に来た。「最近遅いね」。「具合が悪い」と元気がない。病院に入っていた。本当に弱っているようでゆっくりと近づいてくる。おじさんと呼称しているが大概は老人だ。いつの間にか買いに来なくなった老人は何人もいる。彼らはいつのまにか年を取って、弁当を買いに来られなくなり、まりや食堂には顔を出さなくなる。そして病院とか施設に入り、人生を全うするのだろう。

私たち、弁当屋はただ弁当を販売し、時折声をかけたりするくらいだが、特別な場合は声掛けして木曜日の礼拝に誘うのである。大概は、弁当を買うお客さんと弁当屋のおやじの関係だ。これは本当に一期一会のかかわりでしかない。その一期一会であるからこそ弁当に愛情を注ぐ。そして、なんらかの事情で、その人がどこかに行ってしまわれても、まりやの弁当は安くてうまかったと、密かに思い出していただけたらありがたいものだ。

アグリパワースーツ

これはスーツという商品名だが、形はベストだ。背中に特別なばねが入っていて持ち上げる時に筋力の補助をしてくれるようだ。

これを買ったのは専従者のためだ。まりや食堂のお釜は6リッター炊きで、内釜だけでも結構重い。それを洗ったり、拭いたりするので結構腕や腰に負担がかかる、その負担を減らすために、新聞の広告で知ったアグリパワースーツを買った。けっこう調子がいいようでありがたい。

宣伝には農業の運搬や建築現場の作業にも言及していた。

アグリパワースーツは力持ちだ。私なども建築現場等でも使いたかった。縁石、エル型、セメント袋など建築資材は皆重かった。日進月歩でいろんなものが出てくるが、肉体労働は永遠にきついから、できるだけ体をいたわる器具がどしどし開発されることを期待したい。

今、山谷で共同溝の掘削と管入れが行われている（二〇一七年七月現在）。今年は連日の猛暑だ。表にいるだけで暑すぎるのに、作業着で働いている。大変な作業だ。今は、ほとんど機械で掘ったり、埋め戻すが、手元はスコップを使い、機械のできない端などの掘削や埋め戻しをするから、本当に大変だと思う。私も夏場路上の土方仕事を経験しているから、ご苦労さんと言いたい。

これほどの大変な仕事をして、彼らが金銭的にどれほど報われるかは知らないが、この山谷で生活している多くの老人は元日雇い労働者として、こうした過酷な仕事に従事しても何も報われることなく、多くは生活保護でドヤなどに一人身で慎ましやかにひっそりと生活している。

4　アウシュヴィッツの普遍性

命に然り

山谷ではまだまだ野宿者もいる。夏場はよいが、真冬の野宿はきついものがある。私は年をとってきたので積極的には外に出ることは少なくなってきた。だが、まりや食堂の弁当の窓口を通して様々にそういった人との接触はあるので、どんな生活をしているのかは大概見当がつく。いろいろな事情で野宿なのだが、まりや食堂は弁当でしかお手伝いはできない。後はホカロンとか毛布を提供することぐらいだ。アルコールの問題の人もだいぶいるようだが、何とか生きながらえてもらいたいものだ。

最近は、まりや食堂の弁当を若い人も買いに来る。聞けば、近所のアパートが住まいで、声がかかると仕事に行くという。アパートに住んでいるがクーラーがなく、げんなりしている人もいる。派遣のおじさんも買いに来る。ここにグローバル市場の中の日本の姿が山谷のまりや弁当を通して見えている。この人たちだっていつ野宿になるかもわからない。私には政治を変える力はないが、だからといって、キリスト教の教えにおいて助かるとも思えない。

何十年前もの話、野宿者がいろは通りに多い頃、あるグループは野宿者が横になっているときに、横にならせたままお祈りをして弁当をあげているのを見て、私は怖気づいたことがある。まりや食堂の弁当がさほどの力があるわけでもないが、食が生命にとり必要不可欠だからこだわり続けているだけだ。

命の大切さは、ここに長く居続けて沢山見てきた。だから、命についての本などには過敏に反応する。若いときに読んだフランクルの『夜と霧』を、私たちの土曜礼拝（読書を通して礼拝をする集会）で取り上げ、若いとき以上の感慨をもてたのは私の現場のせいであろう。テキストは「ヴィクトール・E・フランクル『夜と霧　新版』池田香代子訳、みすず書房、二〇〇二年」を使った。

この『夜と霧』は邦訳の題だ。原本は「心理学者、強制収容所を体験する」という題で、副題は「*in...trotzdem Ja zum Leben sagen*」だ。この副題の点線の部分を補えば、「『ほとんど生きるのが不可能』にもかかわらず、命にしかりと言う」と訳出できる。「不可能」を挿入したのは、アウシュヴィッツが人を生かす場所ではなく、組織的に人々を殺すところだからだ。アウシュヴィッツに集められた、ユダヤ人の女子どもたちは直ちにガス室へ。残りは強制労働へ、そこで弱れば直ぐにガス室で殺される。何百万というユダヤ人がヒットラーによって毒ガス室に送られ、殺され、焼却された。戦後解放された人々はたったの数万人といわれている。そういった状況で、アウシュヴィッツに収容されていたフランクルは、どんな条件でも生に対して然りという命を肯定的に受け止めるエネルギーを持っていた。

印象に残ったところを、この本からいくつか紹介する。

「生き延びるために……容赦なく戦った」（3頁）と告白している。この言葉は強烈だ。骨と皮だけになるような少なすぎる食事。劣悪な環境と過酷な強制労働の下で、強制収容所は人を生かす場所ではなくて殺す場所だった。今、生かしているのはまだ労働力として使えるだけだからだ。消耗すれば即ガス室行だ。

その故に、それぞれ少しでも生き延びようとして戦うのだ。戦った相手は収容所管理者にだけでなく、多くは仲間同士の熾烈な生き延びるための戦いがあったのだろうと思う。その例が書いてある。ガス室行きと決まった時に、うまい方法で逃れれば違う人が行かされる。人数が決まっているから欠ければ補充がいるからだ。

生き延びた人について書いている。「いい人は帰ってこなかった、と」（5頁）。生き残るために良心などかまっておれないのだ。暴力もあったろう。仲間から盗むことだって。こうして何でもして命をつないだのだ。多分、フランクルを含めてそういった人たちだけが娑婆に生還できたのだ。

最後の頃は、食事がひどすぎてカロリーがなく、骨と皮だけになっても重労働を極寒で強いられた。そして、人は次々に死んでいった。あるいは労働不適格者としてガス室に送られた。このような状況の中では、生きていてもなにも期待できない。絶望的な状況だけがアウシュヴィッツにはあった。けれども、フランクルはいかなる場合でも「命に然り」と言って、状況へと入っていった。ある時は、死ぬのがわかっているきつい仕事に回される直前に、発疹チフスの病棟に医者として誘われた。これもとても危険な仕事なのだが行った。なぜなら、生きることはどんな状況でも意味があるからだ。だが、自分も弱っているからいつ感染するかもしれない。だからその勤務はほとんど死を意味する。それでも志願するのは、収容所の病棟が私に問いかけ私に期待しているから、それに応えるのだ。それはたとえ自分が感染して死亡することがあっても、医者としての課題を果たす義務があるのだとそれを引き受ける。

このように人生に何も期待ができない絶望的な時も、その状況が「私に何を期待しているか」という問いかけに、応えていこうとフランクルは考え、命が続くかぎりは生きようと意欲したことが感じられる。（81

頁、130頁）

フランクルのいかなる場合でも、命に然りという言葉が印象深く心に残る。私には、若い頃から命を然りと積極的に肯定するばねがなかったので、この言葉がまぶしく感じられ、畏敬にも思う心が生じる。

今は命を投げ出したいとは思わなくなり、自分の環境の中でだいぶたくましくタフにはなってきたが、根本的にはやはり積極的に生きるよりは、惰性の中で仕方なしに生きている自分がいる。そういった自分を鞭打って日々をすごしていると感じているから、この「いかなる時にも然り」という言葉は本当にオリオン座のように強く光を放っている。

いつごろからか、結構しっかり生き始めた。それは自分の内向的生き方が、それは否定すべき事柄ではなくて、喜ぶべき性格だと理解できた時からだ。でも、陰には何時もそういった生を肯定できない自分の暗さがあった。そう言いつつも、私も晩年になったから、時には自然死としての死を考えるが、死の病に伏した時などには、最後の一瞬まで生きる希望を持って生き切れたら、死の恐怖を克服できるのではないかと考えを固めている。これはまさにフランクルのどんな状況でも、「命に然り」という生き方に通底するのではないかと思っている。

もちろん私の場合は消極的だとは思う。それは何とか死の恐怖を乗り越えたいという思いからきているからだ。死に向かってより積極的に「命を然り」というまでにはなっていない。それだけに、フランクルの絶望的な時にさえ、命への然りは本当に輝くような言葉だと思う。私は今後ともこの「命を然り」と強く肯定する言葉を生き方のばねとし、ともすれば闇に引き込まれそうになる心を奮い立たせていきたいと思う。

私が最初に山谷に来た頃は、もう五十年以上前になるが、何か山谷は明るかった。体験的に泊まったドヤの南京虫の攻撃や、赤ちゃんがドヤのトイレの前をはいはいしているさまはショックだったが、何か明るかった。私などにはなかった生へのたくましさがあったからだろう。それが山谷へと惹かれる吸引剤になったのだろうと、今振り返って思う。

当時の山谷には家族持ちもいた。学習ボランティアグループに入っていた、私が勉強を教えていたドヤには、奥さんに逃げられ小学生二人を育てていた初老の人がいた。女の子は洋服がないと学校へ行かなかった。幼い子どもを育てている若い夫婦がいた。私は結構親しくしていた。お金がない時、ソーメンにつける醤油がなく、水に流しながら食べると結構食えたなんて話してくれた。日雇いでは生活が苦しく、奥さんがキャバレーに稼ぎに行った。客の土建屋のおやじと親しくなり、夫婦は別れた。かわいい奥さんだったから、大事にしてあげればよかったのにと思う。入院の糖尿病の奥さんにチョコレートを差し入れるおやじがいた。暗いが何か明るかった。少なくとも当時の私の心よりは明るかった。

雪の朝、山谷に行くと人が座ったような形に雪が積もっていた。揺り動かすと、動いてきて「大丈夫だよ」と笑っていた。飲むと止まらなくなり、数日すると素足の汚れきった姿で、死にそうだ毛布くれとピンポンを押すオジサンがいた。フランクルのどんな時にも命に然りという言葉を感じる。私たちにできることは安い弁当を提供することだけだが、皆それなりに明るく生きている。私は自分が手を貸せる人との出会いを待っているが、すれ違いが多く本格的にかかわる人は今はいない（一九九五年当時）。その後折に触れて関りを持てる人が数人できたのは嬉しい。生活保護者や野宿者なのだが、それなりに協力してくれる。

今フランクルの「いかなるときにも命に然り」はユダヤ人ではなくて、パレスチナ人に向けられる言葉だと思う。今、パレスチナ人はパレスチナの領土をどんどん蝕まれ、しかも、生活圏を脅かされ続けている。ガザのハマスが数発のロケット弾をイスラエル国内に撃つと、イスラエル軍は報復に大量の砲撃をおこない、多くのパレスチナ人を殺している。そういった環境の下で、パレスチナ人はいつ命を落とすかもしれない状況が続く。そのような状況でも、命を投げ出さないで生き続ける強さは、まさにフランクルの「いかなるときにも命に然り」という言葉に繋がっている。本当にあのフランクルのようにたくましく生きてほしい。そうすれば、あのユダヤ人が解放されたように、将来、パレスチナ人もきっと解放されるにちがいない。

どんな時でも命を然りと肯定して生きなければならない状況は、どこにでもある。日本にもある。日本では、年間三万人の自殺者がいる。経済的理由が多いと聞く。今後とも日本の経済や政治状況は楽観的な予想は立てにくいが、いかなる時にも命に然りと言って歩みたい。私たち一人ひとりは政治を変えて、誰でもが平和に暮らせる社会の建設のためにがんばらなくてはならない。

スペインのユダヤ人の悲劇

このフランクルの『夜と霧』を生み出した背景を少し考え、アウシュヴィッツの普遍性について考えてみたい。まず、そのことに言及している徳永 恂『ヴェニスからアウシュヴィッツへ』(講談社学術文庫、二〇〇四年）から一部をかいつまんで紹介する。

イタリアではユダヤ人の迫害は少なかったという。ポルトガルやスペインの迫害が激しかったとある。

イザベラ女王の時にユダヤ人はスペインを追放される。丁度、時期を同じくしてコロンブスの大航海がイザベラ女王の支援の下出航する。同時に追放されたユダヤ人の船が当てもなく航海に出て行くのであった。

この追放の背景を述べると（81頁）、ユダヤ人はローマに滅ぼされ一部は連行され、多くは中近東に散った。西暦七世紀に生まれたイスラムの寛容政策のもと、アラブとユダヤ人は共存し、経済的文化的活動を続けた。

八世紀から一五世紀まで、スペインを占拠したイスラムによってイスラム文化が花開いた（80頁）。一五世紀末までは部分的にイスラム勢力の下、コルドバが文化の中心、ユダヤ人が文明の中心にいた。六〇万のヨーロッパ最大の都市だった。イスラムと共にユダヤ人はいた（82頁）。この事実は、ヨーロッパ中心史観であるアラブとユダヤの対立が昔からのものだという錯覚を認識することが必要だ（82頁）。

一五世紀末に国土回復運動によってスペインからイスラム勢力が一掃される。イザベラ女王はユダヤ人を強制改宗させるが、偽装改宗者が後をたたなかった。ユダヤ教への再改宗者さえ出るのはユダヤ教を黙認しているからだと考え、改宗しないユダヤ人を追放する。期限は一四九二年八月三日。その日はコロンブスが大航海に出発する日だった（66頁）。ユダヤ人のあてどない離散と放浪が始まる。北アフリカへ、エジプトへ、イタリヤへ、トルコ、アラブへ、パレスチナへ（79頁）。

ある人々は追放を逃れるために改宗した。問題なのは偽装改宗が多かったことだ。これによって異端審問が荒れ狂う。異端審問はキリスト教内部の異端者を裁くことだ。狙われたのは偽装改宗者だ。密告と拷問。裁くのは悪名高い大審問官トルケマダだ。彼は改宗者だ。多くのユダヤ人が火刑にあったという（65頁）。

こうして、イスラムがジブラルタル海峡に追い落とされ、ユダヤ人も追放され、あるいは改宗させられ、または焼き殺された。

アウシュヴィッツの普遍性

組織的にユダヤ人を絶滅させようとしたのは、ナチのヒットラーだった。ヒットラーのユダヤ人絶滅を支援したのは一般国民だ。それは沈黙の支持だった（177頁）。黙認は連合国にも、教会にもあった（178頁）。ユダヤ人救出を支えた日本人もいたが、美談で終わらせてはならない（179頁）。それは、人間の根源悪が容易に善の意志を凌駕する、ということを忘れてはならないからだ（179頁）。アウシュヴィッツはアウシュヴィッツだけでなく、こういった人間性を否定するような事柄が人類の普遍性であるのを忘れてはならない。これはドイツ一国の問題ではないと著者は言う。

アドルノ（哲学者 Theodor Ludwig Adorno-Wiesengrund, 1903~1969）は反ユダヤ主義を啓蒙の限界と捉えた。中世の暗夜から人間を解放した、光としての近代を創出する原理であった、啓蒙による文明は当初から野蛮へ逆転する傾向を持っていた。それが反ユダヤ主義で露呈した（180頁）。アドルノは近代文明の持つ普遍的責任を、文明の側に立ちつつ自省し自己糾弾しようとしている。近代文明におけるアウシュヴィッツの普遍性が重要なのだと捉えている。

以上、この本の一部をかいつまんで紹介した。

アウシュヴィッツの出来事に、人間の限界が見えてくる。大なり小なりのアウシュヴィッツは世界中にある。まず戦争がそうだ。鉄砲で、爆弾で人を殺す。無差別に市民を殺す。日本兵がアジア諸国で沢山の市民を殺す。アメリカが日本の市民を無差別に爆殺する。原爆で市民を焼き殺す。ベトナム、イラク、シリア、パレスチナ、その他世界で大なり小なりのアウシュヴィッツがおこなわれている。アウシュヴィッツはまさに普遍性を持っているのだ。人間の持っている避けられない負の要素なのだろう。キリスト教がそれを乗り越えられるか。キリスト教は狭いからよほどの努力がいると考える。

アウシュヴィッツの普遍性はユダヤ人も例外ではないだろう。これほどの迫害を受けたのにパレスチナでは、パレスチナ人に対するひどい憎悪と迫害がある。ユダヤ人が憎まれたように、ユダヤ人もはげしい憎悪をアラブ人に持っているのだ。時と状況さえそろえば、人間の野蛮性はどの民族でも避けえないものがあることを歴史は示している。

これについて『夜と霧』の訳者は言及している。「受難の民は度を越して攻撃的になるという。それを地でいくのが、二一世紀初頭のイスラエルであるような気がしてならない。フランクルの世代が断ち切ろうとして果たせなかった悪の連鎖に終わりをもたらす叡智が、今、私たちに求められている。そこに、この地球の生命の存続は懸かっている。」（『夜と霧』169頁）

ユダヤ人が加害者になった時、人間の持っているアウシュヴィッツの普遍性が浮かんでくる。これは日本の明治時期にもいえると私は思う。日本が外国の植民地になるという被害者意識が強いばねになって、維新を通して近代化したが――坂本竜馬とか勝海舟とか西郷とかが英雄視されているが、――同時に今度は日本が加害者として他国を植民地化していくという現象の中にも被害者と加害者の逆転がある。同一人物の中に両者が何時もあることを忘れてはならないのだろう。また明治維新がきれいごとではなく、どろどろした血なまぐさい政治の戦いでしかないのだ。日本を強くしようとする政治的運動であったゆえ、少し力がつけば海外侵略して富国強兵をするのだ。明治維新はその意味ではすでに第二次大戦の可能性をはらんでいたのだ。

アウシュヴィッツが生み出した『夜と霧』の「いかなる時にも命に然り」は、アウシュヴィッツが普遍化している今日こそ本当に大切な言葉ではないだろうか。また、そこまで考えなくても、グローバル化による生活の苦しさなどから自殺者が沢山いる日本では、フランクルのこの言葉は大切だ。もちろん山谷でもこの言葉はかみしめなくてはならない。結局、日本も含めて世界で必要とされている言葉ではないだろうか。この「いかなる時にも命に然り」こそ普遍性を持つ言葉であろう。

5　創造の神秘

なまり

　東北人の多くは言葉のアイデンティティーを消滅させる。東京に就職すれば一生懸命標準語に矯正する。東北弁はズーズー弁として馬鹿にされ恥ずかしいからだ。現代は通信が発達しているので、東北の人々も小さいうちから標準語を耳にし、自然と方言も標準語も語れる。いわば、日本語のバイリンガルが多いだろうと思う。田舎に帰れば方言だ。

　二〇一三年のNHKの大河ドラマ『八重の桜』では、役者はズーズー弁を使っていたが、とても聞き苦しかった。こんなことを言ったら、「お前東北人だろう」と怒られるのだが、聞いていて、よくわからないときがあった。集中しないと意味不明になるから、疲れる。東北弁に不慣れな役者の東北弁を聞いていると、何か東北人たる私が馬鹿にされているような感じまでした。今はどこでも標準語なのだから、その方が誰にでも理解できて、自然ではないだろうか。無理やりその地方の言葉を強調しなくても、そこでの出来事が示されれば、ことの顚末《てんまつ》は理解できる。その点で、翌月の正月に放映されたある民放の会津藩家老、西郷頼母《たのも》（1830~1903）を描いた「白虎隊」は、ほとんどが標準語で会話がなされて聞きやすかった。

この度、東日本大震災（二〇一一年三月一一日）で東北が被災し、その地の多くのことが報道され、東北弁が生のまま食卓などに飛び交った。懐かしくもあり、脳みそからかき消した東北弁が目の前にあるので、ある種の戸惑いを感じるのだった。

だが、私は東北弁にコンプレックスを持っているわけではなく、その反対に密かに誇りさえ抱いている。それはいつごろからか忘れたが、柳田國男《くにお》（1875~1962）の本を読んでからだ。

柳田國男は方言周圏論《ほうげんしゅうけんろん》を唱えた（『蝸牛考』で唱えた学説。）。京都なり、奈良なり文化の中心を基にして当時の文明、文化が言葉をともなって円周のように広がるのだ。いわば、中心から同心円状に広がっていく。時間と共に近畿、関東、東北と、南は岐阜、山口、九州と広がって行き、文明、文化、言葉が定着し、また変化し、すたれる。だから、標準語と違う東北の言葉は古い日本語（古語）、大和朝時代の言葉、雅語が地方に残っている事を意味し、東北の私らは優雅な言葉を部分的に使っていることになり、何も言葉に引け目を感じなくてもよいのだ。これを実感として最初に感じたのは、井上ひさしの『吉里吉里人《きりきりじん》』（新潮文庫、一九八五年）だ。この本は東北弁もあちこちに使って書いているが、書き言葉の東北弁は美しい。

少し東北弁を述べると、田舎ではよく「たんぱら」と気の短い人を言う（北海道弁も同じ言い方）。これだって私は東京では使わないが、文字は短腹だ。辞書を引けば近世語とあった。なかなかいい言葉だなーと思っている。私の田舎では性器が興奮するのを「おがる」と言うが、変な東北弁と思っていたが、たぶん「雄がる」と書くのだろうと思う。これは威ばる、などと同列で「がる」をつけて動詞にするのだ。雄になるという意味だろう。汚い言葉だと思っていたが、本当に実態を表した言葉だなと感じ、内容はともかく言葉がよい。古語辞書を引くと「成長する」とあった。

「めんこい」という東北弁がある。「めんこい子馬」という軍馬哀歌で「めんこい」が使われ、戦後は童謡として歌われて、一般になじみのある方言になった。この言葉のいわれを柳田國男は「柳田國男『定本柳田國男第一八巻』筑摩書房　一九七二年、第五刷」で以下のように述べている。〝愛する児を陸前気仙地方ではメンコという。もとは形容詞のメゴイからくる。メンコは万葉集などのメグシコの保存せられたものだ。愛らしいを気仙ではメゴコイまたはメゴヤという。東北で広く使われている〟(371頁)という。私の仙台では、メンコイと言った。私なども「メンコイオナゴダナ」などと使った記憶がある。

こう見ると、方言と言われるものが、馬鹿にしたものではないことが歴然とする。東北の言葉はいい言葉なのだ。ただ聞きなれないので、奇妙な感じがしてしまうだけだ。そして、多くの人は方言周圏論などの深い事情は分からないだろう。だから、私からはなまりはもう消えている。やっぱりコンプレックスのせいだ。大阪、京都の人は誇らしげに彼らの地方語を語る。九州もそのようだ。でも私は、田舎の言葉は古い素晴らしい日本語だと密かに思っている。東北を強調する意味で『八重の桜』では、東北弁を使ったのだろうが、東北弁を軽々しく使ってもらっては困るのだ。本来なら、そっとしておきたい一地方の言葉だ。人に笑われても、地元では本気が通じる生きた言葉なのだ。

東北へ

東日本大震災から二年経ち、二〇一三年五月にやっと東北の被災地鎮魂の旅に行く。父の鎮魂のためでもある。父には大変な迷惑をかけた。前に述べたように睡眠薬を大量に飲み、生死不明の意識のない私を背負い、近所の病院へ担ぎ込んだのだった。その時の父の無念さはいかばかりか。父は熱心なキリスト教徒だったから、どうして自分にこれほどの苦悩がやってくるのだろうと、ヨブのように嘆かざるをえなかったであろう。私は墓前に私の小著を置き、霊を慰めた。私とて苦悩の人生だったことを申し上げた。これで、父も天において安心して、永眠することができるだろう。私もだんだん亡くなった父の年に近づいている。

墓参を済ませ、車を目的地に走らせていると、昔の記憶の断片がよみがえってくる。若いとき行った石巻のお寺はどうなっているか。そこに泊り、土佐犬に引っ張られて散歩した。学生の時にボランティアに行った七里ヶ浜はどうなっているか。ふか鰭鮨《ひれずし》を食べに行った気仙沼はどうなったか。遠野物語の場所はどうなったか。そこでの語り部の東北弁はきれいだった。東京に帰るのに一泊した亘理町《わたりちょう》では勇太と朝散歩していたら、農家の人がきゅうりをくれた。そこには高架の高速道路があり、今回の津波時にはそこに避難したという。新地海岸はどうなったか。小さいときに父に連れられて行った砂浜だ。みな懐かしい。それが津波で壊された。でも、記憶に残る私の様々な思いでは流されない宝物だ。

二〇一一年五月に、宮古の海岸と水のきれいな浄土ヶ浜に行こうとした。それが三月一一日に地震と大津波に襲われたのだ。宮古の高台にある宿舎に泊まる予定だったが、そこは避難所として利用されたという。

宮古に行こうとしたのは、寝たきりの母を見舞いに、年に一回仙台を訪れ、そのついでにあちこち見学するのを常としていたからだ。このように東北の地を幾たびも訪ねたことも、家内がいち早く被災地にボランティアとして行く動機になっていると思う。自分たちが訪ねたかの地がどうなっているか、何事か手伝いが出来たらうれしいと、震災後間もなくリュックを背負い、憑かれたように夜行バスに揺られて、震災地の岩手、宮城と。

家内は石巻のとある校舎のヘドロ出しの仕事をした。校舎の壁の上部の、子どもに時刻を伝えていた時計は地震発生の三月一一日、二時四六分を指したまま止まっていた。

自然の厳しさ

今度の旅は家内が以前にボランティアをした場所を中心に行く。石巻の湊小学校は、一階は津波でやられ、ベニヤで入り口や窓はふさがれていた。家内はこの学校の前で震災半年後に作業をしたのだった。この学校のはす向かいに斎場があり、その二階で昼を食べた。そこの人の話では、被災者はここに避難して、死者にかける布で寒さを凌いだ。あれから三年経っても、学校は閉鎖されたままだった。川べりの家々は、ほとんど中が壊され、がらんどうで、躯体だけが残っていた。

北へ70キロのところに大川小学校がある。ここの児童が多数犠牲になったので慰霊に行った。学校近くの橋の袂の、この地区の震災で亡くなった方々の名を刻んだ慰霊碑に花を手向け、手を合わせる。

北上川河口から6キロ上流の、川の脇に大川小学校があった。学校の前は広々とした川だ。校庭の裏は小山だが、子どもには少しきつい傾斜かもしれない。川を遡ってきた大津波は、校庭に整列していた列を一気に飲み込みこんでしまった。押し寄せる津波に逃げるまもなく、恐怖の叫びをあげる子らの声が聞こえそうだ。

大川小学校

天災とも、人災とも言われているが、ふと御言葉《みことば》がよぎる。「極めて良かった」（創世記1・31）と、神は自ら創造された自然を賞賛する。上のようなひどい災害が起きる自然なのに、なぜこのような御言葉《みことば》が聖書に書かれているのだろうか。聖書の記者も自然の非情さは知っているはずなのに。

大川小学校の二階立ての躯体は、廃墟となって立ち尽くしている。見るからに頑丈そうな造りだ。二階を越える津波によって全てのものが流されてしまっても、地震を想定して造られた、がらんどうの頑丈な躯体は人々の涙を誘う。校庭にも二箇所に慰霊碑が置かれている。何人もの人が花を手向け、手を合わせていた。

私が泊まった多賀城は一メートルぐらい冠水した。ここからさほど遠くない七里ヶ浜はかなりやられていた。ここは田舎にいた時には海水浴に来たものだった。

海岸に沿って家は一軒もない。全部津波で持っていかれたのだ。家内がボランティアでこの地に来た時には、家の土台を置く基礎だけが累々と一面にあった。家内は一瞬錯覚に陥ったそうだ。新築のための基礎が一面にあり、今から土台や建物を建てるような感じがしたという。この基礎を残して、家屋はいっさいがっさい津波に持っていかれたのだ。

あれから三年経った今日、この地を訪れた時には、場所によっては基礎は取り壊されてあった。基礎が残っているところでも、夏草が基礎を少し覆うように生えているので、私のように今訪れる人には、当初のひどさの印象が強くは残らない。それでも津波に持っていかれた家の跡は歴然としていて、車庫のコンクリートの床がむき出しになり、石の門柱が傾いていたりした。そこにも雑草があちこち生えていて、中で子どもたちが遊んでいた。

私はふと昔のことを思い出した。それは第二次大戦直後のことだ。仙台はひどい空襲を受けて廃墟と化した。戦争が終わっても、久しくそのままだった。私は四歳か五歳だったと思うが、あちこちの建物の基礎や土台がむき出しになっている、一面原っぱの荒涼とした平面がいたるところに広がっていた。瓦礫やコンクリートの基礎の間の、小さな空き地のところどころに雑草が生えていた。食べ物が乏しく、生活も厳しかった当時、母はそういったところで食用の野の葉を、多分アカザと言ったと思うが採取していた。傍らで私らは遊んでいた。基礎の部分はいろいろ段差があったりして、もってこいの遊び場だった。津波の跡地の基礎や、階段で無心に遊ぶ子らを見た時に、脳のコンピューターは、六十年前の焼け跡の光景を私の頭の中に描いたのだった。

トンビがピーヒョロロと、カモメがミャーミャーと飛んでいる。七里ヶ浜の青い静かな海、波消しブロックの上にカモメが羽を休めている。本当に穏やかな海だ。

極めて良かった――自然と人間――（創世記1章31節）

私はあの創世記の「極めて良かった」をどのように解釈すればよいのだろうかと思い悩む。聖書にしかヒントはないから、創世記をなんども読まなくてはならない。
創世記の冒頭を見てはっとした。地表は混沌としていたとある。なるほどと思った。神はこの混沌の中から六日間で秩序ある世界を創り上げたのだ。確かに空があり、海があり、獣がいて、人間までいる。この事態はまことにすばらしいものであろう。何も無かったところからではなくて、混沌の状態から世界を創り上げたので、創世記の記者はこの神の業に感嘆の声を上げ、神の口を通して素朴に「極めて良い」と言わしめたのだろう。
そういった文脈の中で、創世記記者は、人間を自然の頂点に置くと共に、他の存在と等しく被造物の一つに過ぎないととらえていた。すなわち、人間は一介の土くれに過ぎないのだ。ゆえに、創造された自然が、人を生かす地の豊穣と時には幾多の人命を奪う自然の猛威があっても、神の創りし世界を驚異と畏敬をもって受け入れ、神の創造のすばらしさを、創世記の記者は賞賛したのだろう。そのあたりをカルヴァンは『旧約聖書注解　創世記1』渡辺信夫訳（新教出版社、二〇〇五年）の52頁～53頁で創世記一章三一節について以下のように言う。

それぞれの日には単純な是認がなされた。いまや世界を造る御わざがすべての部分にわたって完了し、いわば最後に手を入れて磨き上げられたので、「完全に善い」（極めて良い）と宣言されるのである。それは、神の作品の均整には、これ以上何を付け加える必要もない最高の完全があることをわれわれに悟らせるためである。

カルヴァンにとっては、全てが神中心だ。神が極めてすばらしいと言っているのだから、すばらしいのだと強調するのだ。そこでは人が自然災害で死亡しても、それは摂理だというのだろう。カルヴァンの神理解は創世記記者の延長上にある。カルヴァンの時代では、まだ地球を中心として天体が構成されている世界観だったことが見て取れる。

「極めて良かった」の解釈については、私はフォン・ラート『ATD　旧約聖書注解1　創世記』の84頁の考えがしっくり来る。「極めてよい」を「まったく完全であった」と訳してもおかしくないというのには驚くが、続けて「それ（＝まったく完全であったという事）がコスモス全体の美しさというより、むしろその素晴らしい合目的性と調和にむすびつけられている」（84頁）というくだりで納得できる。

それを踏まえたうえで、「神の手からは、いかなる悪しきものも世界の中にもたらされない。……信仰が創造について語り、そのことを通じてその目を神に向けるならば、神が世界を完全な仕方で創造したとしか語られ得ないのである。しかし、このこと自体は、決して明白な仕方で目に見えるように現れているわけではない。」（85頁）

合目的性と調和という考えが、地動説の現代の創世記の理解ではないだろうかと思う。

地球が誕生した時から、地球の活動は自律的になされていたはずだが、その時代の物理学の影響の下に、当該時代の神学がその地球の誕生を信仰の目で評価するのだ。

現代でもカルヴァンのように考える信仰者もいるだろうが、私は現代人として、「極めて良かった」ということを、地球の持っている合目的性と調和に着目して考える。

自然の嵐や津波や地震はどうなんだと考えると、天や地球や海には、それぞれ個別の個性が与えられたのだ。この作られたものは、絵に描いた餅ではなくて生きているのだ。ロボットではなく、生きているものを創ったとはまさに極めて良いことなのだ。

その自然の個性とは、自然は自然の秩序、メカニズムで働き、調和するように創られたことを意味する。あるいはそのようにできているのだ。暑ければ温度が上がり、雲が湧き、雨が降る。南海の暑い気候は台風の気圧を作る。そして、台風が生み出され、荒れる。極めて巧妙に自然は創られているのだ。やはりすばらしいのだ。だが、台風は油断すれば生き物の命を奪う。自然は自然の秩序でできているゆえに、人間の手に余る場合や、極めて冷酷無常の時もある。

病原菌もある。人を病死させる多くの菌がいる。他方では、人間の生活を生かすバクテリヤなどの菌もいる。これらのさまざまな菌は何億もの種類があるだろう。これが地球を活かしているのだ。ここにも自然のすばらしさがある。

地震はどうなのか。神は地球を、大地を創り、地は合目的に地の秩序で働くようにしたのだろう。

地球の中心は六千度だ。それを取り囲むマントルという物質が地球を回っている。ある場所でマントルが海底に噴出し、それが固まってプレート（地殻）といわれるものになり、それが年間に数センチ移動する。日本の場合には、太平洋のプレートが日本海溝にもぐりこむ。日本国土も地殻プレートだが、地表のそれは軽く、海底のプレートは重いので日本国土の下に沈み込むという。ある時期にひずみが限界に来て、地震が、津波が起こるのだ。こうして、「地震は科学の法則に基づき執念深くやってくる」（日本経済新聞『サイエンス』17頁　二〇一三年八月二五日）のである。

それが地の働きだ。やはり死んだ大地ではなくて、生きた大地はそうなのだ。絵に描いた大地ではなく、まさにプレートがせめぎあい山を作り、谷を作る大地だ。それがまたいつか崩壊する自然でもある。そして、いつか人類が消滅する自然でもある。

それは、完全とか不完全とかという是非では、評価できないものがあるのではないだろうか。私には自然は完全なものとして、閉じられた世界ではなくて、人間の意図をやすやすと乗り越えたりする、可能性を秘めた開かれた状態にあるのだと思う。ゆえに、人の思いを越えた激しい洪水を見て、神の怒りとも感じる古代の人、町を滅ぼすほどの火山活動を見て、神を畏れるのは当然だっただろう。それでも古代の記者が神を通して、そういった自然を極めて良かったと言うのは、科学の洞察がなかった時代だから人間の力を超えた天然現象に驚嘆し、神の力の激しさに畏れいったのだろう。

しかし、東日本大震災の二万人ちかい死者を出した地震の体験者である、私たちはそういった自然現象を「極めて良かった」という神の言葉として、素直に受け入れることは難しい。その様は無秩序なカオスの状態に見え、神にとって「極めて良い」世界であっても、人間には極めて迷惑な、冷酷な自然でしかない。

残念ながら、自然は人間の憶測を超えた、開かれた可能性が極めて大きく、合目的性を持って繰り返し生じるだろうと、あらためて感じる。それゆえ、人類において将来、人間の知性を超えた大災害が来る可能性をも誰もが否定しがたい。他方では、地球は豊穣でもある。大地と太陽と海によって、地上の何十億の人間が生息できているという、恵みを感謝しなくてはなるまい。地方に行けば、秋には穂波が大きく広がり、果樹園にはブドウがたわわになっている。

このように、人間に取り良いこともあり、悪いこともあるのがこの自然、世界だ。すなわち、多くの場合、人類の繁栄を約束する、あふれる豊かさの自然があり、他方では、時には驚異的スケールの躍動と飛躍によって、人間に強い威嚇を与える自然があるのだ。

創世記の記者が「極めて良かった」と語る、その良し悪しを丸ごと含めて、言い尽くせないスケールの大きいコスモス（世界、自然）の壮大な構築（合目的性と調和）は確かに驚嘆するものがある。

この壮大な構築は、今宇宙に果てしなく広がっている。宇宙はただ今一四〇億光年先まで見える世界だが、そこには無数の銀河がある。地球の属する天の川銀河だけでも無数の星があるのだから、この宇宙には無限の星があると考えられる。そして、研究の結果、驚くことには、このような宇宙がいくつもこの宇宙にはあるらしい。なんとも神の創造のスケールの大きさにただ驚くばかりだ。

人間について

被造物の人間はどうだろうか。極めて良く作られているだろうか。記者は人間の実態を体験的に知っているはずだ。人類が古代から殺し合いの世界であることを。その人間とは決してできのよい存在ではない。カインもイブも神が良しとした世界に逆らってはいないだろうか。神が「極めて良かった」と言っているのに一体どうしたわけだ。

「極めて良かった」と言われる世界の人間の実態を見つめてみたい。

まず現代は、貧富の差がひどい。炎天下に命を削るような道路の仕事をする日雇い労働者がいる。

今朝（二〇一三年七月某日）ちょっとしたショックを受けた。今日は山谷の生ゴミ出しの日だ。まりや食堂並びの一軒先の玄関先に出ている、ゴミ袋をしゃがんで、開いているおじさんがいる。見ない振りをして見ていると、袋に手を突っ込み、スパゲッテーらしきものをつまみ出して、口に入れるではないか。もぐもぐと食べていたが、まずいのか腐っているのか一口でやめ、立ち上がり、ハンカチらしき布を出して口をぬぐい、そ知らぬ顔で立ち去った。以前はゴミを漁る人を幾人も見かけたが、久しぶりのこの光景にこの地の貧しさ、日本の貧しさを目の当たりに見てしまった。

他方では、年間何億円もの収入を得る人がいる。「リフレ」（金融政策の一つ）で一部の富裕層がたくさんの収入を得たようで、ポルシェが良く売れるという。中には二台も買っていく。億単位のマンションの売れ行きも良い（朝日新聞　朝刊、二〇一三年八月）。

所得の不均衡が非常に進んでいる実態を日経新聞は報じていた。「米国では上位10％の所得層が全体の所得の50％を占め、……ドイツや日本も40％近くで、上昇傾向にある。」（日本経済新聞　朝刊、二〇一六年十一月二五日）。日本でも貧富の格差がどんどん広がっているのだろう。

人間の非道については、アンネの日記を見ると、

> もういまでは、自分の生死がどうなろうと、いっこう気にならない境地にたっしました。わたしがこの世から姿を消しても、地球はそのまま回転をつづけるでしょうし、起こるべきことは起こるでしょう。どっちにしろ、抵抗したところでどうにもならないのです。ですからわたしは運を天にまかせて、ひたすら勉強に励みます。いつかはすべてがめでたい終わりを迎えることを願いながら。
> じゃあまた、アンネより（314頁）（アンネ・フランク『アンネの日記・完全版』文藝春秋、一九九四年六月第四刷）

隠れ家の生活の中で、けなげにも生死について覚悟したアンネの思いが読み取れる。その後ドイツ秘密

警察に家族共に逮捕され、アウシュヴィッツ強制収容所でアンネは一五歳で病死する。幼い少女がユダヤ人というだけで、悲しい死を迎えなくてはならなかった。

第二次大戦では、ニューギニアに進駐した日本の軍隊は、完全に補給網を絶たれて孤立し、多くの兵隊は餓死した。中には死亡した仲間の人肉を食べ、あるいは現地の人を殺して食べるとか、戦闘で死んだ豪州兵の人肉を食べて飢えを凌いだという。なんともすさまじい、おぞましい人間の世界だ。

ドストエフスキーの小説『悪霊』の貴族スタヴローギンやスタインベックの小説『エデンの東』のアダムの元妻、キャシーなどは人間の心の底なしの闇を示している。

他方では、人間の英知は死に至らせる多くの病原菌を撲滅した。ＩＰ細胞では、不可能を可能にしはじめている。私が一番望んでいるのは、脊椎損傷だけで車椅子になっている人々の回復だ。脊椎の神経がこの細胞によって修復され、車椅子から解放されることを一日も早く望んでいる。

今回の東日本大震災では市民を守るために何人もの消防隊員等が殉職している。身を犠牲にして他を守るという、すごい存在を神は創造されたものだとも思う。

しかも、アダムとイブの出来事から、人間には自由も与えられていたと推測できる。なぜなら、知恵の木の実の採取は、禁止として言い渡されたに過ぎないからだ。そこには選択の自由があることを示している。もし絶対禁止なら、人間をロボットのように意思の無い存在に作ればよかったのだ。神はそのようには作らなかった。人間は奴隷ではなく人間だったのだ。

こうして見ると、人間と自然の世界つまりコスモスは開かれたパンドラの箱のようだ。そこには何でもあるのだ。人間で言えば、富と貧困、善もあるし悪も、喜怒哀楽、様々な弱点も、生老病死の肉体、精神もいたって弱い。欲望の塊、といって深い知性もあり、戦争も平和も、誕生も不慮の死もある。

このように、なんでもありのごたまぜの人間の姿こそ、人間の本質なのだろう。一言で言えば、心の闇と英知を兼ね持つ複雑怪奇な存在が人間だ。神はこのような一筋縄でいかない、多層な構造を持った人間を作り上げたことに「極めて良し」として満足したのだ。人間はそのような意味では気の毒な存在だ。

これが人間の生の姿だ。このように心の闇と英知の矛盾に苦しむ人間を憐れみ、神は贖罪の奇蹟をもたらしたのだ。人間の自由における無限の苦しみは、自助努力によっては克服しがたい。パウロの言うように、キリストの贖いの業でしか、人間には救済の道がないのだ。しかし、贖われたからといって解放されたわけではない。不完全のままで贖われ、救いにあずかるという教えによって、かろうじて支えられているのが人間だ。あるいは、親鸞の悪人正機説がなくては、人間は窒息するだろう。

このような矛盾に満ちた人間だからこそまた成長もあるし、文学、哲学もあるし、無限の可能性があるのだ。他方では凄惨な残酷なこともおこなえるのが人間だ。この人間に任せられた自然は、厳しいから正しく支配することが求められている。その支配には人間自身の自己管理も含むのだ。人間には自由が与えられているから、しっかりと人間同士が制御し合い、正しい道に行かなくてはならないのだ。文字を使う人間は無限の知恵を持ちうるから、この知恵を用いてコスモスを平和と安定に導かなくてはならない。

現実には、アウシュヴィッツの出来事や、アウシュヴィッツが陰に陽に世界に横行する今の世界で、また、グローバル社会で貧富の差が激しく、貧困層が増え続けている中で、このコスモスの支配をまかされた人間には生き方が問われている。この人間の生き方について、スタインベックはすごいことを言う。スタインベックは『エデンの東（4）』（早川文庫、二〇〇八年）の最後の下りで父親アダムに「『ティムシェル』

汝能《なんじあた》ふ」と言わしめ、ここで三世代に亘る長い物語は終わる。

かいつまんで最後を要約すると、アダムの息子キャルは、善意の贈り物を父親に拒否され、父への恨みから、父が愛していた双子の兄弟アロンをつまずかせ、その結果、アロンを死に追いやり、そのショックで父は脳出血で倒れるのであった。

キャルは父の許しを乞う。忠実な執事の必死のとりなしの中、瀕死のアダムは吐息の中で「ティムシェル」(timshel) という。これは創世記四章七節の言葉だ。スタインベックはこのヘブル語を「治めるに能ふ」と訳している。日本聖書協会、新共同訳では「それを支配しなければならない」と訳され、神の「命令」として訳出されている。

スタインベックはこの語に「可能」を含ませることによって、父アダムは、キャルにこの事態を踏まえて、どう生きるかを自由に選択するように諭すのだった。聖書では、神はカインに罪を支配するように命じるが、カインはそれに背きアベルを殺害するが、父アダムは、命令はしないのだ。

キャルは自由な選択として、自らの意思で悪に染まることも、悪を治めることもできるのだ。人間の自由として決める事柄なのだ。人間の事は人間に任せられているのだ。善も悪も行うことの可能な存在である、人間がどう生きるかが問われている。キャルは父 (神) のその言葉の刻印によって、エデンの東に立ちつくす。同じく、エデンの東に生きるアダムの元妻、悪女キャシーは追い詰められて自殺する。私たちエデンの東に追放された人間の生き方は苦渋だが、どのように生きるかは、徹底的に人間の事柄だともスタインベックは語るのだ。私たちも「極めて良い」とされた存在として、日々生き方が問われている。

あまりに人間の生き方が重たいので、ゴッホの世界を紹介する。自然の美しさについてゴッホは『ファン・ゴッホの手紙』（二見史郎編訳、くに府寺司、みすず書房、二〇〇一年）で書いている。

きのうは雨の中で大きな風景を描いたが、高見からの眺めで見渡す限りの畑、さまざまな緑の葉、くすんだ緑の馬鈴薯、規則正しく植えられた作物の間は肥えた紫色の土、その横は花が咲いて白っぽくなったエンドウ豆の畑、草刈る男の小さな人影のあるピンクの花のウマゴヤシ畑、熟して黄褐色の色調になった丈の長い牧草畑、それから小麦畑、ポプラの木々、地平線には青い丘陵が続く最後の線、その下を列車が通り過ぎてゆく、あとには草木の緑のなかに白い煙の細長い尾を果てしなく残しながら。（389頁）

一九世紀の田園の豊かな情景をゴッホは描いている。本当に美しい世界である。

支配せよ（ラダー）

残念ながら、大川小学校を取り巻く様々な状況は、自然のメカニズムを甘く考えてしまった感がある。まさか河口から6キロ上流の学校を、大津波が襲うとは考えてもいなかったのだ。このような規模は千年に一回ぐらいなのだろう。確率が非常に少なくても起きれば、非常な悲劇をもたらしてしまう。残念だが二度と繰り返さないために、人間の英知によって、この教訓を生かしていく事がこの犠牲者を慰めることだろう。

人間は大地から作られ、大地から離れては生きていけない。いつ歯をむくかもしれない大地と海に依拠して人は生きている。漁師は一番海に近く生活し、土方は一番大地に近く生活している。そして、漁師は時に海に呑まれ、土方は時に労災死等で大地に呑まれる。大地も海も生を提供し、死を提供する。人間は時に自然の猛威にさらされながら、自然との闘いは一生続く。それが人類史だ。一生土に苦労するとはまさにこのことだ。人間を厳しくしごく自然があるのだ（創世記3・17以下）。なんともすごい自然を、神は作ったものだ。危ない自然から離れて生きたいが、人間は自然に依拠して生きるしかない。その中で、いつなんどき自分が地震や津波にやられないとは限らない。その意味では、生きているということはラッキーなのだ。

大震災などがあると、自然に対して弱気になるが、創世記では、人間が被造物を支配するように神は命令する。しかも、創世記一章の二六節の言語「支配」と同二八節の「従う」、「支配」と邦訳されている語は、ヘブル語ではそれぞれラダー（26節）とカーバッシュ（28節）と言う。ラダー（radar）は「踏みつける」、カーバッシュ（kabash）は「踏み倒す」という意味だ。（『ＡＴＤ　旧約聖書注解1　創世記』ＡＴＤ・ＮＴＤ聖書注解刊行会、一九九三年　82頁）。邦訳の「支配」や「従う」は様々に解釈できるが、原語の被造物を「踏みつけよ」とは、かなり激しい言葉だ。これは被造物の「完全な支配」を意味すると理解できる。

神は豊穣と激しさを兼ね備えた自然を造った。収穫期の金色に輝く穂波はまことに美しいが、自然は、この旧約の世界では、より厳しいものがあっただろう。旱魃、洪水、噴火など。その激しさは、神さえもがコントロールできない勢いがあり、人類を苦しめただろう。その自然は神の創造によるが、その自然はその論理で運動しているゆえに、時には人間に激しい害を及ぼすこともあるのだ。

そのような自然であるから、神は人間に「ラダー」（踏みつける）ということを命じたのだろう。被造物の中で一番愛でた人間を保護するために、人間以外の被造物を、徹底的に支配するように命じたのだ、と考えられる。かくして、人間による自然のコントロールの仕組みができ、神が考える世界は完成した。

こうして人類は英知を絞り、この自然をコントロールするように定められたのだが、西欧の自然に対する対応はあまりにも直接的だった。神がかく命じた、踏みつけよということで、自然を徹底的にしいたげる。人間のために自然をとことん利用する。森林をことごとく伐採する。鉱物を採掘する。それらの方法は決して自然に優しくしない。現実には、自然の破壊が進む。現代の日本は、宗教は関係ないが、物欲からとことん自然を使う。

その結果、地球は痛められ、温暖化現象等が生じ、日本の気候が亜熱帯化して、河川の氾濫が激しくなった。ひどく踏みつけた結果、自然から逆襲が起きているのだ。いまや自然の氾濫は世界規模だ。神が自然の猛威を心配し、人間に支配を委託したのに、人間の自然に対する対応は極めて悲劇的なのだ。

他方では「地を従がわせよ」（創世記1・28）ということで、人間同士の土地争い、また、その地を支配するために激しい戦争や領土争いまで生じ、あげくが、他人の土地をわが土地とする植民地化等の支配まであり、今日もその弊害がある。あるいは、地を支配することで、その地の人間まで支配するというひどいことになった。

また弱者を「ラダー」する悪が横行している。それは強欲資本主義とヘッジファンドなどだ。彼らは神の「極めて良い」という世界をだめにする輩だ。自然と自然の結果は人類が等しく支配し、分かちあうものなのに、彼らは世界中の自然と自然の結果を寡占化しつつあるのだ。一部の人間への富の偏重は社会を疲弊させ、世界を崩壊させる。

この神の命令の言葉（ラダーやカーバッシュ）を、マキシムと理解したい。最大でそうするという意味だ。

現実には、できるだけ協調的にするなど、様々な支配の方法があるだろう。神の恵みによって自然を支配することが許可されたのだから、支配といってもやみくもに人間の都合で自然を支配してよいというのではない。その支配は秩序あるものでなければならない。なぜなら、「極めて良かった」と神が言う世界を乱暴に扱うことはできないからだ。

その点で、『沈黙の春』（レイチェル・カーソン　新潮文庫、平成二一年）は私たちによきことを教えている。人間は、昆虫を皆殺しにするために農薬や殺虫剤をやたらに使っている。それに対して、カーソンは、殺虫剤などの化学薬品が、人間にどれほどの害をあたえるかを警告している。また、化学薬品などが害虫の駆除に使われても、抵抗力ができて逆襲される怖さも書いている。また、それらの化学薬品が様々な病気や癌のリスクにも繋がっているという。確かに、殺虫剤は土壌、空気、水を汚している。人は化学薬品の海の中に浮かんでいるのだという。

昆虫たちとの関係について『沈黙の春』は次のように言う。

私たちの住んでいる地球は自分たち人間だけのものでない――この考えから出発する新しい、夢豊かな、創造的な努力には《自分たちの扱っている相手は、生命あるものなのだ》という認識が終始光りかがやいている。生きている集団、押したり押しもどされたりする力関係、波のうねりのような高まりと引き――このような世界を私たちは相手にしている。昆虫と私たち人間の世界が納得しあい和解するのを望むならば、さまざまな生命力を無視することなく、うまく導いて、私たち人間にさからわないようにするほかかない。（381頁）

この文は、創世記一章三一節に繋がる。「極めて良い」と神がいう自然は、神が創った世界、自然はまさにさまざまな生き物がうごめいている世界である。それらは全て神によって「良し」として創られたものだ。だから、人間に支配の許可が、神から下っていても、人間は、極めて良く創られている自然を汚し、壊し、殺戮することは禁じられているのである。人間はやたらにそれらの撲滅のために戦ってはならないのだ。それらも神によって「良し」とされて生きているからだ。著者は「うまく導いて、人間に逆らわないようにするほかない」と言っているが、調和の取れたあり方を摸策しなくてはならないのだ。これこそ、神から委ねられた自然を、支配する方法の一つではないだろうか。結局、「ラダー」といっても上手に支配しなければ、自然は反抗することを意味するのだ。他方では、今もって治療のないような難病については、本当にそれが撲滅できるようにがんばる必要がある。

差異

誰でもが自然を上手に支配して、人類に被害が及ばないことを、願わない人はいない。けれども、人間の英知でも御しがたい災害はいくらでもある。今回の東日本の大震災の地震や津波はそうだった。特に今回の巨大津波は、あらためて自然のエネルギーの途方もない激しさを思わさせられた。これなど本当に「ラダー」という言葉のように、本気になって人間の方が踏み潰さ（＝支配）なければ、人間の方がやられてしまうのだが、残念ながら、今回は人間の方がやられてしまった。

この激しい災害を体験すると、自然と人間は相対的な関係であることを感じる。そこには自然に対して、絶対者として立ち振る舞う人間はいない。考えれば、自然も人間も、神の被造物でしかない。しかも、今回の震災を通して人間は、大きな自然の中の微小な存在であることが見えてきた。聖書によれば、人は自然（大地）から切り取られたかけらのような存在に過ぎない。ゆえに、人間は自然の猛威（今回は津波）にはしっかり用意しなければ、ひとたまりもないのだ。用意は万全でないから、どうしても被害を受ける。それは大きな自然のうねりとでもいうものではないだろうか。ただ、人間には感情があるから、被害はとても悲しいことだ。

ラダーはマキシマムが踏み潰すことだが、ミニマムは自然との共生だろう。すなわち、支配のもっとも緩やかな姿は共生ではないだろうか。自然の出来事と人間のあり方は、共生が一番穏当だ。共生とは、人間と自然は相対的関係にあると理解することだ。人間は自分を絶対化するときに、巨大津波などにやられてしまう不確かさがあると思う。共生しながら、相対的な事柄として、自然との差異をしっかり抑えておくことが大切だ。差異をしっかり意識し、巨大化するときには、手の負えない力を持つ相手であることを認識することが大切ではないだろうか。だから、大津波が来たらさっさと逃げて、それが過ぎ去ったらまた戻る関係なのだ。そういった相対的関係が自然と人間の関係だ。

古代人はそうしてきたではないか。川が氾濫すれば、その流れを流れとして受け入れ、新たな川ができるのだ。人は自然と共生して、逆らいまた逆らわずに、絶対者にはならずに相対的存在として、流れの中で自からを変えながら、自然と向き合っていくしかないのだ。だが、自然は圧倒的な力を持っているから自然の威嚇から学び、身を守る方法を作り、戦わなくてはならない。戦いとは支配だけを意味しない。共生もあり、後退もありうるのだ。

永遠回帰

私は今回のひどい津波を考える時に、ニーチェの永遠回帰を思う。彼は言う。

「ああ、わたしたちはあなたの教えることを知っている。それは、一切の事物が永遠に回帰し、わたしたち自身もそれにつれて回帰するということを、わたしたちはすでに無限の回数にわたって存在していたのであり、一切の事物もわたしたちとともに存在していたということです。」

（ニーチェ『ツァラトゥストラはこう言った　下』岩波文庫、二〇一一年138頁）

これは永遠回帰という恐ろしい思想だ。一切はそのまま繰り返すという考えだ。私で言えば、やっと一生を終えた、と死んでほっとしたのに、また同じ人生を送るように再び生まれるのだ。これには参ってしまう。これでは自殺もできない。言い換えれば自己逃避はできないという思想だ。

ニーチェは、その回帰が寸分たがわず人生を繰り返すと言っている。寸分はないにしても大枠で、部分的にそのようなことが、この地球の誕生以来生じている。それが地震や津波ではないだろうか。まさにこの現象は永遠回帰だ。

ニーチェはキリスト教の終末思想の否定から、このような思想を生み出したのだろうと思う。終末思想は、キリストが地上に降りてきて、地上を治める地上最後の国だ。これによって永遠の国が保障される。

だが、地震は繰り返す。地震についての文献では、一千年前に巨大地震、巨大津波が来たことが考古学的に証明されている。多分その一千年前とかそのまた一千年前とか繰り返し来ているはずだ。とても長い時間ではあるが、津波が永遠回帰であることを覚えて、常に用心を怠ってはならないだろう。

永遠回帰はほかにもある。それは戦争だ。これも繰り返し、繰り返し起きている。日本人は第二次大戦で何百万人も死んでいる。にもかかわらず、憲法を改正して軍隊を正式に持とうとしている。愚かなことだ。昨今は、自爆テロなどの悲惨な死が続発している。テロなどによって戦争の形態はますます陰惨になっており、戦争が日常化している。人間の英知によって繰り返されないように努めなくてはならない。

原発事故も永遠回帰の法則から逃れられないと思う。人知を超えた地震や津波が必ず将来来るだろう。それから原発を守るのは困難だ。漏れ出す放射能で、日本には人は住めなくなってしまうだろう。それ故、原発は即時中止すべき装置ではないだろうか。

モビー・デック

大震災と原発事故はモビー・デックではないだろうか。小説『モビー・デック　白鯨』の最後の場面がすごい。

エイハブは銛をモビー・デックに向け打つ。銛の尻には長い紐がついており、銛が鯨に刺さると、ボートでは紐を手繰って鯨をボートまで寄せるのだ。紐桶には、桶の大きさにぐるぐると輪の状態に巻かれた紐が用意してある。エイハブが銛を投げると、紐は最初輪になって飛び出し、後は真っ直ぐに伸びて進行方向に行くのだが、輪になって飛び出した紐の一つが偶然エイハブの首に入ってしまい、首つりになってクジラの方に引っ張られていくのだった。

モビー・デックは巨大なクジラだ。エイハブはこの鯨を捕りに行き、片足をもがれ、復讐に燃えて再挑戦する。

冒頭の描写がエイハブの最後である。怒り狂ったモビー・デックに、捕鯨のボートはことごとくつぶされ、捕鯨本船も鯨の体当たりで沈没、人間もことごとくやられてしまう。「やがてすべては潰え滅び、大いなる海の柩布は五千年前と同じうねりをうねりつづけた。」(525頁) で終わる。

私が七里ヶ浜で見た海は、まさに、五千年前の海の色なのだった。何事もなかったようにうねっていた。この誰にも手におえない、凶暴な鯨は何人も挑戦し、幾本もの銛が刺さったままで、多くの人の命を奪っていた。このモビー・デックは、まさに二〇一一年三月の東日本大震災の津波であり、福島東電の原発ではないかなと感じている。

津波はまさに海の巨大な生き物Xではないだろうか。これには誰も逆らえない。防波堤は必要だが、安心はできない。大概、大地震の後に津波が来るから、大防波堤も破損するかもしれない。やはり逃げるが勝なのだろう。エイハブはこの鯨を制御しようとして敗れたのだ。

原発も上手に制御しているようでも、何事かあればもう制御不能だ。もう人間の手では、いかんともしがたい状態になる、危険性がとても高いという点で、あのモビー・デックだと思う。制御に向かう人は放射能でやられる。その処理には何十年もかかる。いや何百年だろう。今なお、福島の一部は死の街になり、人が住めないようになった。こんな悲しいことはない。もう故郷には帰れないのだ。こんな異常な状態はおかしいし、再稼動をしようとしている東電も国も何を考えているかということだ。原発は制御不能なモビー・デックだ。この制御には初めからモビー・デックを作らないことなのだ。（メルヴィル『白鯨』上、下新潮文庫、二〇一〇年）

二〇一三年九月二二日に念願の福島に行く。放射能汚染の現実を体験することと慰問買い出しのためだ。常磐道は終点常磐富岡までは行けずに、手前の広野ＩＣで出る。この先はまだ高速道路の補修工事中だった。広野から6号線に出る。そこから福島の原発の行けるところまで行くことにする。楢葉町を通り、富岡町から先は、地元の人か許可書のある人しか行けない。ここから先は帰還困難地域なので、第二原発入口という信号の標識のところでユーターンだ。そこまで行く間も走行している車はわずかだ。楢葉町には人影は全然ない。人家はあるが、住んでいるかどうかは定かでない。コンビニはセブンイレブンだけで、他は閉鎖だ。飲食店も閉鎖だ。除染の土を入れているらしい、一つ一トンもありそうな大きな袋が6号線からさほど遠くないところに無数に置いてあった。

この楢葉町は最近立ち入り禁止が解除され、避難指示解除準備区域になった。町に自由に出入りができるが、泊る事はできない。多くの人は他地域に疎開し、解除されても放射能の危険を思い、帰ってこないのだろう。あるいは帰っても、めったなことでは外出はひかえているのかもしれない。しかも、ライフラインがほとんどない状態では、戻ってきても生活ができないだろう。また、除染したといっても、林や里山や木々が密集しているところは、除染のしようがないから放射能の高いところはいたるところにまだあるだろう。そういった状態では、帰ろうにも放射能による遺伝子などの障がいによる、癌などの発生を恐れて、帰還しない人が大部分だろう。私が走った広野と富岡の短い区間だけでも、本当に死の街という印象を強く持った。富岡町からこの先の大熊町に至るまでは、もっとひどい状態だから大変な被害を受けただろう。

　この目に見えない放射能という物質に、誰もが恐れおののいている。この物質は静かに知らぬ間に、人の体を蝕み、長らく体内に潜み、十年、二十年後にその姿を突如癌などの姿で表す、とても怖い存在であることを福島の人はよく承知しているのである。

　楢葉町にあるJヴィレッジの本拠地のサッカースタジアムは閉鎖されていた。スタジアムの敷地は原発事故収束のための中継基地として機能し、原発関係の車が出入りしていた。原発事故は人々の憩いの場所も奪ってしまったのだ。富岡では、私たちも放射能を考えて車からは降りないで、様子を窓からちょっと見ただけでも、もう原発は日本ではしてはならないことだとつくづく思った。

　それを改めて思う記事があった。二〇一六年十一月二七日の日本経済新聞、朝刊だ。それは福島原発の廃炉、賠償に二二兆円もの費用がいると指摘していた（その後二一兆円になったが、あくまで試算だからまだまだ費用が掛かる可能性はあるだろう）。このように原発は事故が起きればこれだけの損害・損失（国民負担の税金）が出るのだ。このような扱いにくい原発という代物は即刻廃止すべきだ。

　高速道路から降りた広野町には、皮肉にも火力発電所の高い煙突が二本静かに立っていたのが印象的だった。原発ではなくて、火力にしておけば、どんなに大きな事故でもこれほど甚大な被害はなかったのだ。

　原発事故の恐ろしさ、悲惨さについて二〇一五年のノーベル文学賞を得たスベトラーナ・アレクシェーヴィッチの著書『チェルノブイリの祈り』（岩波現代文庫、二〇一五年）を少し紹介し、原発の悲惨さ凄惨さを見ていく。

チェルノブイリの祈り

この本は一九八六年四月二六日に爆発したチェルノブイリ原発のドキュメンタリーで、実際に取材した現場の生々しい姿が目の前に示され、放射能を撒き散らす原発事故の恐ろしさを見せつけた。

幾つもの小見出しに分かれて出来事が取材されている。そのいくつかを紹介する。

①　孤独な人間の声

最初には愛について書いてある。消防士の奥さんが語る。この消防士は原子力発電所の消火に英雄的に立ち向かい、大量の放射能を浴び、モスクワへ治療に行き、奥さんは妊娠を隠して面会する。看護師も近づけないほどに汚染されている体なのに、甲斐甲斐しく世話をするが、消防士は激しい下痢も続いて死亡し、放射能を出し続けているので、亜鉛の棺で埋葬される。

娘が生まれるが、重い障がいですぐ亡くなる。この女性は一人ではとても淋しくて生きていけなく、他の人の子種をもらって子どもをつくる。二人とも放射能で汚染されているが、支え合って生きていくというのが最後のシーンだ。多分二人とももう亡くなっているのだと思う。そういう物悲しいストーリーだ。

時間を前に戻すと、治療室でシーツなどを取り替える時に、奥さんが抱きかかえると、彼の皮膚が奥さんの肌に付いてしまう。これは皮膚の遺伝子がやられて、皮膚がまともに形成されないから、剥がれ落ちていくのだ。これは日本の原子力事故でもあった。この人はもう放射能物質になっているから、奥さんも当然ひどく被爆している。ところがこの消防士の奥さんは、彼なしには絶対に生きて行けない女性で、放射能を出し続けている夫の傍にいて世話をしたのだ。

何とも過激な生き方で、そういうのをスラブ的気質というのだろう。ドストエフスキーの『罪と罰』がそうだ。学生がシベリヤに流刑になって、ソーニャという女性がシベリヤまでついて行く。『カラマーゾフの兄弟』でもそういう人がいた。

死亡した夫の状況が凄い。爆発した時に出動命令が出る。原発の危険については何の説明もなく、シャツ一枚で行く。そして、黒鉛を蹴落とすと書いてある。黒鉛は放射能を遮断するための装置だから、核燃料と全く同じくらいの放射能があるので自殺行為だ。現場へ行っても引き返せばよいのに、消さなければ大惨事が起きるから、英雄的行為で命を張って消火活動をしたのだ。無茶苦茶だ。この事は当時の日本の新聞にも載っていた。消火に行った人は皆死亡したと。英雄的なんだなという印象を持ったが、この本で消防士の奥さんの話を読んで、私は不思議な出会いを感じた。

こういう英雄的行為の裏にはやはりソ連の社会が透けて見える。人命無視で英雄的行為が強いられ、兵士も作業員も志願、あるいは、強制でチェルノブイルに入って多くは死亡する。英雄指向の閉鎖社会で、外敵が多いから国民に英雄であることを強いる。戦前の日本の特攻隊と同じだ。

モスクワへこの人が送られたのは、被爆者は貴重な実験材料だからだ。日本の東海村の原発事故の時もそうだ。行政の秘密主義（隠蔽体質）が見える。

②　死者たちの大地

ここでは、サマショールの人たちが語っていることが記録されている。サマショールというのは立ち入り禁止の汚染地域に、自らの意志で生活している人のことだ。元々は「我儘な人」という意味だと書いてある。ここに入る人は皆年寄りだ。年寄りは許されたのだ。

彼らは淡々と生活している。「ここは良いとこだ。何でもある」。汚染されているが、この地方は貧しいからそういうものでも買いに来る人もいる。

著者の取材に対して「私の悲しみが解ってもらえるかね」と訴える。「この話が本になるころには私はもうここにはいないかもね」ともらす。彼らは放射能の怖さは十分知っているのだ。しかし、この愛しい大地が汚され、そこにいることで、死ななくてはならない悲しみに泣いているのだ。

色々皮肉も言う。「井戸の水を飲むなというけれども、きれいじゃないか」とか、白血病になるというけど、切ったら赤い血が出たとか、チェルノブイルのリンゴは食べてはいけないと言われているけれども買うのだ。どうしてかというと、それを上司に食べさせるというから笑ってしまう。こういうユーモアも、やはり大地と共に死んで行く農民の抵抗なのだと思う。しかし、こういう人はごく少数の人で、ほとんどは疎開している。一刻者だけが残って、年とともに死んでいく。彼らはとてもこの土地を捨てられないのだ。

飯館村のことを思う。彼らも、いつかは何とかして帰りたいと言っている。二〇一七年八月現在で四四六人が帰還したという。これはこの村全体の８％でしかない。

小見出しが「死者たちの大地」とあるのはどうしてかなと思った。

村は全部壊され埋められたから土地には何もない。移住して行った若者たちが大勢死んだという。今住んでいるおばあさんたちもやがて死ぬ。まさにこの地は死者たちの大地なのだ。

③　兵士たちの合唱

本当に無防備で作業して被爆し、多くの人が帰ってから死ぬ。志願の人も多いが、みんなのために命を投げ出してくれと言われて行ったという。

冒頭の女性は、自分の体が傷ついていても夫をかいがいしく世話するが、兵士たちが帰ってくると、あなたの子どもを産むのは怖いとか、女房が子どもを連れて出て行った。付き合ってくれというプロポーズを彼女が断るとか、という現実もある。

日本へ伝わるチェルノブイリの情報は子どもの甲状腺癌のことぐらいで、それも大変なことだが、実際には子どもたち、農民、兵士、作業員などが沢山死んでいる、と、この本は伝えている。

日本でもある村が疎開まで一か月を要したが、他はすぐに動いた。今のところ放射能による障がいは出ていないようだが、五年、十年たったらどうなるか判らない。また、日本は地震大国だから、大地震でチェルノブイリの様な原発事故が生じれば、日本もこの本のように死者の大地になると思う。放射能の降った地では大量の死者が出て、子どもが病院で次々死んで行き、出生児には障がいの生じる可能性もある。

この本では、原発の処理作業班の人たちは本当に悲惨な目を覆うような死に方をしている。ある兵士は顔の形が完全に破壊されて死んでしまう。こういうことは日本でも、大原発事故があれば当然起きるはずだ。

日本は以前、原発なしでやっていくことができたのだから、ひどい原発事故で住む所が無くなることを考えると、やはり日本の未来のために、将来の人々のために、原発は廃止すべきだと思う。

④　タイトル『チェルノブイリの祈り』について

タイトルが『チェルノブイリの祈り』なのは、この本の証言の一つ一つが祈りだからだと気が付いた。消防士の英雄的祈り、奥さんの愛の祈り。サマショールの大地の祈り、死をいとわない兵士の祈り、子どもと生きる女、汚染された土地と共に生き、死んで行こうという農民の生き方。一つ一つが祈りなのだ、と著者は言うのだろう。

副題は「未来の物語」と小さな文字で書かれている。なにゆえこれらの祈りが「未来の物語」なのかと思った。「希望の物語」というには重すぎる。チェルノブイリに隣接するベラルーシの歴史は苦悩の歴史だと書いている。そこが今回大量の放射能に汚染されたのだった。そこでの取材を通して、彼らにはまだ謎めいている命の意味、地上に存在することの意味を彼らの言葉で語ってくれた。これが、非常に重い出来事だが、未来のことだと著者には、はっきり判ったのだと私は思った。著者は今述べた一つ一つの祈り、また、今からどう生きるかを、一人一人が模索している姿を描いているのだが、そのことを著者は「私は未来のことを書き記しているという気がする」と書いている。

そのことをいくつか述べてみる。

この物語の兵士たちも、消防士も人々のために死んでいったが、それがなかったら、もっと大惨事になったのだ。まさに未来を見据えた行為だったのだ。そういう生き方に人間の意義を著者も当事者たちも見出しているのだ。

子どもが亡くなる親の悲しみ、夫を亡くす妻の悲しみにどんな未来を見ていたのだろうか。何人もチェルノブイリでは放射能の害に絶望して自殺しており、生きるのは大変なことだが、障がいのある子と共に今日を生きる。明日も生きる。この事実こそが未来を示している未来の物語なのだ。最初に取り上げた女性でも、放射能に冒されても必死に生き、新たな子どもと共にささやかな幸せを求めて今日をひたすら生きる。ここには強い思想やイデオロギーはないが、今日をなんとかして生きていこうという、普通の人間の必死の生き方に著者は未来を見出したのだろうと思う。これはあの『夜と霧』の本と全く同じだ。その本も今日生きられるかどうか判らないが、死ぬまで頑張って生きていくとフランクルは語っている。

著者は同時に体制批判をしている。こういう悲惨な状態を描いて、こういうことが起こらないようにと願っているのだ。実際、あの原発には欠陥があるらしい。日本とは違う方式だった。無謀な志願をしないようにという警告。政府の秘密主義を暴くことで体制変革を求める。差別、一生続く後遺症、死者の大地で生きている人等、を書くことで著者は国へ抗議をしている。だからこの本はベラルーシでは発禁だった。

この本はキリスト者はどう生きるかを問うている。イエスは激動の中で生まれ、生き、人類のために死んでいったが、キリストの贖いと復活は、私たちが常に今の出来事から新しい命に変えられて生きることを意味する。贖いと復活は、私たちを日々変える力があり、希望を与えてくれる。そういう意味で、私たちはこの未来の希望を台無しにする原発に反対していかなくてはならない。それが、そういう人たちと共に歩むことを意味するのだろう。

一人ということ

私は、極めてよくできていると、神が自画自賛する世界に、ひどい災害が「なぜ」起こるのかと問うてきた。また貧富の差、戦争がなぜ生じるのかをも考えてきた。この「なぜ」ということについて考えさせられる本を見つけた。山浦玄嗣さんの『「なぜ」と問わない』という本だ。一部を引用する

四十年ぐらいに一回は大津波が来て、人口の一割か二割がさらっていかれるのです。これは当たり前のことなのです。必ずこうなるのです。この世界はそういうふうにできているのです。それに文句を言っても始まりません。言うだけ無駄です。『なぜ』と問うこと自体に意味がないと私は思います。

（山浦玄嗣『「なぜ」と問わない』日本キリスト教団出版局、二〇一二年十月再版発行　53頁）

この人は津波の現場にいて何人もの死者とかかわり、自分の病院で津波や地震の患者を沢山診察し、また看取った人も何人もいたのだろうと思う。そういった現場の厳しさに直面したゆえに、はっきりとものが言えるのだと思う。私は東日本大震災を体験した当事者ではないので、口はばったいことは言えないが、「災害が来るのは当たり前だ」と言うこの人の言葉に惹かれ、共感する。

続けて、いろいろな死の出来事が、いろいろな人にあるのは当たり前で、ガバッと死ぬから腰を抜かすのだ。前の人の個人的な様々な死によって次の世代の進歩が築かれ、完成があるのだという。人類もその

災害の淘汰を通して進化があった。個別的な死は悲しいが、大きな意味では、そのような大災害の人類史を通して人間が進化して完成し、今日に至る地上の恵みがあったのだ。それこそが悲惨を超えた神の恵みなのだ、と山浦さんは言っていると理解した。これがまた「なぜ」に対する彼の答えでもあるように、私には思える。確かに人類は、さまざまな自然の大災害を通してもまれ、地下には石油や石炭などの化石燃料が埋蔵され現代の人類は恩恵を得ている。

この本では個人のことも言っている。妻と子が津波にさらわれ、彼は絶望して自殺をしたと。私が問題とするのはそのことなのだ。彼は「なぜ自分の妻や子が」、と問うたであろう。確かに死は遅かれ早かれ来る。でも、「なぜ今この時にあの人でなく、私の家族に災害が来たのか」という問いに、私は強く痛みを覚える。このことは、山谷で常に思っていた事柄だからだ。かかわったおじさんが亡くなり、連絡がついて兄弟が数人来た。みな家族のある人たちだ。何故、小沢さんだけがギャンブルにはまり、日雇いにならなくてはならなかったのか。何故、兄貴ではなくて弟の彼が。なぜヨブが苦しむのか。私にすれば山谷の苦しみは、なぜ世界は「極めてよいのか」という問になる。

この人は医者だから、人の死を沢山見ているので淡々と死を語れるのだ。ただ、沢山死んだといって十把一絡げにはできないのが人間だ。一人一人の命は重いし、一人一人の死も重い。家族を失った人の悲しみはいかばかりか。不条理としか言いようのない、このような不幸に耐えるのは辛いことだが、「なぜ、私の家族が」という問いを持ちながらもなんとか生き延びてもらいたいものだ。

生への希望

残念ながら自然が時に、あるいは不運に人間に災害をもたらすが、一人も死なないように、努力するのがまた人間の英知だ。だから神は「ラダーせよ」と叫ぶのだ。ラダーできなければ、逃げ出すしかないのだ。そして皆助かれば、それによって神が「極めて良かった」と言ったことが報われる。

このラダー（踏みつける、踏み倒す）は、襲った大津波への反転としての意味をも持つだろう。すなわち、何もかも根こそぎ持っていかれた地、何もかも破壊された地、ヘドロを残していったこの地なのに、これに負けず、くじけずにその大津波の後を踏みつけ、踏み倒して再建をせよ、と神は私たちに命じているのではないだろうか。大変な災害だからこそ、神は強くその被災地の復興を願い、強く私たちに勧めるのだ。ひどい災害には、しっかりした再建が必要だし、存在への勇気もいる。まさにこのラダーはそれにふさわしい言葉ではないだろうか。

多くの人は反転し、勇気を持って再建に取り組んだだろう。だが、まだまだうちひしがれた人もいるだろう。私は現場にいるわけではないから、おずおずとしか言えないが、自分が絶望の中で、さまよっていた時に読んだ本、『存在への勇気』が心の励ましになったので以下引用する。この言葉がうちひしがれた人の心を少しでも元気づけるならありがたい。

（存在の勇気について）とくにわたし（ティーリッヒ）は「人間の本質は人間の実存である」というかれ（サルトル）の命題を引用する。この一句は実存主義の情景全体を照らし出す閃光のようである。これはすべての実存主義の文献のうちもっとも絶望的な、またもっとも勇気ある文章であると言うことができよう。それが言おうとしていることは、人間は自分自身を自分が欲するところのものにすることができるという一事のほかに別に人間の本質的性質というものがあるのではないということである。人間は自分があるところのものをみずから創造する。かれの創造性を限定するものは何もない。かれの存在の本質――「……であるべきもの」――とは、何かかれが見出すあるものなのではない。かれはそれを作るのである。人間とは、かれがかれ自身をそれにするところのそのもの、にほかならない。そして自己自身としての存在への勇気は、自己自身を自己の欲するものにする勇気である。

（ティーリッヒ『存在への勇気』新教出版社、一九六九年九月発行　202頁）

私は辛い時でも、「自己自身を自己の欲するものにする勇気」を持ち、この五十年を歩み今日まで来ることができた。それぞれが、自己自身を自己の欲するものにする勇気を持って、様々な困難をラダーしていきたいものだ。

生死について、スタインベックは『エデンの東 3』（48頁）で言及している。

生と死は厳然たる事実なのに、それに影響される程度は人によって異なる。私はいつもそのことを不思議に思ってきた。ユナ（娘）の死はサミュエルの足元を切り崩し、堅塁を破り、老いの進入を許した。一方、ライザは、家族を深く愛することでは夫に劣らなかったのに、打ちのめされることも、ねじ曲げられることもなく、淡々と人生を生きつづけた。悲しみはあっても、それを乗り越えた。たぶん、ライザは聖書を受け入れるように世界を受け入れたのだと思う。矛盾も逆境もひっくるめて受け入れた。死を好んだわけではないが、死というものがあることを知っていて、それが突然やって来ても、驚きはしなかった。………

ライザにとって、死はただの死にほかならない。約束され、予期されたものだ。だから、悲しみながらも動きを止めず、隠元豆の鍋をオーブンに入れ、パイを六個焼き、弔問客に十分に振舞えるだけの食べ物を用意できた。

ライザのように世界を、丸ごと受け入れられる人は強いなと感心する。山浦さんは、死を日常的に見てきているから、ガバッと死んでしまった死に対しても、淡々と受け入れることができたし、やはり世界を丸ごと受け入れていた人だと感じる。だから死は仕方がないとか、それが進歩に繋がるとか、それをはっきりといえる勇気を持っていたのだと思う。

東日本大震災では約二万人が亡くなり、震災の傷跡によって自殺者も幾人もいた。福島原発では営んでいた農業の放射能被害から絶望して自殺した人もいる。

一般社会でも、今日を生きていくのがなかなか大変な社会になってきており、年間の自殺者が3万人であることを覚える。東京では毎日のように電車の人身事故がある。多くは生活苦からの自殺だ。これは社会構造の問題であり、人間の問題だ。

このように様々な出来事が人間を追い詰め、なかなか勇気が持てない時もある。私は、自分のかけがいのない、生きるか死ぬかのつらい体験ゆえに、どんな時でも命の生きることを貴しとしたい。フランクルのように「どんな時でも命に然り」（第四章の「命に然り」参照）といいたい。そして、生きる振りをしてでも生き延びることによって、神が「極めて良かった」と感想を持った世界の端の方ででも、この世界の一員として生きることができれば幸いではないだろうか。生きていてこそ、可能性が未来へと開かれているのである。（生きる振りについては、『エデンの東 2』204頁参照）

東日本大震災で家族を亡くしたが、命に然りと言いながら、亡き家族に支えられて生活している人の紹介が『挽歌の宛先』（河北新報社　編集局　公人の友社　二〇一六年六月）にあった。

津波でさらわれ、榊さんは家族と家を失い、アパート暮らし。出勤前は仏壇に手を合わせ、「お父さん、お母さん、おばあちゃん。今日も何とかやってくるよ」と声を掛ける。家族がそばで見守って、共に生きていると感じて励まされて今日を歩んでいるのである（20頁）。

口寄せをしてもらい、心を取り戻す人もいる。

尾形さんは孫と津波から逃げる途中でさらわれてしまった。生きる張り合いをなくした夫の俊郎さんはイタコに頼んで、奥さんの霊を降ろしてもらった。

イタコは亡き人の魂と一つになり、思いをいろいろ伝え、最後の方で「あの世で孫と仲良くやってます」とイタコは口寄せをした。これらを聞いて俊夫さんは「安心した」と語る（同72頁）。これなど東北ならではの民間宗教なのだが、こうして慰められ生きる張り合いを得たのである。

この項をお終りにしようとしたが、二〇一七年一月九日放送のＮＨＫ番組、東日本大震災「それでも、生きようとした」は、福島の不幸が今もって癒されていないことを伝えていたので、このことについて触れることにした。

福島は除染が進み、復興が進んでいるように私たちは感じていたが、原発がまき散らした放射能の被害が、精神的にも癌細胞のように長い時間かけて地元の人々の心を蝕んでいたのであった。そのドキュメント取材の佐藤（仮名）さんが一年後に若くして夫婦で自殺したことはショックだった。この人は福島に帰還し、再起を願いお米つくりをしたが、市価の三分の二でしか売れず、赤字だった。時が経つにつれて支援者も足を運ばなくなった。原発事故から五年も経つと出来事は風化してしまったのだろう。

福島の自殺者は、原発事故の四年目ぐらいから、目だって多くなっているとデーターは語っていた。この人も含めて、何とか立ち上がろうと努力して四、五年ほど経っても、放射能のゆえに目に見える成果がない時に、再起の希望が絶望に変わり死を選んでしまったのだろう。

私たちは厳しい現実を突きつけられていると感じる。テレビなどでは復興している福島を見ているから、私たちの多くは、福島の人々がそれなりに生活を立ち上げていると思ってしまっている。だが、目立たないところで、原発事故のゆえに、深刻に苦しんでいる人々が今なおいることを忘れてはいけないのだと教えられる。

原発事故がこれほどに人々を苦しめ、こういった人が後を断たないという事実がある中、再稼働を行うことは許しがたく、電力会社およびこの政策を推し進める国は犯罪者だと言っても過言ではない。放射能の被害者の方々、震災に合われた方々、あるいは、さまざまな理由で生きることに倦んでいる方々がそれぞれの方法で生きることへの刺激を得て、存在への勇気を持ってもらいたいと改めて思う。神もラダーという言葉によって、そういった人々を励まし続けている。

最後に、再度述べるが、フランクルが言うように、「いかなる時にも、命に然り」と言って、歩むことを願ってやまない。

6　ボルダリング

24時間というのは人間が作った人工の時間だ。けれども、その時間で動かないと体のリズムは崩れる。やはり夜は寝て、朝起きる。その一日が24時間だ。私は毎日忙しくしていたから24時間は短かった。ゆえに、24時間を凝縮して質的には30時間ぐらいの時間にして一日を過ごしていた。どうするかというと、朝できるだけ早くまりや食堂に来て、自分の仕事を始めるのだ。大体、朝の七時半には仕事ができるから、それだけで一時間半は稼げる。それに、休みの土曜日や日曜日も時間があれば仕事をする。旅に出てもパソコンは持っていく。こうして、何とか仕事が遅れずに出来ていた。

二〇一二年十月に入り、原稿を出版社に渡し、同年十二月に「この器では受け切れなくて」を新教出版社より出版。これで、私の人生の一区切りはついた感じだ。今からゆっくりペースで人生を送ろうと思っている。まず、24時間をゆっくりと過ごす。散歩もゆっくりと時間をかける。旅にも行く。それからいよいよボルダリングもすることにした。この年になって、私の人生の中にボルダリングが入ってきた。前から興味はあった。時間がもう取れるので一生懸命して、岩登りまで行く予定だ。

ボルダリングは何度かは単発で室内ゲレンデでした。今は週一のペースでしている。これは健康にきわめて良い。普段がほとんど座ってパソコンや読書だから、体を動かすもってこいの機会だ。筋トレそのものは以前からスノーボードのためにしてはいるが、これは鍛える部位が決まっている。ボルダリングをはじめてからは、できるだけあらゆる筋肉のトレーニングをするように努めている。今までは筋トレは三十分もすると飽きてしまったが、あの壁を登るためにどうしても手足の筋肉、腹筋も鍛える必要があると思うと、筋トレも頑張れる。筋肉の強化は年とは関係ない、というからありがたい。

先だって、笠間の外岩のトレーニングに参加した。私は初心者だから一丈か二丈ほどの岩に登るのだが、とても面白い。振り返れば小学生の頃は、裏が山だったから木登りや岩登りは良くやった。当時は、木登りでも岩登りでもすいすい出来たから、簡単にできるかと思った。それを思い起こしながら登ろうとするが、足がうまく上がらない。小さな突起を指で掴まえて登ろうにも力が入らない。いやはや、年をとったものだとつくづく感じた。落ちても危なくないほどの高さの岩なら、危険も少ないのであちこちに行って登る練習をして足腰を鍛えたいと思う。

笠間は焼き物で有名だが、この自然公園には大小さまざまな岩が斜面にむき出しになっていて、手軽に登るのに格好の岩がいくつもあるボルダリングのメッカの一つだ。ただ、二〇一一年三月一一日の東日本大震災の地震で危険な場所もあるという。多分ある場所などは崩落したのであろう。焼き物の窯元でも登り窯が壊れたり、焼き物が破損したりと大きな被害が出た。笠間は東京の北の茨城県にあり、ここは東京の俗という汚染が余り及ばないから、昔ながらの文化の香りが漂うとても落ち着く場所だ。

私には偶然のことだったが、私がいろいろと精神的に世話になった親鸞聖人が越後に流され、赦免されてから常陸国（茨城県）で布教して笠間にも草庵があったのだ。これは私には非常に懐かしい限りだ。親鸞聖人は妻の恵信尼と二人の子どもを伴ってこの地に来たという。

私は注意しながら、この笠間の岩場に通うつもりでいるが、まずは室内でもっと鍛えなくてはならない。ただ、おじさんがどれほど鍛えられるかが問題だ。

ボルダリングはフリークライミングの一種だ。ボルダリングはboulder（ボルダー＝岩、大石）から来ている。要するに山とか河原に転がっている、でかい岩を素手で登ることを言う。登るときは専用の靴を履き、滑り止めのチョークを使う。ボルダリングジムには、さまざまホールド（手や足を掛ける突起物）が人工的に取り付けてある、大壁が設定されている。壁の高さは5メートルほどだ。

その壁もいろいろあって床に垂直のもの、壁が手前に軽くかぶっているもの、思いきりかぶっているものまで様々だ。若い人はそのかぶっている壁を類人猿ごとく、巧みに登っている。床にはふわふわのマットが敷き詰められている。墜落した際のクッションだが、これでも着地がうまくいかないと捻挫などする。だから、入門するときには怪我は自分持ちの誓約書を書かせられる。

ボルダリングには初級、中級、上級がある。私は今初級の青印だ。何事も上達への刺激のために階級性なのだ。初級の登るルートは比較的楽だ。ホールドの脇に青色のシールに1と番号が書かれているホールドをS（スタート）点から壁の上の方のG（ゴール）を目指す。SからGまでホールドがいくつもあり番号順に上るのだが、それが持ちにくかったり、小さかったりするのを掴んだり、足で踏んだり、足を掛けたりしながらがんばってやりぬくのが面白い。これで、私は老いの人生にもう一つの楽しみが出来たというものだ。時間があるときは、室内ゲレンデはもちろん野外の岩にも将来挑戦したいと思う。年をとってから遊びをやっと覚えた感じで嬉しい。

ボルダリングは本能的に人間の野生をくすぐるものがある。人間の祖先が類人猿だからだ。彼らは元来木の上の生活者だから、その子孫である人間の遺伝子の中にも、高いところを望む気持ちが潜在しているのだろう。私はもう年なのに、そういった本能が健康志向を求める中で、ボルダリングをして目覚めたのだろうと思う。

壁の上の方は結構難しく墜落することもある。下にはマットがあるから安全だが、完璧ではない。多くはここで練習して、笠間や御岳山の外岩に挑戦する。そこでは何メートルもある岩をザイルなしで登るのだからある程度は危険だ。その際、岩の下には持参の簡単なマットを敷きはするが、墜落して若い人でも捻挫などの怪我をすることもある。危ないことはしない方が良いのでは、という人もいるが、私にしてもその危険な刺激がほしいのだ。それが野生の心を楽しませてくれる。もう一つの理由は、体力向上のためだ。少しかぶってる壁を登るのには体力がいるから、いろいろと筋トレをする。またそのような壁を登ることによっても体力がついてくる。

危険な刺激がほしい理由には重い歴史もある。それはまりや食堂の歴史だ。今、二〇一三年、激しい乱暴者は山谷にはほぼいなくなったが、弁当屋など客相手の仕事はトラブルもあるから、ある程度の体力をつけておくことは今でも必要だ。そのためのボルダリングでもある。

まりや食堂の歴史には、暴力がついて回った。私も自分の日雇いの長い経験からわかるのだが、肉体労働をする人は仕事柄気が荒く、もめ事を腕力で解決したがる。それに加えて、まりや食堂が山谷の一部の人の誤解を受けて、その周辺の人たちの攻撃があった。ほとんどが酒になんらかの問題を抱えた人が多く、酒を飲んではまりや食堂で暴れた。朝早く来た酔った人は「開けろ」と言って、シャッターを殴り、蹴って曲げてしまう。私はそのシャッターをハンマーでたたいて何とか上がるように直す。「キリスト教が何で金とるか」とドアを蹴飛ばし、ガラスを壊す。チャイムはいつも狙われ、壊された。

良かれと思いまりや食堂を立ち上げたのに、思わぬ暴力や乱暴にはまいった。まりや食堂で対応できる男手は私一人だから、そういった乱暴に対してはできるだけ説得し、なだめて収めるようにしていた。その頃はもう十年近く日雇いをしていたから、ある程度の根性と体力はあったが、相手はあるグループの威を借りる面々だから、かないっこなかった。時には相手と喧嘩になりかけたりすると、「まりや食堂は労働者に暴力をふるう」と言われた。彼らはそのグループと交流もあり、ある程度政治思想を持っているから、なお扱いにくかった。二十年、三十年前は山谷には日雇い労働者も大勢いて、仕事柄気が荒い人や気の短い人もいた。そのような面々がまりや食堂の飯を食べに来るから、いろいろと気を使った。飯が遅いの、早いの、硬いの、柔らかいのと色々言われた。

今思えば、無知の怖さ知らずとでもいうのか、また、商売のことなど何も知らないのに、しかも食堂などは食品を扱い、調理をしなくてはならないのに、まあよくぞやったなーとあきれ返る感じが今している。そうしたことも時間を積み重ね、経験を深めていく中で何とかなってきた。また、日雇い労働の経験は、山谷の仲間を理解するのに役立った。

だが、この暴力にはまいった。当時はまだ空手をやっていなかったし、もともと文科系だから「そんな野蛮なことは」と考えたこともなかった。朝目覚めれば、今日は何があるのだろうか、と心配しながら山谷に通う日々だった。食堂が済めば、逃げるように家に帰ったものだった。

その日が、乱暴がひどすぎると、夜は神経がたって寝付かれず、オートバイを引っ張り出して夜中の街を疾走するのだった。4号線や6号線は幹線道路だ。夜とはいえ、行き交う車が多いから、その間を縫うように走るので危険が伴った。歩道からはあまり見えないが、幹線道路の路面は大概ゆがんでいる。日々の交通量が多いから、車輪の通るあたりがへこみ、その周りが盛り上がっている。だから、横から見ると道路の断面は波になっている。

そのような路面を走るオートバイは、盛り上がっているところに車輪を取られ、転倒し後続の車に轢《ひ》かれ、一巻のお終いになりかねない危険性がついて回る。だが、この生死ぎりぎりのところで、あるいは車の間をすり抜けて、ハットする危険な瞬間の陶酔感が、暴力による高ぶった神経を癒す薬だった。毒で毒を制するように、強い興奮はより強い刺激によって癒されるようだ。

忙しいから、週末にまとめて暴走した。ある時は曲がりくねった農道を時速60キロほどで曲がり損ね、あえなく田んぼの泥の中に突入だ。顔面を打ったがフルフェイス・ヘルメットのおかげで怪我はなかった。親切なオジサンが車を止めて、オートバイを引き挙げるのを手伝ってくれた。

ある時は神経を癒すために、海岸の砂浜に車を乗り入れて野宿だった。潮騒が一晩中私の心を揺らし続け、あたかも揺り籠にいるようだった。ある時は、山間のせせらぎを聞きながら野宿だ。瀬音は静かに私の心の中を流れていた。こんな静かな音を聞きながら永遠の眠りにつけたら、幸せだと思うほどだった。ベトナム戦争でアメリカ兵が戦場の生死のぎりぎりのところで戦い、トラウマになり、帰国しても自宅で生活できずに原野で生活した、という記事を読んだことがあるが、私もその軽い症状だったかもしれない。

神経が過敏になっていたためか、赤や黄色などの色の強い花は刺激が強くて見ることが出来なかった。せいぜい緑の風景などを見つめて疲れを取った。

冬場はスノーボードが格好の癒しの薬だった。スノーボードは一枚の板の上に両足を固定して滑る。ストックは使わない。だから転倒しやすいうえに、転倒すると思い切り転ぶのでとても痛い。転倒して頭部を強打し、死亡する事故が一時多発した。この危険なスポーツこそ、私の神経を癒す格好の道具となり、私は夢中になった。これをしているときは何も考えなかった。それが癒しなのだろう。とはいっても急斜面は怖かった。じゃ、急斜面はしなければいいのにと読者は思うだろう。この恐怖が癒しなのだ。この怖さに耐えて、滑る勇気を持つことによって、現場の暴力の恫喝に耐えることができるのだ。

初老のオジサンが、絶壁のような斜面に挑戦だ。あたかも崖から飛び込むようだ。繰り返すが、両足は一枚の板に固定されている。ストックはない。

飛び込む。ターンに失敗。自爆する。自爆とは意識して転んで止まることだ。そのままボードが走れば危険だからだ。スピードが出て転倒すれば大怪我、人とぶつかっても大怪我だ。

今は、まりや食堂に激しい暴力はないが、やみつきになったので毎冬行く。一種のアディクション（耽《たん》溺《でき》、嗜癖《しへき》）だ。ゲレンデの切符はグランドシニアなので一日券が二千円。

ボルダリングもやはり癒しのために始めた部分もある。二〇一二年になると激しい暴力は影をひそめたが、時折激しいことはある。それは、山谷が老人化したとはいえ、元々が日雇い労働者だった人が多く、その仕事をしてきた名残りで結構気の荒い連中が多い。それにこういった食堂とか弁当屋とか水商売的な仕事には、ある程度トラブルはつきものだ。

弁当屋ではにこにこ笑って会計をしているが、結構緊張しているから、ボルダリングのような気分転換も必要なのだ。壁を登り、失敗して結構高いところから転落したりすることもある。一瞬頭は空っぽ。それがまたリフレッシュになるのだ。同時にまさかの時のための体の鍛錬、という二重の意味がある。

スノーボードは、ゲレンデ代がやたら安いグランドシニアなのだが、「安い」と喜んでばかりおられない。それは筋肉の老化が見えるからだ。長い距離を一本滑ると筋肉はクタクタで、二本目からはうまく曲がれず転んでばかりいる。同伴の家内が「見るといつも転んでいるのね」と冷やかす。だから日常の筋トレは大切で、普段の鍛錬はまさに老いとの戦いなのだ。

ボルダリングは今中級だ。このクラスになると難度が高く、大概のホールドは意地悪くできている。小さいとか、滑りやすいとか、届きにくいとか。つかみ損ねれば、転落だが、下にはマットがあるにはある。だが、高さがかなりだと、飛び降りるときにはオジサンは気をつけないといけないかなと思いながらやっている。このスポーツも危険と裏腹なのだ。特に外岩に行けば危険が増す。こないだはこのジムの店長ほどの人が外岩に行き、落ちて捻挫した、と足を引きずっていた。今は癒しはさほど必要ないから、やはりこれもやみつきになっているようだ。何か危険なことが好きなのだろうか。刺激的なことが生き甲斐《がい》なのかもしれない。

また、私は時間があれば努めて地方に出て神経を休めるのが習慣となっていった。仕事柄、結構神経が疲れるから、時間があるときに見知らぬ土地の山や川を眺めていると心が癒される。

二〇一三年三月末、大黒岩ののっぺらぼーの面を登れたことはとてもうれしかった。以前は歯が立たなかったからだ。この岩は笠間自然公園に上る中途にある。直径5メートル、幅3メートル、高さが4メートルぐらいの岩だ。この岩を素手で登るのだ。

登るときには岩の脇に持参のマットを敷く。専用のマットの厚さは15センチほど、縦1・5メートル、横1メートルほどだ。各々それを持ち寄って敷く。これで転落の怪我を防ごうという算段だ。よじ登るのに普通と違うのは専用の靴を履くことだ。先の尖った、小さい靴に、足指を縮め、無理やり押し込み、足は纏足《てんそく》のように小さく固まる。こうすることで尖った靴の先が壁面をとらえやすいそうだ。ほとんど垂直の面に近い壁でもほんの少しの突起があれば、この靴の先でそこをとらえ、踏み込み体を支えることができるというが、結構難しく、ずるずると滑ってしまう。かなりテクニックがいる。

大黒岩には登るルートはいくつかあるが、前はいちばんやさしい場所しか登れなかったが、今回はいくつも登れて上出来だと自らほめている。

この岩は譬えでいえばポテトの形をしている。それを超拡大した感じだ。ポテトのようにでこぼこがあり、凹みがあり、亀裂があったり、風雨で表面がざらざらしているが、そのようなさまざまな状態を巧みに利用して、手をかけ、指をかけ、足をかけて登るのだ。ほとんど手がかりのないところもあり、上級者はタコの吸盤のような手を持っているようで、巧みに登ってしまう。この自然公園にはこのようなさまざまな形をした岩があちこちにあるのだ。

屋内ゲレンデ（ボルダリングジムの壁）の中級はやたらと私には難しい。今取り組んでいる9番コースはゴールに到達するのは至難の業である。取り組んでもう二か月になるがまだ克服できていない。コーチも折り紙をつけている難コースだ。ゴールに向かってじわじわ近づいてはいるが、このコースが達成できるかどうかははっきりしない。毎回その壁をじっと見つめ、足元や手元の工夫をして取りつき、転落してはまた見つめている。やれると確信しているわけではないが、時間をかければやれるだろうとは密かに思っている。それが信なのだろう。

私の最大のハンディは年齢だということだ。筋力がまずない。体力がない。だから一時間もすれば腕がつかれてもうやれない。筋力もないから難所の小さなホールドは握っても滑って転落だ。でも、家ではひそかにトレーニングはしている。直系15センチぐらいの塩ビ管におもしをつけて、指でつかみ、持ち上げ、指の力をつけているのだ。雲梯《うんてい》もしている。鉄棒もしている。この難コースの前に今日も立っている。いつこのコースが登れるのか。立ち続けることが信仰なのだろうか。

このスポーツをしてから、よほど体が強くなった感じはする。体の筋肉が張るような、足腰が力強くなったような感じがする。多分それは事実だろう。ボルダリングでは壁についているホールドという突起につかまり、またそれに足をかけて足場として登っていくのだから足腰が鍛えられる。壁によっては手前にかぶっているので、重力の法則で下へと引っ張られるから、かなり強い力で握らないと落下してしまう。

この日が本年度最後の挑戦となったが、黄色の9番は手ごわく簡単に跳ね返され続けていた。ホールドが7つほどあるが、すべてに癖があって一筋縄ではいかない。このコースを作った人はよほど癖のある人か、人にうらみのある人ではないかと内心思って八つ当たりをしている。そう思いつつ、とっつきにくいホールドは状態を研究して、つかみ方を調べ、他方では家では握る力を繰り返し鍛錬する。

3番目のホールドはとても小さく、サツマイモの形をしていて、両手で握らなくては墜落するようにできている。だから右手は親指と人差し指と中指で握り、左手では親指と薬指と小指を使い、両手で分かち合ってこの石を握る。

次のホールドは右側40センチほどのところにある、アンパンみたいな平べったい突起だ。これも握りづらくできている。それを取りに右手を伸ばす時、左手はサツマイモを薬指と小指と親指で握っているが、それらの指だけでは体を支えきれず、マットにあえなく転落だ。壁が手前に少しかぶっているので、下方にかかる重力が少し大きいので握る力がより必要なのだ。だから、よほどしっかり持たないと、そのホールドが持ちきれない。といって、右を離した時に左手をすばやく持ちかえようとすれば転落だ。いろいろやってみて、左手の薬指から小指にかけて鍛えて、サツマイモの左半分をしっかり握れば転落しないだろうと考えた。家でそれらの指を鍛錬して次に臨んだ。うまくいった。左手の中指以下で握った時に、しっかり握れていることが手に感じられた。それから右手を右横40センチのところにあるアンパン形のホールドをつかみ、続いて左手もアンパンに添えて両手で持ったが滑って転落だ。

けれども、今日はこれで満足だ。一か月かけてやっとあのサツマイモのホールドを攻略できたからだ。このルートでは2番目のホールドもてこずり、ほっとする間もなく、このサツマイモも私には大変なホールドだった。この9番ルートはまさに私の山谷の人生だと感じる。山谷の現場ではさまざまな困難があり、それを乗り越えれば、新たにまた困難に出会う。そういった状況の中で創意工夫して一足一足歩んできたからだ。

数週間かけてアンパンをしっかり握ることができた。そこから右に30センチ、上方に30センチほどのところに、小さな穴のあいたホールドがある。その穴に指を入れて上方に体を引き上げるのだが、これがまた難所だ。その穴は三本の指を重ねないと入らないようにできている。指を重ねると俵のようなのでこのホールドはタワラという。重ねて差込み、体を引き上げ登るのだが、指が痛み、力が入らず転落。

このルートは私には大変な難所だ。ずっとできないかもしれない。私はあきらめるかもしれない。でもがんばっている。何度も何度も登っては転落だが、おっこちる過程を通して、少しずつ手足が鍛えられている感触を持っている。まだまだ難しいが創意工夫してゴールに到達したいと思っている。信心が岩をも動かすという福音書の言葉を力強く実感している。これを乗り越えると最難所のゴールが待っている。

　私は何とかタワラの場所までたどり着いた。スタートから三か月かかっていた。それが二〇一三年十二月三〇日なのだ。それにしても、ボルダリングの中級は難しい。人生の中級も難しい。必要があって組織を作ったが、人とのかかわりの難しさを感じている。さまざまに工夫してホールドを一個一個潰すように、人生の中級でもさまざまな難問に挑戦し、小さい事柄から解決し、ゴールをめざさなくてはならない。

　もう結構な年だが、指や腕の筋トレを様々な方法でして、やっとゴール手前まで何とか来た。二〇一四年一月、ゴールへのトライに成功するかどうか。気持ちは悲観的で、私はこのゴールの前に立ち続け、トライ続けて私の人生は終わるのだろうかとも思う。

　カフカの『掟の門』では旅人には迂回コースはないのだ。多分城壁に囲まれた町なのだろう。ホールドについてはもちろん迂回コースはないのだが、放棄はできる。放棄して違うコースを選べば良い。たぶん人生とはそのようなことだろう。ベストの道が無理なら、ベターの道を選択し直せばそれで良いのだ。

　でも、私は9番ルートにこだわり続けている。一か月たってもまだゴールに届かない。ゴール手前からゴールまでがまた難コースで、ゴールのホールドを取りに手を伸ばせば、重力の法則で墜落することは体がわかっているので動けないのだ。傍目からは、「手を伸ばせそうだ」と言ってはくれるのだが。手前のホールド、タワラから40センチ程真上のゴールは手前にかぶっているので、背を伸ばしてホールドを取りに行くと、反り返るようになって転落してしまうのだ。それでも、ゴールを取りに行くごとに1センチか2センチほどは手が伸びているとは感じている。

　そのゴールを取りに行く段取りなどを思い描きながら、先日ボルダリングジムに行ったら大変なことが起きていた。壁のホールドの位置が全部変えられ、今までのルートが無くなっていた。これは年に一度するそうだ。これで私がコツコツと到達しようとした場所はなしになった。言い換えれば、私が向かう目標がかたづけられ、新たな設定が目の前に。ちと無理だなーと考えていた矢先に組み替えになったのだった。難題にあきらめきれない時に、違う局面が強制的に出てくる現実の世界を幾場面も思い起こしてしまった。

カフカの『掟の門』はどうしても人生の中で通り抜けられないまま、人生を終えてしまう姿を描いているのだが、9番ルートのホールドはまさにそれに近いと感じていた。

山谷では、来た当初目の前に壁がそそり立っているような感じがした。あまりにも目の前の現実が、私の今までの人生とは違って見えたからだ。野宿している人たち、路上の酒盛り、朝の寄場の人だかり、怒号、酔っ払い、地下足袋、早朝の酒場等、目が回るような山谷の現場だった。私はここで伝道をする。何を伝道するのか、いったい私はどこに来てしまったのだろうか、と自問自答する日々だった。

これはあのカフカの『掟の門』に似ていると思う。門をくぐらせてもらえずに、旅人はそこで待ち続けるのだが、病気で死んでしまう。すると、番兵はその門を片付けるのだった。その門はその旅人の難題を意味していたのだ。その難題の前で悩みながら一生を終えたとでもいうのだろう。（カフカ『カフカ短編集』岩波文庫、一九八七年）

私にしても山谷は大変な難題だった。今でもそうだ。ボルダリングでは、少し筋トレして登れた岩もあった。筋トレを続け、登れる岩や壁も増えてきた。山谷も同じで、現在はそれなりにぼちぼち自分の上れる壁はよじ登っているかなと感じている。

以前は、山谷もボルダリングの壁のように、大変な難所も多く、懸命な創意工夫で乗り越え、また次の難所の前で立ち続け乗り越えてきた。それが何十年もの山谷の道であった。でも、基本的には掟の門の前の旅人とそう変わらない。それは、山谷的状況は何も変わっていないし、むしろ悪くなっているからだ。私は政治、経済、人間存在そのものの狭間の山谷的状況に立ち尽くしているだけだ。

だが先日、ボルダリングの壁の設定が、思いもかけずにがらりと変わった時に感じたことは、現実の社会は、カフカの『掟の門』以上にもっと複雑かつ多彩な仕組だということだ。それはさまざまな問題に悪戦苦闘しているさ中に、あるいは順調にうまくいっている時にでも、意表を突き、突如割り込んでくるさまざまな出来事が人生にはあるからだ。

それは多くの人が経験していることだ。私で言えば、高速道路をよく運転するから事故に合わないとも限らない。検査でがんが見つかるかもしれない。実際予期しない湿疹ができたり、突然の一週間の入院などもあった。難問のボルダリングのホールドを登りながらしみじみと、このスポーツが人生そのものであり、人生の多彩さを示していると感じさせられている。

現実に、予期しないアクシデントが生じ、二〇一四年秋にボルダリングを当分の間中止することにした。それは右足の親指の爪の故障だ。原因は登攀の靴だ。きつい締め付けで、その爪が縦に割れはじめたのだった。それに貨幣型湿疹というのが体に蔓延し始めた。爪は無理して履くと、割れがひどくなるので、休んで少し様子を見ることにした。この爪は日雇いをしていた30数年前に、ブロックを落として変形してしまった結果がこうした症状を引き起こした。

このまま何もしないでいると体力が落ち、冬のスノーボードに支障をきたすし、また、まさかの時にまりや食堂で対応できないのでスケボー（スケートボード）を始めた。

私のこのような行動を分析しているような本があった。その中に「脳の学習は『オープン・エンド』であり、終わりがない。どこまで学びが進んでも、必ず『その次』がある。学ぶことは、自分自身が変わり、世界が変わって見えることである」（茂木健一郎『生命と具有性』新潮選書、二〇一五年46頁）という言及があった。私はこの言葉に出会って励まされている。私は登っては転落し、爪の故障が生じて立ち止まっているようだが、「その次」に開かれていることは直感していた。それがとりあえず私にはスケボーなのだ。私たちは生きている限り、どんな場合でも「その次」に向けて進んでいきたいものだ。その際、脳が私の意志とは関係なくオープン・エンドであることは頼もしい限りだ。

その次に開かれているという可能性はとても魅力的な言葉だ。現実が可能かどうかは別にして、そのような次に開かれている、心の状態に飛び込んできた記事に驚いた。それは日本経済新聞朝刊（二〇一五年九月二〇日）の「私の履歴書」だ。ここには私が話題にしている壁のことが載っていたのだ。筆者荒蒔さんは言う。

「留学の時の強烈な頑張りが自信になった。そこから信念が生まれ『どんな高い壁があってもよじ登ってみせる。よじ登れないなら、こじ開ける。それも無理なら、穴を掘って向こう側に行く』。経営者になってからも社員にもこう語っていた（要約）。」

何とも空恐ろしい信念だ。強烈だ。まあ、私も中級の壁の墜落を繰り返しながら頑張ったから、この方の思いは伝わってくるので、この記事を見た時にすごいと心に響いたのだ。この先、何年生きるかわからないが、まりや食堂と伝道所を次に引き継ぐ仕事が残っている。これも結構難所かなと感じている。

7　存在について
――サルトルとの対話――

対自存在について

サルトル（Jean-Paul Charles Aymard Sartre, 1905- 1980）によれば、即自存在と対自存在という二つの存在様態があり、即自存在が「それがあるところのものであり、あらぬところのものではない」という同一律に根差しているのに対して、対自存在である人間現実は、「それがあるところのものでなく、あらぬところのものである」という脱自的な構造をもつ、ということ。たしかに、私は私だけど、それは永遠に不変な同一性ではなく、今とは違うものになっても、それでも私は私でありつづける可能性によってなのだ。つまり、私とは自分がなすことの結果であり、それは逆から言えば、私は、未来へと自らを投げかけることができるということだ。そして、それこそ、対自存在が自由であるということに他ならない。つまり、私たちは物事を否定したり、無化したり、自分から脱することができる。それはなぜかという問いに対して、それは人間が、物とは異なり、充満でなく欠如存在だからだ、とサルトルは答える。つまり、人間存在は無なのだ。（澤田直『新・サルトル講義』平凡社新書、二〇〇二年　45頁）

これを私の言葉で言えば、対自とは意識存在ということだ。人間の意識は、自分と向き合っているから対自存在と人間をいう。人間は自分と向き合って自分を知る存在なのだ。けれども、その意識は常にとどまるところを知らぬ存在なのだ。一瞬たりともじっとしていない。常に自己を否定したり、肯定したりと常に今ある意識が違う意識へと超え出ている。超出しているのだ。私に例を取れば、先ほどまで機嫌よくやっていても、次にいやな事があれば瞬時に意識は不愉快になってしまう。そのような存在が対自存在なのだ。したがって、常に意識は「それがあらぬところのものであり、それがあるところのものであらぬもの」として定義される。けれども、それは永遠にこの運動は続くのだ。それが人間の意識活動だ。したがって、存在の無なのだ。意識存在の無といったほうがわかりやすい。今ある意識存在は常に否定されるから、その存在はないのだ。無なのだ。常にその先へと超出していくのだ、ということを言っていると理解する。

（参照　松浪信三郎『サルトル』勁草書房、二〇〇四年）

　私はサルトルの対自存在という概念にひかれて、何とか彼の大著『存在と無』を消化したいと願っている。そして、その概念によって私が抱えている人間の存在を構造的に分析したいと願っている。というわけで、お弁当の真剣な販売と、抽象的な概念の勉強というぜんぜん相反するようなことをやっているわけだ。

サルトル

　弁当販売は、人間修行にはよい。大体、牧師は頭を下げないし、自分が人を救うと勘違いしている人も多いから、私にもいい勉強になっている。お金を取る商売は、特に弁当屋は相対で売るからいろいろな人と出会い、中にはむかっとくる人もいる。その際、頭を下げて「いらっしゃいませ」とか「ありがとうございます」と言うのは大変なことなのだが、修行の場と思えば楽なものだ。実際、頭を下げることで、いろいろと学ばせてもらっている。

私はまりや食堂の会計をしているが、時々暇になるからカウンターの下に本を置いておき読むことにしている。今取り掛かっているのはサルトルの『存在と無』だ。中々骨っぽい本でむずかしい。文庫本で三冊の分冊で一冊が2センチはある。対自存在について読んでいる。読んでいると、おじさんが「のり弁」といってお金をカウンターにぽんと置く。二〇〇円を置くから七〇円を釣りとして出す。ここにも対自存在としての存在がある。のり弁を選択する意識が対自存在だ。サルトルは人間を対自存在と規定する。それは自己の現前に意識存在がある人間の存在構造をそのように示した。これはとても面白いと思った。確かに人間は意識する存在だ。その意識は何時も自己と向き合っているのだ。だから対自存在というのだ。

人は誰でも自己と向き合って生きている。のり弁のおじさんも、考えてのり弁を選択し、買う。仕事を終え、私が犬を走らせ、家路に歩道を走っていると、この人が隅田川に向かい歩いているから、きっとあのあたりにねぐらがあるのだろうと思う。彼も買った弁当を手にして家路に向かうのだ。

確かに人間は自由だ。人間以外は思考することも、自分を見ることも出来ない。自分を超えて、新たな自分を模索する自由は人間にだけある。でも、のり弁のおじさんにその自由があるのだろうか。この今の位置は自分で選んだものなのだろうか。どうしても、やはり経済の事柄が、競争の事柄が、資本主義の事柄がまとわりつく。自由であっても生産構造に縛られ、経済に隷属した生活を強いられるのがのり弁のおじさんだ。この人も生活保護を受ければ、少しは楽になると思うが、どうしたことなのだろうか。お酒の問題があるのだろうか。

他方では、日本では自殺者が年に3万人はいる。経済的理由の人だけではない。ボランティアの兄さん、ボランティアに来ていた青年、精神科病院で死んだ青年、そして私。これらの人たちは経済的には普通の生活なのに、死を選びまたは選びそこなった。ここにも同じように、対自存在としての人間の構造が見えてくる。人は自分が見えているから、時にはそれを否定しようとする働きが生じる。これもやはり存在の無の働きだ。自己を越え出る生き方だ。ただ、私はマイナスの思考になってしまったが、そこにやはり人間の自由が見えてくるのだ。人はこの存在をいかように扱うべきなのだろうか。

いつぞや寄り合いで飲みすぎたようで、山谷からの帰り、自転車は蛇行し車道へ飛び出すなど、コントロールがうまくできなかった。隅田川の橋をどのようにして渡ったかは記憶にない。今ぞっとするのは橋で蛇行して欄干にぶつかれば、勢いで川に転落する可能性はあった。そのくらい蛇行運転が抑制できなかった。車道にはみ出るから戻そうとしても、体がいうことをきいてくれない。何か薬でも盛られたような感じだった。頭はしっかりしているのに、体が意思の通りに動かない感じだった。何か命拾いをしたなーという感じだ。それにしてもあれだけ酔うとは何事なのだろうかと思う。知らない店のハイボールなど、何が入っているか得体が知れなかったと反省している。浅草なのだが、下町だし、競争がはげしいから、少しでも安酒で稼ごうと思うのが商売なのだろう。私は妙に酒に絡まれた感じだった。永伊さんのことをどうのこうのと言っておられなくなった。情けないというよりも、まあ男とはこんなものなのかもしれない。

思い出せば酒の失敗は幾度もある。泥酔して路上で寝てしまったこともある。この場合は面白い現象が生じた。酔って歩いていると、自分が少しずつ寝てしまいそうだということがわかるのだ。どんどん視界が狭くなり、周りが真っ暗になって、目が覚めたら小屋の中で寝ていたのだ。ある時は、山谷で飲み屋のドアを蹴飛ばし壊すなど、案外、酒乱ぽいところもあったようだ。それでも、社会的にだめの烙印を押されるほどでなかったのは幸いだった。

永伊さんの場合は、別にはげしい酒乱でもないのだが、酔って部屋で徘徊して他の宿泊客に迷惑をかけ、挙げ句はドヤを追い出されることが問題なだけだった。これを繰り返せば、保護は打ち切りになることは目に見えているし、年をとったからもう路上生活は無理だ。追い出されると次のドヤが中々見つからない。

ここには少しまりや食堂のエゴがある。今、永伊さんはまりやの貴重なボランティアになっているのだが、まりや食堂へ南京虫を持ち込むことは今後あってはならないことなのだ。持ち込むようなドヤに宿泊となれば、まりや食堂の中でのボランティアはできないことになってしまうのだ。それゆえに、何とか状態のよい今のドヤに宿泊していてもらいたいと思っているのだ。本人もボランティアを楽しくやっていて、これが生活の張り合いになっているので、その点でも何とか現状を維持するのがベターなのだ。

酒は百薬の長といわれるが、中々扱いにくい面もあると今回の泥酔の件で深く感じる。

サルトルは人間を欠如と規定する（『存在と無』Iちくま学芸文庫、二〇一一年、262頁）。その欠如を補おうと自己を超出するが、永遠に欠如は埋まらないという。その例として欲望をあげているが、確かに欲望は欠如である。満たされていれば欲望は生じない。何かがほしいという思い、欲望という思いは欠如を満たしたい願望である。サルトルは人間の欠如は満たされないという。満たそうという行為が超出なのだ。

酒などは人間の多くの欲望を満たしてくれる。言い換えれば、人間の欠如を満たしてくれる。会社の不満という欠如、うまく行かない欠如、心の不安という欠如などだ。実際は、酒は薬物だから本当に満たすのではなくて、それは幻想なのだが、人はその蜃気楼のような、そこはかとない幻想に酔いしれて欠如を慰め、明日の出来事に備えているのだ。これは酒だけでなくて、人間存在が欠如であるがゆえに、あらゆることにおいて人は自らを満たそうとあがく存在なのだろう。欠如を埋めようと行うギャンブルや薬物は依存性があるから厄介で、場合によっては悲惨な結果になる。

ギャンブルは私には身近な事柄だ。人間の欠如が何ゆえにギャンブルにのめりこむのであろうか。ギャンブルによって何を満たそうとするのであろうか。金なのだろうか。私は人生を棒に振ってしまった山谷のギャンブラーを何人も知っているが、それほどに打ち込むのは、何の欠如の故なのだろうか。お金なのだろうか。何度も金を取られているから取り戻そうとする欲望なのだろうか。

今までに金を使った分の多さだけ、やはりそれだけ多く金を取り戻そうとする欲求が強いのだろう。それだけお金を使ってしまったという欠如が、金を得てその欠如を埋めたいという欲望のゆえに熱中するのだろう。これはまた別の章で言及する。

薬物はどうだろうか。タバコはどうだろうか。経験では、私のようなチェーンスモーカーはもうタバコはうまくない。吸いすぎて舌はざらざら、喉はいがらっぽい。じゃあ吸わなければよいのに、と思うが吸う。おいしく吸いたいと欲望するからだと思う。吸ってもおいしくないという欠如を満たしたいゆえに、おいしくないのに吸うのである。そのうちニコチンに体が依存するようになる。私は薬物はしないのでわからないが、多分同じことが言えるのだろうと思う。私は山谷で、ギャンブルや酒という存在に付きまとわれ、食いつぶされた人を何人も知っている。何もこれは山谷だけではない。私はたまたま山谷にいるので、この地域の人の事を知っているにすぎない。人間とは限りなく満たされない存在なのだ。

サルトルは『嘔吐』のなかで、存在の不気味さを語るが、私たちは確かに不気味な存在によって取り囲まれている。世界は不気味な存在なのだ。その眼前に人は立ち尽くしている。それらの存在は私を貶める力を持っているものもある。特に毒をもった存在、たとえば、依存性をもった存在に包囲されているから、用心しなくてはならない。大なり小なりにそのような依存性をもった存在に人は食いつかれている。

資本主義という欠如について言えば、今の社会の金融商品などは、典型的な欲望の商品だ。カジノ資本主義と現代の資本主義を揶揄して言う人もいるほど、今の金融資本はギャンブル性が高い。銀行は結構リスクの高い商品を開発し、売り込み、または購入して多額の利益を得ようとする。そして、経営者は成功報酬として何億とか、何十億とかの多額の収入を得る。その分、一般職員の収入は増えないのだ。

それほどの収入を得ることなど犯罪に近いものがあるが、これなども明らかに人間存在の欠如によるものだ。金の亡者として、いくら金を得てもそれで満足できない、お金の中毒者なのだと理解できる。人間は本来欠如体だから、いくら得てもそれによって欠如が満たされることはないのだ。あるいは、金という存在によって良心が食い荒らされているのだ。その結果、多くの庶民がひどい目に合うことになる。弱い立場の労働者は、少ない収入の上に、長時間労働をしなくてはならなくなる。

人類の進歩は、人間が欠如体であるがゆえに、様々な欲望を満たそうとして、日進月歩の歩みをしているのだろう。アダムとイブの知恵の実も同じように、知恵を得たいという欠如が神の禁を犯させたのだ。知恵は、人間が欠如存在だということを明確に知らしめる事柄だ。カインは満たされない欠如を、神への反抗で満たそうとするのであった。彼は神に愛されたいゆえに反抗をする。だから、そこには非常な甘えがあり、神にすがり、追放においては殺されないように加護を求めるのであった。

高橋たか子はサマリヤの女を取り上げて渇きについて言及している。これはサルトルの欠如と同じことなのだが、面白いので引用する。

キリスト者になった頃、高田三郎作曲、高野喜久雄作詞の、次の歌に出会ってびっくりした……。

渇く渇く渇く
あなたはあなたを飲み
わたしはわたしを飲み
なお癒えぬ渇き、
耐えがたく渇く渇く今
おお飲もう、飲もうイエズス
イエズス・キリストを飲もう

その頃、正直に言えば、私はこの最後の一行がよくわかっていなかった。だからキリスト者になっても渇きに渇いていた。けれども渇く理由が、実に適切にここに表現されているので、びっくりしたのだった。

あなたはあなたを飲み
わたしはわたしを飲み

つまり、自分を飲んでいるから、はてしなく渇くのだ。自分の欲望（広い意味で）を飲んでいる。欲望のみをみたされることを、飲む、と思いこんでいる。それはそうだろう。水が飲みたい時、飲むことで、飲みたい欲望がみたされるのだから。

ここのところが、本当は正反対なのだ。

（『水そして炎』女子パウロ会、一九八九年十月）

高橋たか子は自らを飲んでいる限り、渇きは永遠に癒されないというのだ。山谷のギャンブラーは、最後は枯れて死んでいく。アルコールに問題の人も、最後は枯れて死んでいく。私にしても枯れきって欲望がなくなって死んでいく。人間は私も含めて欲望は尽きることがない。それは結局のところ自分を飲んでいるからなのだろう。

無の問題

対自存在は常に自己を超出する存在だ。それは、意識は常に今ある意識を無化して違う意識に至る存在であることを意味する。それを意識存在の無という。その行為によって人は生きている。おじさんも弁当を買い、その意識は次にねぐらに行き、食べようと思うのだ。

人間の存在が超出する存在だとは、そこに自由があるということだ。現実はさまざまな障がいがあってそう簡単ではないが、人間の自由はそういうものなのだという。確かに人は対自存在として、自由に物事を考えて自らを越え出る存在だと思う。さまざまな障がいがあっても、その努力は必要だろう。

ボランティアだった大林さんがまだ精神科病院に入院しているとのことだ（二〇一三年十一月）。もう一年になるだろう。子どもが生まれたばかりの一人息子さんを労災で亡くし、その他もろもろのことから鬱を発生したようだ。かなりひどそうで入院となったのだが、まだ退院はできない。幻聴などもあるようだ。人間は対自存在であるゆえに、苦しむのだ。犬のように自分がどんな存在かを理解できない即自存在には悩みはない。

　この人間は世界の現前にいる。これは面白い表現だ。サルトルのいう世界とはこの世の全ての現象をいう。空であり、雲であり、空気であり、人はその前にいるのだ。

　私が心配している南京虫も世界の中に一つの位置を占めている。私という人間はその現前におののき心配している存在なのだ。

　サルトルはその世界は無の中に宙ぶらりんだという（前出106頁）。

　無の中に世界があるという表現は面白い。無とは何もないという意味だから、世界は何もないところにある。つまり、世界は何の根拠もない状態で存在していることを意味する。これはすごいことだ。世界の全ての現象は何も根拠がないのである。

　国を見てもそうだ。確かに国はあるが、その国が何に基づいてあるかといえば、そこを占拠している人間の所有に過ぎない。その国は地球のどこかの位置にある。地球は太陽系の惑星だ。そして銀河系だ。この星雲が未来にアンドロメダ星雲と衝突する運命にある。その意味でも世界は不確かな存在なのだ。

　世界が刻一刻と変化しているという点でも、世界は無の中に存在していると言える。今あるものが否定され、また新たに何かが生じる。

　「無の中に宙ぶらりん」の「宙ぶらりん」から考えられることは、世界が不安定な、不確実な存在で、相対的で、偶然で、危ない存在だということだ。向き合っている本人も、同じ世界内存在だからやはりきわめて同じような条件下にあるのだ。

　だから、人は様々な偶然の中で、様々な出会いがあるが、どれ一つとして確かなことはないということなのだ。そのところに気づかずに巻き込まれると、とても辛い人生になってしまう。ただ自分の息子が偶然で死んだなどとは言いたくもないし、考えたくもないから、辛い。もし自分がその境涯なら同じように苦しむだろう。

その対自存在はつまり意識は常に自己を超出する存在だ。つまり自己を乗り越える存在だ。人はまったくの自由を持った存在で、未来に向かい「投企」する存在ともいう。未完の未来に向けて自己を超えていく存在だというのだ。大林さんは何も急ぐ必要はないが、本当にそうなってほしいと願う。

存在の躍動

『嘔吐』の中の一節「息がつまりそうだ。存在はいたるところから私の中に入り込む、目から、鼻から、口から……。

そして突然、一挙にしてヴェールは裂かれ、私は理解した、私は見た」（サルトル『嘔吐』（新訳）人文書院、二〇一一年　211頁）。これは存在の不気味さについて述べている一節だ。

マロニエは執拗に私の目に迫ってきた。緑色の錆び病が、幹を半分ぐらいの高さまで冒している。黒く膨れた樹皮は、煮られた革のようだった。マスクレの噴水の小さな噴水がそっと耳に忍び込み、そこに巣を作って、溜息で耳を満たしていた。鼻孔には、緑の腐ったような匂いが溢れた。すべての物が、静かに、優しく、存在に身を委ねている。……それらはいずれも互いに他の物のまん前に身をさらけ出して、おぞましくも各自の存在の秘密を打ち明けあっていた（前出213頁）。

私は同じようなことを何度も経験しているので、何とかうまく表現したいと考えていたことを、サルトルはたくみに存在現象を言葉で描ききっている。

存在とは存在するもののことだ。石も、空気もそうだ、匂いも、色もみな存在者だ。「目から入り込む」とは視覚を通して色や物が見えるさまを表現しているのだ。

山谷で食堂を始めた頃、一部のグループの人たちの誤解を受けて、結構ひどい妨害があった。ある程度暴力もあったりした。結構長く続き、長い間ぬかる道を歩んでいるような状態だった。神経は何時もぴんと緊張し、過敏になっていた。そのせいだと思うが、植物や木々に対する私の反応は特異だった。

まず色のついている花は強すぎて見ることが出来なかった。せいぜい緑の木々なら何とか辛くなく眺めることが出来た。これはまさに、サルトルの表現そのままなのだ。目から飛び込む花の赤色は私を押しつぶそうとしていた。真夜中に酔っ払いの戸を叩く「ど！ど！ど！」という音は私を押しつぶそうとしていた。あるときはその反対だった。その日が何とかうまく行くと、私が帰る路上に並ぶ全ての街灯は輝き喜び、私を祝っているようだった。光という存在は生き生きとして私に注いでいたのだった。こんなことはサン＝テグジュペリも言っている。郵便輸送の困難な夜間飛行から無事帰還した後の街灯の光景をそのように表現していた。

私は、この二つはどうしても適切に表現しておきたかったのだが、サルトルの『嘔吐』と出会い、私の思いを表現できたことは嬉しい。

私が若い頃存在の重さに苦しんでいたのも同じように表現できる。私の容姿という存在は私には重すぎたのだ。同じように、私の持っている内気さや軽い欝っぽい症状はそれに輪をかけていた。

内気さについてはこんな記憶がある。幼児だったある日、親戚の家に遊びに行ったときに、両親がどこかに行っていて、私だけが親戚の人と一緒の部屋にいたのだが、今記憶にあるのは、叔父さん、叔母さんたちが数人テーブルを囲んでいた。こちらにおいでと手招きしているのだが、部屋が薄暗く、テーブルまではとても遠くていけそうもなくて、泣いてしまった自分を知っている。

部屋が暗いとか、とても遠いとかは実際ではなくて、彼らの存在や、電灯、テーブルの存在が、私には近づきがたいと私の目には映ったのだった。

あるいは、父のキリスト教の押し付けの重圧にあえいでいた私だったと思う。

自己の強さはすごくあったのだが、それを表に出して主張するには内気すぎていた。

この微妙な葛藤から逃げ出すには人間をやめるしかないと思ったのだった。今でも同じような葛藤はあるが、内気という存在がすばらしい存在だということに気がついた後は、その内気を愛でている。その内気によって様々なものが、人と違うように感じ見えることが嬉しいのだ。内気な存在は私にばら色の世界を示してくれた。また、微妙な心のひだの動きを理解する力を私に示してくれたのだ。

胃腸の弱さは本当に困ったもので、時間のロスが多かった。食べて一時間は休まなくてはならなかったからだ。ごはんも腹の様子を見ながら食べる。だから、一緒に何人かで食べる時に、ぱくぱく食べている人を見ると、この人おかしいんではないのと思ってしまう。何時も腹八分か七分に押さえておく。本当は食べたいのに。話に呼ばれた後鮨が出たりしてもほとんど残す。話は緊張するから、鮨など食べておなかを痛めてトイレに行くようなことのないためだ。本当にもったいない。

このような腹の存在をめでる気にはまだならない。毎日食事には気をつけている。冷たいものもだめだ。夏でもビールは常温だ。冬は少し暖めて飲む。そうまでして飲まなくてもよいのにと思うだろう。まあ、アルコールは私の周りにまとわりついて離れない存在だ。ギャンブルという存在はその激しさゆえに人々を虜にし、ある者を破滅に追い込み、人を食い殺す存在だ。アルコールも同じような怖さがある。この存在に取りつかれると、身動きができなくなり、体が徹底的に蝕まれる危険性がある。私などもそこまでは食いつかれないようにしなくてはならないのだ。

私は内気と前に述べたが、弁当屋の窓口の仕事は愛嬌がいる。私も長年やっていて少しは愛想がよくなったと自己診断しているが、ある程度は仮面をかぶっているのだ。大体出し方の女性ボランティアは愛想がよい。まりや食堂は男性ボランティアは稀少価値なのだが、出し方の上手な男性がいる。

「あたたかい弁当いかがですか、いらっしゃいませ、お待たせしました」。客がいないときは表にまで行って、大きな声で「弁当はいかがですか」と叫んでいる。そんな事をしてもらうと、まりや食堂も商売をしているようで、私は内心恥ずかしいのだが、売込みとは本当はそこまでしなくてはならないのだろう。彼は現役のときは、デパートの仕事をしていたためかまるっきり格が違うなと感じる。

なにか売り込みという存在を身に着けている感じだ。多分、口の存在がすごいのだ。全自動のようにパクパクと自由自在に動く。それにネアカの存在。出し惜しみしない存在など私の身には付いていない様々な特権を持っているという感想を持つ。私は会計をしているから、彼が私と一緒に仕事をして、出し方を担当するときには、できるだけ彼の客に対する対応を見て、私もそういった存在を身に着けたいと思っている。現在は多少できたかなという思いだ。

存在の平等と時間の存在について

私が人間の存在の分析について対自存在に魅力を感じるのは、対自存在（自らを意識する存在）は誰もがそういった構造を持っているからだ。そこでは身分、金、地位、評価などは人間を計る尺度にならない。存在するか否かだけが問題だ。人は対自存在として誰でもが平等な存在なのだ。

この対自存在として人間を、評価の尺度とするのがよいのではないだろうか。これは人間のもっとも根源的なあり方だ。そういった存在として、尊厳があり、人間の価値があるのだ。だから、人間は金や身分によって評価されるのではなくて、存在そのものによって等しく尊重されなくてはならないのだ。それゆえサルトルを取り上げ、対自存在を取り上げた。

時間の存在も不気味だ。時間は抽象概念だが、人は人工的に時間という概念を作った。私はその時間に常に追われている、強迫観念がある。いつも何か時間が足らないような気がして落ち着かず、せかせかしている。何時も何かしていないと落ち着かない。本当に時間という存在は私を休ませない。私が自分の存在を停止すれば、私の時間は止まるのだろう。

雪

雪の存在はもの悲しい。スキージャンプで何度も優勝している女子選手がいるかと思うと、北海道では猛地吹雪で道に迷い、あるいは前進を阻まれて幾人も亡くなった（二〇一三年三月）。私にとっては、雪は楽しみの大きな一つになっている。確かに今年（二〇一二年の冬）の雪は尋常ではなかった。正月新潟で大雪にあった。除雪しても見る間に雪が積もる。犬の背丈を越えるから、犬の散歩は、私がラッセルして道を作ってやらせた。そのような雪という存在を味方につけていく工夫をして、乗り越えていくしか温暖化に対応できないのではないだろうか。

水の氾濫も怖い。今年（二〇一七年）は特にひどい。九州では多くの人が土石流に巻き込まれ死亡した。東北でも川が氾濫して家屋がやられた。どちらも前線が居座り、雨が際限なく降ったためだった。地球温暖化の影響なのだが、前線が居座ると本当に怖いのだなーと感じる。私は東京墨田区に住んでいるから、荒川が決壊したら家は浸水することになる。墨田区は、川よりも地面が低いから被害は大きいだろう。今回の氾濫を見ていると、私の地域でもいつかはその可能性を否定できない。私は山谷の関係でこの地に居を構えたから、そのリスクは背負うつもりでいる。それにしても、水という存在は人間に不可欠な存在であり、かつ人間に多大な被害をもたらすという相反する性質を持っている不思議な存在だ。

無に露出（老いをあがく）

サルトルは、人は無の中に露出しているという（前出104頁）。それは、言い換えれば人は無（否定）の上に存在している。あるいは、無の中に存在しているということだ。

人は根拠らしきものに依拠している。金とか、地位、健康など、だがそれらはきわめて相対的でいつ朽ちるかわからない存在でしかない。だから、無の上に立っているとは本当ではないだろうか。もちろん生きるために金や物は大切だが、それに根拠を置くことはむなしいことだ。

私たちキリスト者は、地上には根拠を持つことが出来ないので、神に根拠をもつのである。私の場合なら、私に下った召命の啓示だけが、私の生きることができる根本的な根拠なのである。つま先だって世界に立ち尽くすような時、人生に揺らぐ時もこれを根拠にして困難を渡ってきた。この根拠は、朽ちることがなく侵されることもない。

私はこともなげに言うが、普通の人から見れば常軌を逸した生き方だろう。神というものに憑依した宗教狂いとしか見えないだろう。神という存在にとりつかれた対自存在が私なのだ。まあ、どっちみちまともに生きられないから、ある意味正気を失って生きていたほうが生きやすいのだと自覚している。後どのくらい生きられるかはわからないが、できれば醒《さ》めないでほしいものだと思う。

無に露出する存在が人間なのだが、存在そのものは否定できない。その存在について、若い時は早く老いたいと思った。悩みが多く、年をとれば余り悩むこともないだろうと考えたからだ。今は念願（？）の晩年になった。もう余生の部類だ。だから、確かに若いときの様な悩みはさほどない。もう淡々としている。だが、不思議なことに年をとるごとに、生きることに執着心が出てきているのはどうしてだろうか。

今七六歳だが、何か生きることが楽しくなってきた。

スノーボードが一番だ。これをするために筋トレに励む。これはまとわりつく老いとの戦いだ。老いないようにするための筋トレでもある。ベンチプレス、スクワット、懸垂など。もう一つはボルダリングだ。

これも面白い。ホールドを持って壁を登っていく。上半身の筋肉が必要なのでこれも筋トレだ。ただ、老いの限界は感じているが、がんばればある程度限界を破る楽しみもある。たとえば、ベンチプレスだが、60キロはとても無理かなと感じていた。だが、50キロぐらいからコツコツしていたら、最近は60キロを五回ほどはできるようになったのは嬉しい。これなど限界の突破だと思っているが、どんどん年をとるからいつまでこれが上げられるかはわからない。生きたいと思うようになったのは、こういった世俗の楽しみを感じ始めたからだ。お金を使うことも楽しいことに気がついた。無論、以前から食べるためにお金は使う。生きるためにお金は使う。今はちょっと違う。無駄なものでも楽しそうと思えば買うとか、食べたいなと思えば少し欲張りに買うとか、そんなショッピングの楽しみを心が感じている。ただ、相変わらず胃腸は弱いので、人のようにたらふくは食べられないから、まだまだ肉体は満足しない。たいがい、腹八分か七分で押さえないと後で調子が悪い。酒は時たま腹十分に飲んでしまう弱さがまだある。

人生の最後になるかもしれないスポーツとしてボルダリングに熱中している。スノーボードやボルダリングのためにと思うと、単調な筋トレも飽きないでやれる。この筋トレは最終的にはまりや食堂を守るための筋トレになっているのだ。山谷はまだまだ暴力的な人がいるし、他所から様々な人が流入しているから用心に越したことはない。

どうして生んじゃったの

「テオレマ」はすごい。これは一九六八年のイタリアの映画で監督はパゾリーニだ。ある青年が裕福な家庭を訪れる。その青年に触れた男も女も子どもも皆狂ってしまう。どうもその青年はイエス・キリストを暗示しているようだが、私にしても、啓示に触れ、何か狂ってしまったようで、でもやっと人生の先が見えてきたようだ。一人の人生は本当に高が知れている。どう生きてもいいのだが、私は拾った命を何とかこうして生きながらえてこられたが、これがいいかどうかは定かでない。

サルトルは、人は余計な者だと言っている（『嘔吐』214頁）。偶然この世に生まれてきたのだから、どうでも良い存在が人間だというのだ。だから余計な者だというのだろう。まあ、それでも何とか私は、今まで生きられたから何とか寿命まで歩めたら、それはそれで結構なことだろう。

「どうして生んじゃったの」という人がいる。佐野（仮名）さんは非常な努力をしてステンドグラス作家になった。放映された彼女のテレビの内容を見て、私の山谷における伝道の方法と共通していると感じた。そういったことのゆえに、彼女は土曜礼拝に時間があれば出席してくれているのだと思う。

彼女の生き方の中で、今もって払拭されない生の秘密がある。秘密と言っても公言しているので、ここで述べても差し支えはあるまいと思う。それは彼女の出生についてである。彼女は自分が生まれ出たことを腹ただしく思い続けている。特異な生まれ方をしたと感じているからだ。

彼女は中国生まれだ。父は将校。将校は戦場に奥さんを連れて行くことが出来た。多分、彼女のお父さんは高級将校だったのだろう。彼女はそこで生まれたのだ。彼女は、まず父が奥さんを戦場に連れて行ったことに腹を立てている。一般の兵隊が単身赴任で、しかも多くは生死を真近にする前線にいる。

その上、私を生んでいる。そのような状況で、どうして生んでしまったのか。とても父を許せない。生まれてしまった私も許せない。と言っても、特権ゆえに命拾いもしているらしい。敗戦色が濃い中、危険がまだないうちに佐野さん母子は日本に帰還したのだ。

彼女はそのような思いと、負い目を抱えていることを土曜礼拝で話してくれた。私にしても、生きることに強い意欲もなく、ともすると闇に引き込まれるような毎日だが、神の恵みで生きがいを頂いて、今日まで身を引きずってこられたわけだから、彼女の悩みは決して他人ごとではなかった。

私は若い時、なぜ生きなくてはならないのかという、何か哲学めいた事柄にとらわれ、動きがとれずに、いかに生きていくべきかを思考することが出来なかった。それが自死に繋がっていくのだが、彼女にはその生き方に死の影はないと感じるが、「なぜ、自分を生んでしまったの」という問いは、私の「なぜ、生きていかなくてはならないのか」という問いと共通項なのだ。両者ともにマイナス思考、人生を否定的にとらえているので、そこには肯定的な答えが出せないのだと感じている。

私の場合は、完全な自己の否定のあとに、神の召命という上からの支えによって生きがいをもらい今日に来てしまい、それに対しては何も答えがないまま今日に至ってしまった。だから、哲学的にはまだ答えが見えないままにいるので、時折夢中から覚めると闇に引き込まれる自分がいる。

夢中とは山谷のことなのだが、伝道、食堂づくり、攻撃、空手の練習、怪我、穴掘り、労災などと激しい人生ゆえに辛いけれども、それなりに心と体に強い刺激をもらい走り続けることが出来ていた。だが、その問いには答えないままだった。

佐野さんの自分が生まれたことが腹ただしいという思いは、私の心にずしんと響くものがあったが、それにどう答えてよいかはわからなかった。彼女はキリスト教徒だが、私のように宗教的には解決できないままでいると思う。そのような自分がステンドグラスの世界に入るために神様は生んでくださったなどと護教的にはいかなかったようだ。

この問題は、私の問題でもあるから心の隅の方で何時も生きていた。ここ一年ぐらいサルトルを読んでいるが「存在と無」の中に一つの答えを見つけたようだ。

サルトルは、私には第二のバイブルのような感じの本だ。難しくわからないところもあるが、その思考方法は私にはしっくりくる。存在の構造を分析する内容には多く共感する。それは、私は自分がとても不可解な存在であることを感じているからだ。宗教が上から思考するとすれば、哲学は下からの思考だ。サルトルも下からの思考だ。つまり、理性と合理性に基づいて思考し、論理を作り上げていくのだ。人間の世界は当然にその方法によって成り立っているから、それをきちっと把握することは重要である。

サルトルは出生という事実について絶対的な一つの責任を見出すという。

なぜなら、私の出生というこの事実は、決して、そのままの姿で私にあらわれるのではなく、つねに、私の対自の投企的再建をとおして、私にあらわれるからである。私は生まれたことについて恥じる。あるいは、私は生まれたことについて驚く。あるいは、私は生まれたことについて喜ぶ。あるいは、われとわがいのちを断とうとするかぎりにおいて、私は、私が生きることを肯定し、この生を悪しきものとしてひき受ける。それゆえ、ある意味で、私は生まれたことについて選ぶ。この選択は、それ自身、総体的に、事実性を帯びている。というのも、私は選ばないことができないからである。けれども、この事実性は、今度は、私の目的に向かってこの事実性を超出するかぎりにおいてしか、あらわれないだろう。

それゆえ、事実性は、いたるところにあるが、とらえられない。私は、決して、私の責任にしか出会わない。そういうわけで、私は、《なにゆえ私は生まれたのか?》と問うこともできないし、私の出生の日を呪うこと、あるいは、「私は生まれることを求めはしなかった。」などと言うこともできない。なぜなら、私の出生に対する、いいかえれば、私が世界の中で一つの現前を実現しているという事実に対する、それらの種々異なる態度は、まさに、まったき責任においてこの出生をひき受け、これを私のものたらしめるときの、種々なるしかたにほかならないからである。」（『存在と無』Ⅲ　ちくま学芸文庫、二〇〇八年　318頁—319頁）

このサルトルの文に対する私の解釈と要約を述べる。

出生がいやだ、生まれたことを恥じる、生まれたことを喜ぶ、悪しき生を引き受ける、と言っても、既に生み出され、生まれたことを結果として選んでいることになる。なぜなら、選ぶことしか出来なかったからだ。

「選ぶことしか出来なかった」がキーポイントのように私には感じられる。気がつけば世界に存在しているのが人間だ。サルトルはそれを過激に世界への〝遺棄〟だという。

遺棄とはとても強い言葉だ。捨てられた存在だ。この世界にいらないように生み出された命をどうしたらよいか。生み出されたものは元には戻せない。いつぞや、コインロッカーに赤子が遺棄されていたことが報道されたが、遺棄とは無責任に捨てることを意味する。ゴミと同じだ。父母がわからない捨て子だ。そのような状態で生まれても、自分の生に責任がある、とサルトルは言う。

この「選ぶことしか出来なかった」という選択は、芥川龍之介の『河童《かっぱ》』という本の内容に繋がる。カッパの世界では、出産前に産婆が、出産前の妊婦の腹に聴診器を当てて胎児の意向を聞くのだ。産婆は世界の話をして胎児に生まれるか、生まれないかを判断させる。否であれば、産婆は注射をして胎児を消滅させるという物語だ。この世界では、カッパは完全に自分の意思で生まれることになっている。

人間には、この選択しか方法がなかったという点で、サルトルは人生を強く肯定していると感じる。他方では、選択の可能性について語っている。

人は自分と向き合っている存在、対自存在だ。自分を知ることが出来る。だから、その意識活動によって自分に問いかけることができる。すなわち、世界にいらないように生まれてしまった自分をどうしたらよいのかとか、どうして生んでしまったのかとか、生まれたくなかったのにとか、問うことができるのが人間だ。この出生に対するこの様々な態度は、出生を私のものたらしめるためのさまざま仕方なのだとサルトルは言う。

「私のものたらしめる」とは、自己決定ということだ。つまり、出生に対する様々な自問自答において、自分としてはこの生を、どのように処理するべきかを決める、責任があるということだ。生きる必要はないと生を否定することもできるし、この生に肯定的な態度を取ることもできる。それらは全て自己の自由だ。そして、その態度に全て責任があるのだと言っている、と理解する。

サルトル的考えによれば、私はまさに生きることに意味が見出されず、生を否定するということで、自分の出生を私のものたらしめたのだが、捨てた生を神に拾われ、考えもしなかった人生を歩むことになったのだ。けれども、その後の人生においては節目、節目は自己の決断において責任を引き受け今日に来たのだ。

佐野さんは、答えのないまま生き延びてきたが、その生き方は惰性的なものではなかった。苦労してステンドグラスの技法を、フランスまで行って学んだ人だ。現在日本における女流ナンバーワンのステンドグラス作家なのだ。私の小著『この器では受け切れなくて』（新教出版社、二〇一二年十二月）の表表紙は彼女のステンドグラスから取った。そのグラスはまりや食堂の販売窓口に、彼女が製作してくださったものだ。

私に対する佐野さんの答えは淡々としていた。出生の出来事はそのままの事柄としていて、深く考えないままに今日に至ったし、サルトルの考えに対しては共感してくださった。佐野さんは、まさに対自存在としてこの生を自分のものたらしめて、最も創造的な道を主体的に選び取っていった方なのだ。しかも、晩年には中国に工房を開き、佐野さんが学んだステンドグラスの工法を中国の方々に教えることで、中国における自分の出生の意味を見出し、作り上げていったのだ。

自由

私は自由であるべく運命づけられている。われわれは自由であることをやめることについては自由でない（同35頁）。私の自由はあとから付加された一つの性質でもなければ、私の本性の特質でもない。私の自由はまさしく、私の存在の素材である（同33頁）。本当に面白いことを言う。人間は根っからの自由な存在なのだ。人間は自由であるように呪われている（同312頁）。「自由であるゆえに全世界の重みを自己の双肩に担っている。人間は、世界についても、自己自身についても、存在のしかたに関するかぎり、その責任者である」(同312頁)と言っている。なぜ自由であることが世界に責任があるかと言えば、そのことを対自存在という言葉でこういっている。

「対自は、それによって、一つの世界がそこに存するようになるところのものであるからである」(同313頁)。つまり、対自存在は自己を否定して、今ある自分は今ある世界を選んで、その前にあるのだから、その選んだ世界に責任がある。言い換えれば、選択の自由があるがゆえに、世界に責任が生じるのだという。自由と責任の関係が明瞭だ。

このことをもっとわかりやすく、サルトルは戦争を引き合いに出して説明する。

「もし私がある戦争に動員されるならば、この戦争は私の戦争である。……私はこの戦争に値する」。なぜなら自殺や脱走によってこの戦争から逃避できたのに、しなかったからだと言うのだ(同314頁)。戦争を否定しないならば戦争に加担していると語る。かなり厳しい態度だが、原則はそうなるだろう。

私たちは自由であるゆえに世界に責任がある。ゆえに、今の日本はかなり発言できるから本当の反対をしていかなければ、原発も、憲法改正も、賛成ということになってしまうのだ。

二〇一四年一月、ピザやコロッケなどの冷凍食品に農薬が混入された事件で、四九歳の従業員が逮捕されたが、給料が安いことに不満を持っていたようだ。この農薬混入事件は、本当にいろいろ考えさせるものがある。

自由が本当に責任のあるものである事がはっきりする。犯罪はよくないことだが、資本主義社会が自由に何をしてもよいのだとなると、弱い立場の労働者が無限に貶められて、人間の尊厳を奪われてしまう。あまりひどいと窮鼠ネコを噛むことになってしまうのだ。今派遣の規制がなくなったとニュースが報じている。自由主義はよいが、儲けもよいが、経営は自由に何をしてもよいが、でもその自由の行為にはきちっとした責任を持たなくてはならないことが、今度の事件ではっきりした。やはり、自由であっても弱い立場の人を、きちっと配慮するようにしなければ、同じことあるいは弱い立場の人のできる反逆があちこちで起きるのではないだろうか。

なにか今の世界は、多くの労働者にとってはスタインベックの『怒りの葡萄』の世界ではないだろうか。土地を追われオクラホマやテキサスからカルフォルニアに渡ってきた労働者たちは足元を見られ、最後にはひと箱（桃を摘む）2・5セントで働かされる（桃を1トン摘んで1ドルにしかならない）。これではまともに食えない賃金だが、何も仕事がないよりはましだと働くのだ。安いと抗議すれば、お前はアカだと糾弾され、別件逮捕で拘留されるのだった。

エデンの東

神にとって「極めて良い」として創造された、しかし人間にとっては不完全なこの世界は、まさに神の教育の場として、これらを完成させていかなくてはならない。そのようにこの地球はエデンではないのだ。スタインベックは『エデンの東』で人間の生々しい姿を描いているが、地球はまさにエデンの東でしかないのだ。神により追放された場所なのだ。そこは荒涼としている場だ。人類はこのような天地で自助努力で戦っていかなくてはならない。

しかし、前途は多難だと思う。人類は神に似せて作られ、見た目は極めて良かったが、人類は最初から神に反逆する歴史だった。それは自由の歴史でもあった。神が息を吹き入れて造ったのがアダムとイブだが、息を吹き込む時に神の持っている自由も一緒に吹き込んでしまったのだろう。したがって、人は自由に物事を判断することができた。それは、アダムとイブが禁断の実を食べることだった。蛇の誘惑だが、人は自由意志で選択ができたはずだ。バベルの塔は人間の自由意志だ。カインとアベルの話ではカインは自由意志でアベルを殺すのだ。その自由意志で神に反逆している。ましてや人類の祖先はカインだ。人殺しが私たちの先祖だという創世記の物語は、私には人間の歴史を悲観的に見ることに引き込まれる。

パレスチナとイスラエルはまさにエデンの東のすさまじい様相を見せているのではないか。ヨーロッパに多発する、自爆テロの多くは差別に追い詰められた移民たちの救いようのない怒りなのだろうか。無垢の市民が殺されては絶対いけないことなのだから、政治がこれらをきちっと解決しなくてはならない。エデンの東に住む人類はよほどの努力をしないかぎり、人類の将来は悲観的でしかない。

自由は人間の素材だというサルトルの言葉が響く。人間は自ら自由に選択してこの地球を作り、その選択に責任を持っていかなくてはならない。

キリスト者の自由は、まさにサルトルが言うところの完全な自由だろう。信仰においてあらゆるものから解放された自由は、まさに自由なのだ。ガラテアの五章の一三節の自由がそうだ。

サルトルが言うように人間は対自存在だから、自由には責任がともなう。自由において選択した事柄は、その人が選んだのだからその選びに責任が生じるのだ。資本主義を選べば、それに責任を持たなくてはならない。日雇い体制を作ったのなら、それによって被害を受けた人に責任を持たなくてはならない。自由社会を選んだのなら、それによって貧しくされる人に責任があるのだ。

キリストにおいて自由になった者は「隣人を愛する責任」を持っているのだ（ガラテア5・14）。キリスト者の持っている自由は、まさにサルトルが言うような無限の自由だ。それはとても危険な自由であるがゆえに、パウロはきちっとタガをはめて隣人を愛することを義務としているのだ。

現代の資本主義社会は競争の自由がある。自己責任において何をしてもよい。そこでは強者は勝利者だ。でも、そこにはサルトルが言うように、責任があるのだ。キリスト者であれば他者を配慮しなくてはならないのだ。勝者であればあるほど責任があるのだ。現実は弱い立場の人は派遣社員や契約社員などに貶められている。グローバル経済では徹底的に企業に隷属させられている。大手企業が莫大な利益をあげる裏にはこのような非人間的な下積み労働者の苦しみによるところが大である。勝者がしっかりと勝者の自由について考えてもらいたいものだ。

前に述べたように、反対しない者は賛成しているのだとサルトルは指摘するから、私たちは対自存在としての人間の尊厳を守るために、民主主義のルールを通して弱者を貶める制度を変えていかなくてはなるまい。

8　殉ずる

高田さん

出会った頃の高田（仮名）さんは飲むと、ずっと飲み続ける。路上でも、店先でも動けなくなるまで飲み、そこに寝てしまっていた。だが、飲まない時はづっと飲まないでいる。何かのきっかけで飲むと、へたり込むまで飲み続けるのだ。彼に言わせれば、金がすっからかんになるまで飲み続けるのだ。これはアルコール依存症のいわゆる連続飲酒というものだ。

伊藤（山谷の人でまりや食堂のボランティアを長くしていた）さんが朝市をしていた、玉姫公園で高田さんもしていた。伊藤さんが亡くなってから、高田さんに献品を卸し、彼は朝市でそれらも売っていた。彼は独特の雰囲気を持っている人で、山谷はよほど古い。だいぶ仲良くなってから山谷への足取りを聞いた。

昭和三九（一九六四）年、彼は交通事故を起こす。交通事故は酒を飲んでのことだった。五人も跳ね、交通刑務所に収監された。そこでは味噌作りをした。全国の刑務所の受刑者の味噌汁の味噌だそうだ。そこでは道路に引く白線の材料も作っていたそうで、マスクをしても鼻がむずむずした。そこで、うまく立ち回り、味噌作りの方で作業ができた。

それにしても、交通刑務所が道路の白線の材料を作っているとは、あまりにもできすぎた話だなーと感心する。あくまで昭和三九年の話で、現在はどうなのかは定かでない。

出所して行き場所がなく、山谷に来た。当時、山谷はオリンピックの建築ラッシュで、羽振りがよかったが、本人は背広にネクタイだったので、手配師から仕事の口がかからなかった。ジャンパーを着て日雇いが始まった。日雇い期間は少なく、山谷の人間を使うほうに回っていたようだ。手配師も数年した。

山谷に初めて来た時はびっくりした。小便くさくて、街はアンモニアの匂いで目が痛くなった。路上では、朝から酒を飲んでいる者が多くいた。売血もいた。玉姫公園（山谷の外れにある）の後ろに車が来て、一人当たり一〇〇ccほどの血を買ってくれる。常連は真っ青な顔をして血を売っていた。その金で酒を飲むのだ。都電が走っていた。山谷のあたりは、線路にも酔っ払いが寝ていて、電車が動けなかったそうだ。雨の日は糞が流れてくる。汚くて臭くて、山谷では飯が喉を通らず、他所で食べた。夜は屋台が沢山出て、周りには女性が群がっていた。夜の女性だ。この話は私には懐かしい。その頃、私は山谷で子どもに勉強を教えるボランティアをしていた青年だった。私は茅場町の証券界で仕事をしていたが、日本橋から山谷まで都電が通っていた。山谷は確かに小便臭かった。今も多少匂いがするが昔ほどではない。だが、そのせいか当時は蚊があまりいなかった。多分、尿が発酵してアンモニアが発生するためだろう。山谷で食堂を始めたころもそうだったが、弁当屋を始めたころは蚊が結構うるさく、夏は蚊取り線香を焚いている。

高田さんがある時泊まったドヤは、全員がやくざだった。そして女も沢山いたそうだ。何でも、女に男を誘わせ、乗ったらそこにやくざが現れて、「俺の女に何をするか」と脅して金を取っているらしい。

高田さんは若衆からやくざに入れと誘われ、その会の若い衆になった。でも背中に刺青は背負わなかった。私はある格闘技の事務所に通ったことがあるが、そこにはやくざも出入りしていた。彼らもそのトレーニングをしていたのだが、ロッカーで着替える時に、上半身を脱いだその人の背中には、見事な竜が彫ってあった。肩から尻にかけて青光りするその雄姿には、惚れ惚れするものがあった。

若い衆になって、屋台の準備の仕事をした。酒の用意とか、おでんの仕込みとか。

山谷は売春防止法ができても、屋台が沢山あった。そこで酒を飲ませて、屋台にいる女性を斡旋して、ドヤにしけこむのである。屋台は売春の斡旋の場所だったのだ。バナナの叩き売りもした。やっちゃ場で青いバナナを拾ってきて、干して黄色くし、たたき売りをした。彼は土方はきらいで、そういった世界へと入っていったようだ。

交通事故の前に話をもどす

いろんな仕事をした。白タクの運ちゃんもした。だいぶ稼いだが、何度も捕まったので止め、ペンキ屋になる。オーナーだ。外交もした。親方の気質があるようで、職人に飲ませもした。

ところが、競艇にこってしまい、最後にはやくざから金を借りた。十日一（といち）どころか三日一だ。三日目に借りた金と利息を返さなくてはならない。その資金繰りが大変だ。もう半分会社はパンクし、仕事はだめになり、離婚になった。自棄酒飲んで運転して交通事故を起こし、全てがパーになった。何度死のうと思ったか。それが山谷に来るきっかけになった。山谷には死に来たのだ。酒がなければ死んでいたかもとしみじみと述懐する。

本人は子煩悩だった。その話になると何十年も前の話なのに、泣けてくるようだ。親方風の男なのに、「うっ」と声をつまらせる。よほど子どもが好きだったようだ。ピアノや何でも好きなものを買い与えたようだ。山谷に来てからも、家のことを思い出すと、夜も眠れないという。それはとても辛そうで、涙ぐむ。不本意な別れだったのだ。今でも子どもを思い出す。

優しさがあり、親分肌で面倒見がよく、向上心もあるのに、失敗の連続で過去を振り返ると、眠れなくなるのだ。そんなことが酒をがぶ飲みさせたのだろう。今はもう飲まない。がぶ飲みで体を壊したが、生き延びるために断酒している。えらいものだ。ドストエフスキーの『賭博者』（新潮文庫、平成二〇年）の中で若い家庭教師が賭博に熱中し、あるとき奇蹟に近い運に恵まれる。

20フリードリヒ・ドルを全部後半に賭け勝ち、全額をまた賭け勝ち、何度も勝ち進み、20万フランを手にした。賭博場からホテルに帰るのに、ポケットに金貨を詰め込む。8キロはある。もみくしゃにした紙幣をポケットというポケットに詰め込んだ。金貨の重さに足がふらついた。現実のドストエフスキーも激しいギャンブラーで毎晩のように賭博場に行った。金を借りたり、時計を質にいれたり、兄から送金を頼んだりと、金を必死に工面したのだった。

山谷のギャンブラーの多くは、この人までは行かなくても大当たりをして、やみつきになりギャンブル人生となるのだった。高田さんも大穴を取って病みつき、競艇にはまる。運命の女神とでもいうのだろうか、一回の大当たりがその人生を一変させてしまうのである。ギャンブルの借金、借金で四苦八苦し仕事はおかしくなり、やけくその酒飲んで事故を起こし、人生をパーにした。

この家庭教師は大金を手にして豪遊し、最後は文無しのようになり、借金が払えなくて刑務所に入る。ある時は、すられてカジノからすごすご帰るのに、食事するほどの小金のあることに気がつき、最後の賭けをして見事取るのだった。20分で1グルデンが170グルデンになった。これがあるからやめられないのだ。根性を貫けば、運命を変えることができると、うそぶく。

そううまく行くとは限らない。山谷では、全部すられるのをオケラというが、中山競馬場で全部すられて、徒歩で帰ったなどと時に聞くことがあった。あるいは炊き出しで会った人の中にはギャンブルですって、「今日は野宿だ」なんていう人もいた。この人も最後の勝負にかけて取られたのだろう。

高田さんは池袋も拠点にしていたようだ。池袋で手配師をしていた。池袋には大きな公園があるし、駅もあるから、そこで手配師が現金仕事や出張の仕事を斡旋していたのだ。建築、土木関係の会社に斡旋し、その会社から斡旋料が組に入り、彼は小遣いをもらっていたようだ。今はそんなのでは食えないので、組は事件物を扱っているそうだ。それは焦げ付いた不動産を安く買い取り、取立てをするというものだ。新聞などにも出ているような事柄だ。

私はある格闘技の練習場でそれらしき一部を見たことがある。そこは格闘技の事務所で中にロッカーやトレーニングルームもある。そこはある組と親しくしているようだ。彼らのロッカーは専属になっているようだった。あるとき半開きのロッカーから証文のような書類が何枚もごろんと顔を出していた。多分、不動産取引の証文だとにらんだ。今のそういう人は頭がよいから札付きの弁護士を雇い、不法ぎりぎりの方法で不動産などの取引をしているのだろう。

彼は友達の紹介で、池袋で屋台の仕事をする。売り上げの取り分は親方が六分、子は四分だという。山谷なんかにいてもしょうがないからということらしい。確かに山谷にいては金は残らない。昔は池袋には屋台がいっぱいあったそうだ。一晩で十万円ほどの売り上げがあった。四万円をもらうのだから実入りはよい。何でも金のあるのが屋台でいっぱい飲んで、その勢いでキャバレーに行って遊ぶのだそうだ。三十年ほど池袋で屋台をした。

彼はそれでも金は残らなかった。それは博打の故だった。彼のはさいころの丁半博打だ。彼は山谷を馬鹿にしていても、山谷から抜けきれないのは、山谷の裏路地の丁半博打にのめりこんでいたからだ。これは山谷のあるやくざの組が元締めで、寺銭（場所代）を取られるそうだ。たまには儲けることもあって、ポケットがお金でいっぱいになったこともある。屋台で稼げるから金はあるので、大概丁半博打の親をしたという。親は損も大きいが儲けも大きい。山谷では丁半博打がはやっていた。山谷のとある路地でござを敷いてさいころを転がす。十人ぐらいで囲んで、千円、二千円と賭けている。高田さんは山谷ではこれにはまっていた。だから池袋で稼いでもみなすってしまった。

丁半博打は壺振りが二つのさいころをお茶碗のような壺に入れて振り、出た目の合計の偶数と奇数で争う。客はそれぞれ丁半にはる。数が揃わない時は揃うように誘う。

山谷では丁に張っていて、後で半に張るのを組が嫌がるそうだ。彼は山谷を馬鹿にしても、ギャンブル、酒にはまり、山谷でなくては生きていけない人だったのだ。彼は屋台で稼ぎ、丁半ばくちと癖のある飲酒によって人生の大半を消費していったのだ。献品を安く朝市で売ってもらい、儲けの一部は彼に、残りはまりや食堂の資金の一部にしていた。当時も、時々に池袋の話が出たから、両方で仕事をしていたのだろう。

朝市をやめたのは、借金をうんとしたからだ。丁半博打のために金が入用で、友達から借りまくった。朝市をすれば丁半にのめりこむので、足を洗い借金は返し、池袋の仕事だけにした。「相当今まで稼いだが、俺は残らないタイプなんだなー」とつくづく言う。博打も酒も半端でないから残りようがないのだった。でも、この歳になって落ち着いてきたからよいのではないか。彼は昭和十七（一九四二）年生まれだ。

彼は、若い頃から丁半博打が好きだったようだ。こんな話をしてくれた。

ペンキ屋をやって、当初は景気が良く、語らって「今夜ぼんたくか」と言う。さいころ博打をぼんたくというそうだ。不動産屋とか、ガソリンスタンドのおやじとか坊さんとか二十人ぐらい来る。お寺の境内の裏でやる。さいころを振るのにツボはなくて、すりばちでやる。茶碗では摩擦熱が出ない。さいころを上げ下げ（さいころをすり鉢に入れたり出したり）していると、指がすり減って指紋はなくなり、指先は血だらけになるそうだ。人間は欲が強く、金がかかると人が変わり、負けたやつがやめさせない。それで朝までやる。長いときは前の日の夜から朝の十時までやる。座ってやるから腰が立たなくなるという。

彼は本当にさいころ博打のギャンブル狂だったとはっきりわかった。競艇に狂いおかしくなったというが、なるべくしてなったことを感じる。

彼は今博打から足を洗い、酒も飲まない。今から彼の静かな人生が始まる可能性はあるのだ。私は山谷の中を時々通るが、最近は茣蓙《ござ》を敷いて博打をしていないようなので高田さんに聞くと、「ぼんふりが一年前に捕まった。今はもうやっていない。みな老人化したこともある」と言う。要するに壺振りが捕まったことや山谷が老人の街になり、現役の労働者が少なくなり、さいころ博打が成り立たなくなったのだろう。

ホカロンおじさん

まりや食堂が南京虫にあたふたしていても、弁当屋は日々営まれている。この人は毎日江戸川の競艇に行く。金がなくても行く。見るだけで楽しいのだ。金があるときは毎日賭ける。そして、夕方弁当を買いに来る。何時も卵焼き弁当の大盛りだ。冬はホカロンもほしいという。野宿の冬は寒いから何時もあればあげている。何年も経ち少しずつ仲良くなる。木曜礼拝に誘ったが「勘弁してくれ」と言う。二回断られたので、キリスト教のオルグは止めにしてギャンブルの話を聞くことにした。彼の日課はギャンブルを中心に回る。夜は汐入の公園で野宿だ。

彼との淡々とした関係が十年も経った頃、この数年は少しむくみがあるなと感じている。毎日毎日野宿では身が持たないのだろうと推測するが、それ以上のお付き合いはないままだった。今年は特に寒さがきつく、そのために彼のためにホカロンは切らさないようにしていた。そのようなこちらの気持ちが通じたのか少し心を開いてきた。

話の糸口に少しギャンブルの事を聞き始めたら、競艇の新聞やマークシートをくれた。この機会にこの人と友達になり、ギャンブルにのめりこんでいる生活の実態を知りたいと思い、詳しく聞くことにした。最近は山谷の人と懇意に付き合う機会がなかったから、このチャンスは活かしたいと思っている。一週間おじさんは弁当を買いにこない。ギャンブルが当たったからか、暖かくなりもうホカロンがいらないからか、あるいはもしかすると病気かなと思いを巡らしていた。

今日、ひょっこり現れる。「どうしたの、心配していたよ」。「入院していたよ、脳梗塞だ。酒の飲みすぎだよ、肩がすごくこる」と腕をさすっている。弁当屋が混んでいるので、会計をスタッフに頼み、少しだけ話をする。この機会に会う日と場所を決める。

隅田川沿いの公園だ。彼はベンチが汚いからと新聞紙を敷いて待っていた。実は新聞紙はインクが強く、ズボンを汚す恐れがあるが、彼の好意を無にするわけにはいかなかった。缶コーヒー、缶のお茶、グレープフルーツで歓待してくれた。私はちょっとしたお菓子を用意しただけだ。

待合せの約束をした時に、「何も気を使わないでね」と言われたのだが、彼のほうがすごく私に気を使ってくれていたのには内心驚いてしまった。本当に優しい人なのだなーと感心した。どうしてこれほどの人がこの年になっても野宿をしなくてはならないのだろうと気持ちが暗くなる。

名前は池上（仮名）さん。昭和八年生まれ、福島出身だ。オリンピック前山谷にいた。浅草会館のベットに泊まる。一泊七〇円、一部屋八人、飯が三〇円ぐらい、デズラ（賃銀）は五〇〇円ほどだ。今はこの浅草会館はエコノミーホテルとして、バックパッカーがもっぱら利用している。一泊二五〇〇円。

彼は万博の時に大穴を当てて三百万円を得て、それ以来ギャンブルにのめりこむ。もっぱら競艇だ。東京では江戸川だ。山谷から自転車で一時間ほどだ。「私はもう八十歳だよ」と彼。驚く。確かに顔はしわしわだが、まさかそんな年とは。自転車を乗り回し、山谷から江戸川まで行くのだからすごい。「自転車に乗って動いているから元気なんだよ」と淡々としている。

八十歳でも生活保護は受けていない。以前、荒川区で保護を受けていたが、ドヤともめ事がありパーにした。それ以来保護はいやなのだ。生活の糧は競艇だ。三回に一回は当たる。当たったら、生活費はしっかり抑え、残りでギャンブルをする。とても堅い。ギャンブルで食うのだからすごいものだ。

先日、競艇の新聞をくれた。そこには本人の買った着順が書き込んである。1―3とか。これは1番の選手と3番の選手が来るという意味だと解説してくれた。

山谷の人と会う場所は大概山谷の中なのだが、彼とは山谷から歩いて20分ほどの隅田川に架かる水神橋近くの公園だった。白髭橋の上手隣に水神橋が何年か前にできた。その一体は操車場跡地で広大な土地があったが、沢山のマンションやアパートが立ち並び一つの街を形成している。川沿いには広々した公園や運動場もある。その街と向こうの墨田区を繋ぐのが水神橋だ。

彼はその水神橋付近の高速道路下を主なねぐらとしている。彼はそこから山谷のたまり場に行くなどして山谷の人と交際はあまりしない。彼の憩いの場所はその公園なのだ。広く、芝生や花や木々もある。それに静かだ。ここのベンチでうたたねをしたり、競艇の着順の予想を練るのだ。彼と話し込んでいたらすずめが近寄ってきた。餌をほしがるようだった。すずめは結構警戒心が強いと思うが、この長閑な場所ではこういった小鳥もおっとりとしているのだろう。彼にはセカンドハウスもある。上野のアメ横の中だ。気分によって、ねぐらを替えるという。なかなか優雅な生活をしているものだ。

彼はギャンブルで何とか生活を維持しているようだから、いわばギャンブルという存在に食い殺されるのではなくて、その存在と共存共栄しているとも言える。共栄とはギャンブルを楽しみ、ギャンブルで生活費を稼ぎ、共に生きているのである。すごい生き方だ。

そういった人が、弁当を買いに来る人の中でもう一人いる。いつも卵焼き弁当とのり弁を買うおじさんだ。レースの組み立てがうまく、損はしないという。だが、この間泣きが入って、「ここんとこ、ついてなく連敗だよ」とぼやいていた。「見ろよ」と小銭だらけの財布を開けて見せてくれた。

弁当窓口では「もう金がないよ、借金しないとやっていけないよ」と仲間に大声で話している老人がいた。いつも弁当を買いに来る人で、その日が生活保護費の支給日から一週間しかたっていないのに、もう懐は空っぽなのだ。多分ギャンブルですってしまったのだ。

缶集めをしているおじさんは年がら年中ピーピーしている。やはりギャンブルは何でもする。だから缶を集めても金がないほうが多い。金があれば日替わり定食を、ない時は卵焼き弁当やのり弁で凌いでいる。時々山谷の路地には外れのマークシートが風に吹かれている。

だが、ギャンブル一筋の人生は、それはそれですばらしいのかもしれない。世間的にはアウトロー、あるいは落ちこぼれといわれるかもしれないが、これはこれで一つの生き方なのだろう。なぜなら、人生は大したことではないからだ。情熱を燃やして生きられるものがあれば、それはすばらしいことだ。人生は短い。あっという間に年をとる。私などは生きるエネルギーが乏しかったが、神からエネルギーをもらって今まで走っているが、自分の終着駅を見据え、神に与えられた私の役割が終わるのを待っているのだ。

私が若い時に山谷でボランティアをしていた頃、日雇いのおじさんたちとの交流がいろいろあったが、生活の不安定な生活をしているにもかかわらず、彼らの何か生き生きして、明るく人生を楽しんでいる生き方に、自分があまりに内向きな性格だったので、すごいなと感動したことを覚えている。その印象は今でも変わらないし、現在弁当を販売している窓口のおじさんたちへの印象でもある。ホカロンおじさんは、残念ながらその後ほとんど顔をみせなくなった。

バカラ

バカラで百億円すったという話がある。山谷の人がかなわないスケールのでかさだが、そのギャンブルの本質はかわらない。その人がその所業を本にしたので少し紹介する。（井川意高『溶ける』大王製紙前会長井川意高の懺悔録／双葉社、二〇一三年）。

バカラ賭博は胴元とプレイヤーがいて、胴元がトランプを自分と相手に二枚ずつ配り、どちらの数が大きいかを当てる賭博だ。勝てば二倍になって戻る。負ければ取られる。とても単純な博打で、丁半博打とまったく変わらない。この人がバカラにはまったのはオーストラリアの初カジノだった。百万円の手元で二千万円の大金を得て、驚きと興奮の中にいたのだった。この大きすぎたビギナーズラック（初心者が往往にして得る幸運）が、この人をカジノの底なし沼へ引きずりこむ（前出173頁）。ビギナーズラックは山谷の人もよく言うセリフだ。これでギャンブルにはまったと。

この博打はギャンブラーの想像を超えたミラクルをもたらす。この日、彼はジェットコースターで地上と天空を乱高下しているような高揚感に身を浸していた。マジックモーメント（魔法の時間）というのがあり、その時は連続の勝利がある。それは先に述べたように高田さんも経験している。

四億円も儲けたのに、やり続けているとすべてを取られてしまった。その点でドフトエスキーの教師は勝ち逃げをした金で豪遊し、人生をエンジョイした。彼は勝ち続けている高揚感がなんともいえない（前出26頁）ゆえに、次こそまた勝つと思い、結局は全部を取られてしまったのだ。

サイコロの出目が予測できないように、バカラにおいてもトランプの数字の出方は予測できない。ゲームを繰り返すうちに、行きつ戻どりつしながら勝ちの方向へ揺らぐことも、最終的に負けの方向へ揺らいでしまうこともある（前出29頁）。バカラや丁半博打には戦術は何もない。運だけだ。サイコロには目が六つあるから出目の確率は六分の一のようだが、実際のところ「1」が連続五回もでることがある。ついているときは信じられないくらい勝つが、運に見放されたら呆れるくらい負ける。だから面白いという（前出172頁）。計算上は六分の一だが、サイコロの振り方などでも、一回ごとに微妙に違うので計算どおりにはいかないようだ。この人はこの揺らぎの法則を支配しようとして、すべてが終わった時には、巨額の借金の山だけが残されたのであった（前出30頁）。

山谷のギャンブラーもそのような高揚感を味わうべく、週末に浅草の場外馬券場へと繰り出すのであった。多くは生活保護者だから、かけ方はちまちましていて一〇〇円単位なのだ。この本の著者とは、あまりにその金額の桁が違うが、味わうところのスリリングと高揚感は同じだ。時には勝ちの揺らぎの幸運に恵まれ、いい配当を得て、まりやのボランティアにふかし芋を差し入れる者もいた。あるいは金をだいぶすられ、月の後半はまりやの安い弁当を購入することになるのだ。

この人はギャンブルがやめられない理由を語っている。カジノのテーブルに着くと脳内にアドレナリンとドーパミンが湧き上がり、勝ったときの高揚感と、負けたときの次は勝ってやるという闘争心が快感を産むという。だから勝っても負けてもやめられないのだ（前出252頁）。この負けたときに闘争心を生むというのが面白い。私だったら、もう馬鹿馬鹿しくて二度とやるまいと思ってしまうのだが。この人の感覚はあの「賭博者」の教師の感覚のようだ。あの教師は根性でやれば必ず何とかなるとうそぶくが。まあ実際はそうはめったにならないだろう。

競馬や競艇等などは人為的だから、一〇〇%の偶然ではないので、自分でレースを組み立てる人が多いと仲間から聞いた。前の日から自分でレースを組み立て勝負に行くそうだ。それが楽しみのようだ。

それについては、私が読んだ競馬についての小説の中に面白いことが書いてあった。「どんなに、難しくても、数学には正解が必ずある。が、競馬はあくまでも終わった瞬間が答えであり、何時間、何十時間スタートの前に検討したところで、それは言葉の遊びだ」となにか哲学的なことを言っていた。まあ、確かに結果からしか答えはないのだろうが、おじさんたちの推理の楽しみを奪うこともないだろう。

でも、山谷の多くのおじさんたちはきちっと醒めてはいる。だから、馬を見て馬券を買うのではなくて、目で買うようだ。まりや食堂では、弁当を買いに来る人の並んだ順が分かるように番号を渡すのだが、それが56番の場合は、「5（ごう）6（ろく）だ。明日はこれで行こう」などと仲間と話している。多分その人はその目が好きなのだろう。どっちみち偶然で、結果からしかわからないなら、同じ目をずっと追いかけた方が当たるらしい。たぶんその方が確率としてはいいのだろう。競艇などは出やすい目があるようだ。それを狙い追い続けるそうだ。バカラや丁半博打はまったくの偶然だ。どの目が出るかは神のみぞ知るのだ。それだけにそのスリルがなんともいえないのだろう。今度は自分に当たりが来るのではないかという、期待感がなんともいえないのかもしれない。

この博打等にのめりこむことを、中野信子さんは著書『脳内麻薬――人間を支配する快楽物質ドーパミンの正体』（幻冬舎新書二〇一四年）で、脳神経医学の立場から解明している。

ビギナーズラックについては、最近の説では、この考え方は間違いではないかといわれているそうで、もともと人間はギャンブルが好きだそうだ。鳩の実験で、スイッチを押すと時々餌が出る箱で馴らして、その後一切餌を出ないようにしても、鳩は一日中スイッチを押しているという。餌が出たり出なかったりするスリルが、何度もスイッチを押させる動機だったのだ（119頁）。間欠のほうが依存性を強化するのだろう。出るかもしれないという期待と待ちの時間がドーパミンを分泌させ、高揚感を得ているのだろう。

多分、ビギナーズラックで勝ちの味を占め、その後賭博場に足を運ぶ中で、当たったり、はずれたりしながらその中にはまり込んでいくのだろう。はずれれば、今度はとりかえすというリベンジがまたドーパミンを放出させ高揚感を起すのだ。

ある科学者たちが、偶然に電気刺激の電極をドーパミンが出る場所に差し込んでしまった。そこで、レバーを押すと、電流が流れるようにする。するとラットは一時間に七〇〇〇回ものペースでレバーを押した。子どもを生んだばかりの母親のラットは赤ん坊を放置してまでレバーを押し続けた。そして快感を得るために死ぬまで押し続けるようになった。

なんともすさまじい脳内麻薬だ。これとまったく同じようなことを『溶ける』の著者は述懐している。

「まだまだ。もっとだ。もっと勝てるに決まっている。」

総額二〇億円はただの通過点であって、目標地点であろうはずがない。二〇億円を基点とし、私はさらなる頂の高みを見据えていた。（００２頁）

「いったい今日は何月何日なのだろう。いつ食事を取ったのだろうか。酒は一滴も飲んでいないし、ミネラルウォーターすらいつ口にしたか記憶がないな……」

私がシンガポールにやってきてから、すでに二晩が経過していた。カジノのＶＩＰルームで勝負を始めてから、あっという間に48時間が経とうとしていたのだ。時間の感覚などとっくに消失し、眠気も食欲もまったく感じられない。目の前に配られたカードをめくることだけに、全神経を研ぎ澄ませ、集中していた。（００３頁）

この人はドーパミンによって最高の高揚を得て、食事も必要とせずに博打に打ち込むのだった。この叙述の内容は脳内麻薬の高揚により死ぬまでレバーを押し続けるラットとどこも違わない。

カジノについては、朝日新聞朝刊（二〇一五年三月一六日）のシンガポールのカジノ体験記がおもしろかった。体験的にバカラ賭博をした記者が負けを引きずり、のめりこんでいこうとしているのに対して、同行の福本さん（ギャンブル漫画家）は負けを不満に思ってはだめ。カジノは大人のたしなみ、人間修行の場だ。悔しさをのみ込み、自分の弱さを受け入れるための負ける練習だという。とても達観した言い回しに感心したが、本当に山谷の仲間たちも含めてこうであれば、悲しむ人はいないのだ。

だが、体内麻薬のドーパミンの力はそういった達観を簡単には許さないが、ドーパミンは必ずしも悪い物質ではないようだ。それを見ていく。ドーパミンは脳に快楽を感じさせる快楽物質と呼ばれる。次のようなときに人の脳にドーパミンが分泌される。

楽しいことをしているとき
目的を達成したとき
他人に褒められたとき
新しい行動を始めようとするとき
意欲的な、やる気が出た状態になっているとき
好奇心が働いているとき
恋愛感情やときめきを感じているとき
セックスで興奮しているとき

美味しいものを食べているとき

これを見ると、別にギャンブルの時だけに、このドーパミンが出ているわけではなく、人生のよい部分、全てがドーパミンに関係しているようだ（前出『脳内麻薬』16頁）。人生をよりよく生きるためのガソリンのような働きがドーパミンなのだ。この著者が述べているように、私たちが何かやる気を出した時などは、ドーパミンが出てがんばれるのだろう。まりや食堂も様々な困難な時もあったが、負けてたまるかという根性と神の加護を信じる思いがまたドーパミンを出させ、危機を乗り越え今日に至っているのだろう。

人生は一回切りだから、どのようにこの命を使い切ってもかまわないと思う。それがギャンブルであっても、事業に打ち込んだりするのも、いずれにしても懸命に打ち込むときにガソリンのようにドーパミンが分泌されて、人はやる気を出して前に進むものなのだと思うと、人生はそれなりに面白いものだ。

機会さえあれば誰だってギャンブルにのめりこむ不確かさがある。人間は様々な欠点、欠陥の塊だが、対自存在としてコギトエルゴスム（われ思うゆえにわれあり）といわれる存在であるがゆえに、自分を見つめることのできる存在として多様に生きていきたいものだ。

私たちはドーパミンの助けで固体としての生をまっとうし、種としての生を存続させ、この物質なしには物事を決めたり、繰り返し実行したりすることができない仕組みになっている（同上19頁）。しかし、どのようなことに自己満足し、この物質の恩恵を得るかは対自存在として、自らが選び取るものだ。地味な努力に達成感を感じるもよし、はっとする一時の喜びに人生をかけるのもまた一つの生き方だ。

高田さんは、「もう借金はしたくない」と、丁半博打のギャンブルと酒から足を洗ってそこそこに人生を今歩んでいる。

ギャンブルは悲しい

私の知り合いの田口（仮名）さんの子どもはギャンブル狂だ。もう三十歳を過ぎたが、スロットマシーンにはまっている。かれこれ十年以上その道を驀進《ばくしん》だ。足を洗うつもりはない。軍資金はバイト、あるいはサラ金だ。サラ金は利息だけ払っておればいいそうだから、残りの金は当然ギャンブルに行く。

田口さん夫婦は断固息子の尻拭いはしない。こんなこともあった。コンビニのバイトでレジの金を盗んだときに、田口さんは弁済を拒否し、店主に対して「息子を警察に引き渡すなり、釈放するなり、いかようでも」と言ったら、「何という親だ」とあきれかえられたというほどだ。この話にはおちがあって、息子さんは弁済のために再び同じ店で働くことになったが、また店の金を盗むことが二、三度あったそうで、その後はどうなったかは知らない。ここで盗むのも、生活なりギャンブルなりの資金が足りなくなってのことだ。今は何とか持ちこたえているというから、低め安定で何とかしているのだろう。

この生活の仕方は山谷の仲間と似ている。彼らは日雇いの稼ぎの枠で、好きなギャンブルに打ち込む。あるいは生活保護の枠で何とかやるが、やはり夢中になり生活費が足らなくなり、高利貸しの世話になる人もいる。ある知り合いの仲間はどうにもならなくなり、私が融通したこともあった。大概は何とかやっているのだ。月の後半苦しくなれば、まりや食堂の低価格弁当で凌ぐ人もいる。

この息子さんも、低め安定でやっているが、先はわからない。特に年をとってくるとどうなるか。日雇いが盛んな頃であれば、こういった人が最後には山谷に来て、好きなギャンブルの人生になっていく人もいる。

山谷の私の日雇い仲間だった人の多くは、若いときにギャンブルで身内に金を借りまくり、どうにもならなくなって山谷に来た。山谷に来るのは、ここが日雇いの仕事が沢山あり自由があったからだ。仕事に出て、ある程度金を稼いだら、仕事には行かずにギャンブルに行くのだった。今の社会はどこも短期雇用の変な社会になったから、山谷に来なくても景気さえ良ければ短期の仕事はあるだろう。だから山谷に来なくても、それぞれの地域でギャンブルを謳歌できるだろう。後は年だ。年をとると仕事は回してもらえなくなるからどうなるか。田口さんは自分のためにギャンブル依存症家族の会のミーティングに参加している。この会のミーティングがなんともすさまじい。

中には七千万円も子どもの尻拭いに消費した。あるいは尻拭いをしていると、どんどん膨らみ切りがない。やめれば子どもが攻撃してくる。絶望して自殺する者もいる。田口さんは笑って話しているが、24時間そのことが頭の中にある。今は子どもは自分のアパートにいるが、以前一緒の時は、バックは胸に抱いて寝ていた。なんともギャンブルとは罪なものだ。家族を巻き込み、全体が悲劇になってしまう。生きるとはそれぞれにとって大変なことなのだと感じる。私は山谷にいて、仲間の立場にいるから、どうしても仲間のギャンブルの人生も、一つの生き方なんだと肩を持ってしまう。

殉教者

ギャンブラーはある種の殉教者だ。殉教とはある教えに殉じることだ。その教えに命を預けることだ。それについて親鸞の有名な言葉がある。親鸞は法然の唱える念仏宗に帰依することで、地獄に落ちてもよいと、その教えに殉じた。(『歎異抄入門』現代教養文庫昭和50年、44頁参照)

私は神の託宣に殉じたわけだ。その言葉にかけ、神に殉じた。だから墓の墓標の彫り字は殉にした。ギャンブラーもギャンブルにすべてをかけて、他のすべてを放棄した点で、ギャンブルに殉じた者としてやはり殉教者だといえよう。ギャンブラーの方が私よりも殉じるという点では徹底している。亡くなった山中さんも、山内さんもギャンブルゆえに自分以外は、社会も、家族も、社会関係も、身内も捨てる生き方に徹底している。これは高田さんも同様だ。

私は神に殉じることで、すべてを放棄してしまったはずなのに多くを得てしまった。そこそこの収入、家族、本の出版、教会形成などだ。だから自分の事柄に殉じるという点では、ギャンブラーは徹底している。彼らのその徹底性に魅力を、私は感じてしまうのだ。

仲間の多くは生活保護者だが、その金が入れば潔くギャンブルにつぎ込み、果てしない夢を追いかけ、そして晩年になる。何とも潔い生き方だ。あるおじいさんは他に何の楽しみもないから、1レース一〇〇円づつ賭けて二〜三千円で一日を楽しむのだと弁当販売口でしみじみと語る。

弁当を買いに来る人でお菓子の好きな人がいる。献品の品をバザーとして弁当と一緒に安く売っているのを、よく買ってくれることから話ができるようになった。

見かけは若いが聞けばなんと昭和三(一九二八)年生まれだ。これには驚いた。八三歳だ。とても元気だ。生活保護のドヤ住まいだが、屈託がない。彼もギャンブル人生だ。今でも保護費が入れば博打をうちに行く。なんでもござれのギャンブラーだ。若いころから飯場暮らしの大工さんだった。山谷の大工は大概型枠大工といって、建築などのコンクリートを打つ型枠を作る大工が多いが、彼もそうらしい。この八三歳まで一途にギャンブル道を邁進してきた。この先のことは何も考えていない。

泥棒日記で有名な作家ジャン・ジュネについてサルトルは「聖ジュネ」で余すことなくこの作家の悪について書いている。ジュネは徹底した泥棒、悪徳者で悪徳に殉じる生き方をした。

「ジュネは泥棒といわれ泥棒になった」とサルトルは述べる。（『殉教と反抗 上巻』新潮社、昭和52年36頁）　神の託宣で山谷の伝道者になった私。ギャンブルの大当たりでギャンブラーの道への仲間。これらはいずれも自分の意思にあらず、他者の力によって人生を変えられている。ジュネは生後七か月で売春婦の母に捨てられ、ある家庭の養子になる。犯罪を繰り返し、十五歳で感化院へ。ヨーロッパを放浪。泥棒、わいせつ、男娼、麻薬密売、など犯罪を繰り返す。その後刑務所へ。終身禁固刑の前にコクトー、サルトルらの請願で自由となる。少年期から三十代まで犯罪や放浪を繰り返すが、作家でもある。

サルトルはこの本でジュネについて、ジュネは卑怯者、裏切り者、泥棒、おかまという自分を自認していた（139頁）。そういった行為によって、彼は自分を拒否した社会を拒否した。彼はヨーロッパ中を浮浪して歩き、物乞いをし、淫売をし、牢獄に入り、惨めさ、垢、蛆虫、殴打、飢え、寒さ、侮蔑、何一つ彼には欠けなかった（244頁）。彼は善人の社会から締め出され、悪人たちの社会の最下位に（309頁）。悪の仲間たちにも蔑まれたのは、ジュネは仲間を裏切る密告者だったからだ。あえてそのような悪を引き受け、悪に徹底している。それは悪の聖である。

私は何かそこに、ギャンブラーの徹底的に、ギャンブルに打ち込む人とジュネの間に共通性を感じてしまった。先に殉教者と言ったが、それは何かに殉じる行為なわけだ。殉じるとは徹底的にすることを意味するから、ジュネは悪の殉教者なのだろう。あえて徹底的に悪になる。そうなるとそれは、聖なることと共通項がある。聖人は徹底的に神に従うことで、聖人と敬われるわけだが、悪に徹底するという点で、ジュネは悪の聖人なのだ。それでサルトルは表題を悪なジュネを「聖ジュネ」と「聖」を付けたのだろう。

山谷の仲間のギャンブラーを聖ギャンブラーと言っては叱られるが、ただその徹底性には驚くものがあり、高田さんなどは聖ギャンブラーといえるだろう。

高田さんは時々弁当を買いに来るようになった。もうすっかり老人になり、少し耳も遠くなってきた。笑うと歯の一本もない口がかわいい、どんどん幼くなってくるようだ。家族もいないアパートの一人暮らしだが、余生を楽しんでもらいたい。

回復の可能性

田口さんの息子さんが「ギャンブルからの回復施設に入った」と二〇一四年に来た時に話してくれた。もう三か月になる。

どうも社会で生活するのを放棄した感じだという。それなりに一生懸命に仕事をしても、借金に追われていやになってしまったようだ。だから、そういった施設に入り、ギャンブル依存症から回復したいと思うようになったのだ。だが、借金はそのままだから何も解決はしていない。田口さんが調べたら二五〇万円ほどサラ金から借金がある。施設に逃げても借金は消えるわけもないが、施設では両親が尻拭いをしないで本人に任せなさいとアドバイスしていた。

回復施設では、ギャンブル依存症からの回復プログラムで勉強する。そのような勉強で回復するならありがたいと田口さん。ただ費用が高いようだ。月に二五万円かかる。これでは誰でもが入れるわけではないが、両親は今まで借金などの尻拭いは一切してこなかったから、高いけれども回復のチャンスと思い、費用は支援をしていく。この機会を生かそうと積極的だ。両親がその気になったのは、子どもが横浜の施設に入所する際に渡した飛行機代を、着服してギャンブルに使わなかったことを評価したからだ。

この施設の名称は「ＮＰＯ法人ギャンブル依存ファミリーセンター　ホープヒル　電話：０４５（３６４）５２８９」だ。

息子さんが入所してから一年ほどして、田口さんがまりや食堂の手伝いに来た。話を聞く。だいぶ落ち着いたようで、ギャンブルはしていなくて、たまに仕事に行っている。月五万円稼ぎ、入所代の一部にしている。それでも田口さんは二〇万円を月払っている。今、息子さんは今後の身の振り方を考えている。施設では周辺に住んでミーティングに通える体制を勧めている。これは理解ができる。ＡＡ（断酒会）ミーティングでも毎日のようにしている。やはり仲間の中で回復を支え合って行かないと危険なのだ。外部はどこにもギャンブルはある。つい、ふらふらとやりたくなるものだ。その意味で回復してもスリップしないように、ミーティングにつながって回復を継続するのは良いことだ。

それにしても、回復を継続するのは大変なエネルギーと努力がいると思う。周りの暖かい支えも必要だ。私がニコチン中毒だったから、回復のエネルギーがとても大変だということ、やめ続けるのも大変な努力がいることは常に感じている。ただ、私の場合は年だからもう吸いたいという気持ちはなくなっている。

この青年は今三三歳だ。今からまた様々なことを経験する時間の中に入っている。この施設に入って一年ちょっとになるから、ギャンブルへの思いが切れてスタート台に立っている感じだと思う。途上でまたスリップするかもしれないが、頑張って人生を進むしかないのだ。タバコの例で言えば、やめて一週間とか一か月は夢中だ。一年ぐらいたつともう大丈夫かなと思うが、油断は禁物だった。チェーンスモーカーは心に穴が開いていると言われ、一本もらって吸ったらもうおしまいなのだ。あっという間にスリップだ。アルコール依存症はブレーキのない車だ。飲んだら止められないのだ。多分ギャンブルも同じようにブレーキがない車なのだろう。だから止め続けるしかないのだ。

田口さんの息子さんは「どう生きていけばいいのか」と漏らすそうだ。この気持ちはわかる。今まではギャンブルが生きがいだったのだから、それを断ち切ったら今からどう生きて行けばいいかと戸惑うのだろう。言い換えれば彼は素面《しらふ》になったのだ。冷めたのだ。やっぱりつまんないから、はっとする刺激のギャンブルに立ち戻るかもしれない。

その意味では今からが大切だろう。どう生きていくか。ただ、生き方やどう生きるはたいしたことではない。多くは平々凡々と生きているのだ。やはり平凡に生きる勇気が必要なのかもしれない。そこに何か小さな幸せがあったらいいと思う。

本人に興味があれば読んでもらいたいと思い本を託した。名前は『夜と霧』だ。

後で聞いたが、施設にもこの本が置いてあった。

あれからまた一年経ち、彼は施設を卒業して近所のアパートに住み、アルバイトをしながらミーティングに通っている。彼はギャンブルから足を洗うことに成功したのだ。後は、これをいかに継続していくかだけなのだ。今からが大切だ。

高田さんは余生を淡々と生きている。時たままりや食堂のカレーを買いに来る。「おーい元気か」。「もう元気はないよ」。これがいつもの挨拶だ。互いに生きられる間は生きていこうということだ。

田口さんの息子さんはまだ若い。今からの人生をどう生きていくのかが楽しみだ。

このようにギャンブルで子が苦しみ、親が苦しんでいるのに、ある人々はカジノを日本に上陸させようと虎視《こし》眈々《たんたん》としている。そういった運動の中で、国際観光産業振興議員連盟　会長・細田博之さんは、「カジノは日本に必要か」というインタビュー（日本経済新聞朝刊　二〇一五年六月一四日）ですごいことを言っていた。

外国観光客招致のために総合型リゾートを作り、そこにカジノの施設も作りたいという。「カジノができるとギャンブル依存症患者が大量に生まれませんか」という質問に対して、「カジノの利益の一部を依存症の対策費に充当する」と述べているのには驚いた。

これはマッチポンプ式なのだ。依存症にしておいてからそれを治そうと言うのだ。初めから依存症にならないようにカジノなどやめればよいのにと思ってしまうのだが。

9　神へ生きる勇気
――日々の黙想――

与奪

主は与え、主は奪う。（ヨブ記1・21）

ことごとく家族を奪われたヨブは奈落の底に突き落とされたのだ。レクイエムの第一章の激しい合唱の響きが聞こえるようだ。そういった絶望的状況の中で、この神へ生きていこうとする勇気はすごいものがある。私たちはことごとく家族や収入を奪われたら、このヨブのように「主は与え、主は奪う」と言えるだろうか。「裸で母の胎を出た。裸でそこに帰ろう」（21節）とはまったく悟りきった生き方だ。

この人には神が生きる存在の根拠なのだ。すべての所有も神がその根拠になっている。だから、すべてを失ってもこのようなセリフを語り、動揺することはないのだ。所有の有無は彼の存在を脅かさない。いかなる状態でも強く生きる勇気を持っていたのだ。それは神への勇気だ。神に罪を犯さない勇気なのだ。

これはすごい思想だと思う。こんな思想を持っている人がいるかどうか。誰もが生きる最低限の所有は願望するのだが、ヨブの尊厳は物を剥ぎ取られてもびくともしないのだ。私たちはそうはいかない。生きるすべを失えばうろたえるし、人間の心はさもしくなってしまう。ここからあまり物質にこだわらない生き方を少しは学ばなくてはならいと思う。

幸福と不幸

幸福をいただいたのだから、不幸もいただこうではないか。（ヨブ記２・９、10）

激しい痛みに友は七日間地面に伏した。妻は「神を呪って、死ぬ方がまし」と言う。「幸福をいただいたのだから、不幸もいただこう」とヨブは動じない。普通はこうはいかない。不幸は悲しいいし、いやなものだ。これをいただこうとはしないものだ。できるだけ避けたいものだ。ヨブは潔く不幸も受け取っていくのだ。この勇気はどうだろうか。すべてが神から来るから、不幸も場合によっては避けがたいのだと考えているのだ。ヨブほどの神信心をしても不幸は避けられないのだ。

ヨブ記は神話的記述だ。そこではヨブの不幸の実行者はサタンで、その原因は神に由来する。現実社会では不幸は人を選ばずにくるのではないか。あの高速道路、中央道・笹子トンネルの崩落事故や、東日本大震災も多くは不運で亡くなっている。私も高速道路をよく運転するし、このトンネルもよく通るからどこで事故に遭遇するかわからない。そういった不運に対して、不幸もいただきますとはなかなか言えない。

ヨブを見ていると、不幸を回避するのではなく、それを受けとめ、それと戦っている。つまり不幸もいただくという態度でその不幸と戦っているのだ。だからヨブは自死しないし、神を呪わない。薬もない状態だから、それを受け入れ、その身で受け止め続けている。耐えがたい苦しみに耐えている。友人が歎くほどのひどさの中に立ち尽くしている。この耐える勇気は驚くものがある。それはやはり神への揺らぎない信頼の故なのだろう。

二〇一四年九月、私たちの土曜の読書礼拝に来る途中で交通事故に遭遇し、大怪我をした安井（仮名）さんがいる。私は励ましと慰めのために、木曜礼拝のヨブ記のレジメを送った。安井さんは「不幸を回避するのではなく、それを受け止めそれと戦っているのがヨブだ。つまり、不幸もいただくという態度でその不幸と戦っているのだ。……この耐える勇気は驚くものがある。それはやはり神への揺らぎない信頼の故なのだろう」を引用されて感想を述べてくれた。

「私事になりますが、交通事故で昨年九月頸椎第二骨折、頬骨骨折という大怪我をしました。しかし、命は助かりました。事故から奇跡的に生還した時まず神様に感謝しました。首の骨折で左右の回転ができなくなり、右頬も神経が麻痺したままですが、手足は残され、自由に動くし、麻痺もない。この事実にただ感謝するのみでした。『いまあるのは、神の恵み』それがわたしの神様への証《あかし》です。助けられたので神様に対して自分の人生を捧げますと神に申しあげ、これからもポジティブに生きていくことを大事にしたいと思います。

日々後遺症と闘い、それとのお付き合いの仕方も少しづつ学び、調子のよい日は何とか自分の身の回りのことは、手抜きですができるようになりました。梅雨時は湿度が高く、首より肩にかけてこりなど微妙に変化して調子の悪い日もあります。日曜日には息子の車で礼拝だけは守っています。平素はリハビリ通院です。首の回転は不自由ですが体全体の機能改善のためにと通っています。午後は夕方まで首を休めるために横になって、楽をさせてもらっています」。

安井さんは後遺症と闘いながら、精神的にはしっかりと歩まれている。ヨブ記はとても励ましになっている。不幸は決して人間の尊厳を傷つけはしないのだ。

生まれない方がよかった

わたしの生まれた日は消えうせよ。（ヨブ記3・3）

「行くべき道が隠されている者の前を神はなお柵《さく》でふさがれる」という二三節の言葉は、ヨブの今ある状況を示している。八方塞がりで、どこにも身動きができないのだ。つまり、これほど信仰篤《あつ》きヨブを、罪の印である不幸や苦難が激しく打ちのめしたので、灰の中でのたうち回る以外に、何もできないでいるのだ。口から出るうめきは、やがて自分の生まれたことを嘆き、呪う言葉となっていくのだ。預言者にあるパターンだ。

私は三章が祈りであることに気が付いた。

ヨブは生まれた日が消えることを願う。はらんだことを嘆き、行くべき道がないことを嘆き、ヨブは嘆きの祈りを神に捧げるのだ。同時にヨブを通して神はヨブの苦しみを祈るのだ。生まれなかった方がよかったと苦しみを祈るのだ。これは神の嘆きだ。人を助けることができない神の嘆きなのではないだろうか。

現実の世界も、どんなに不正があっても、神はこの世に直には手を出さない方なのだ。現実に対しては無力な神がいる。悲しむ神がいる。神はみ言葉を通して、ご自分を表しているのだ。まさに聖書のみ言葉は神のことば、神の祈りなのだ。私たちはみ言葉から神の助言をいただくしかないのだ。三章の言葉は苦しい時はきれいごとではなく、嘆きの祈りでよいことを示している。神はその祈りを共に祈っているのだ。それがこのヨブ記三章の神の言葉なのだ。

こんな祈りがあってもいいではないか。神の嘆きがあってもよいではないか。イエス・キリストの十字架の叫びも絶望の祈りであった。それを見殺しにする神の痛みがあったのだ。

マイリス・ヤナツイネンはヨブ記七章を取り上げてこれはヨブの祈りだと言っている（『主は取られる　大震災を経て――ヨブ記を読む』キリスト新聞社、二〇一二年、97頁）。

「ヨブは自分の痛みを言い表すことにします。ただ言葉にするだけでなく、だれが聞いていようとおかまいなく、自分の思いを大声で叫ぶのです。ヨブがそうしていると、最初の奇跡が起こります。彼の苦悩のほとばしりが、口の中で祈りに変わるのです。不満を訴える中で、ヨブは神を指して『あなた』と何度も言います。このことから、彼が絶えず神に向かって語りかけていると分かります。神に反発しながら、ヨブは心の底では自分が神から離れていないことを知っているのだと、考えられるのです。」（96～97頁）。

続いて言います。

「祈りというのは、ありのままの自分でイエス様のところへ行き、感じているとおりに自分の問題をイエス様に話すことです。私たちは自分の感情や状況を、取り繕っていう必要はないのです。ヨブはどう感じ、どう思っているかを、神の面前で叫び、何度も何度も、友人たちにではなく、ただ神に向かって呼びかけます。これは、最後の演説に至るまで、まさにヨブの祈りなのだと気付かされます（13・20—14・22、16・6—8、17・3—4、30・20—23参照）。」（同98頁）

私は聖書が霊感で書かれているから、聖書のすべてが祈りであることを感じているが、この著者が部分的にだが、取り上げて祈りであると指摘していることは、私には心強く感じる。

七章と三章は共通している。両者とも自分の置かれている状況の苦しさが、救いがたいことを言っている。特に三章はそれが凄惨《せいさん》だ。なぜなら自分の生まれてこなかった方がよいと嘆くからだ。これがヨブの神への祈りでなくて何であろうか。同時に小イエスの祈り、神の祈りではないだろうか

ヨブの無垢の苦しみはイエスの無垢の苦しみと同様だから、ヨブは知らずにイエス・キリストの先駆けになっているのだ。萌芽だ。だからヨブを小イエスと言ってもよいのではないか。ヨブの祈りは小イエスの祈りなのだ。もう一人の神の祈りなのだ。

ゲツセマネで祈るイエスは、まさにもう一人の神の祈りだ。苦しみの神の祈りだ。ヨブ記三章のどうにもならない苦しみの嘆きも、もう一人の神（小イエス）の祈りなのだ。同時に、ヨブの嘆きに唱和して神は共に嘆いてくださっているのだ。この世に手を出さない神も、共に嘆くことはできるのだ。こんなにもヨブを思っていても、神は手を出さないのだ。なぜなら、神はヨブをサタンに渡したために、サタンの凄惨な暴力の下にヨブは支配されているからだ。

ヨブの苦しみはイザヤ書五三章の「苦難の僕」の系譜に属しているのだ。だが、人間ヨブはイザヤ書五三章の「人の子」のように神に従順ではない。義人であるゆえに自負心があるのだ。だからもだえ苦しむ。これほど神に忠実な私がなぜこのような不幸に、体に重荷を負わなくてはならないのか。このようにして苦しむことも、「人の子」とは違った形の苦しみを背負うことでやはり「苦難の僕」の一人であろう。

ヨブの凄惨な不幸と苦しみはもうすでに人間の耐える域を超え出ているので、私にはやはりヨブは聖なる領域の人だと感じている。即ちイエスの先駆け、小イエスなのだ。私たちはひどい苦に遭遇した時にはヨブの苦を思い起こし、ヨブが苦に耐えその奥に希望を持ち、神への信を貫き通し、回復したことを思い慰めとすることができる。

安井さんはヨブの嘆きはヨブの祈りだが、同時にヨブの嘆きは神の祈りだという私の思いに共感してくださり、以前読んで感動した『Ｆｏｏｔｐｒｉｎｔｓ（足跡）』（マーガレット・Ｆ・パワーズ）の最終章に重ね合わせることができたと語ってくれた。

Ｆｏｏｔｐｒｉｎｔｓ

「ある夜、私は夢を見た。私は小高い丘に立ち、これまで歩んできた人生の砂丘を振り返って眺めていた。延々と刻まれた自分の足跡と並んで、もう一組の足跡がついていた。それは、『私は決してあなたを離れない』と約束してくださった、主イエスさまのもの。しかし、足跡がところどころ、一組しかなかった。それは、私がもっとも辛く苦しかったとき、悲しみのどん底にあったと思えるようなときだった。私は驚いて、イエスさまに尋ねた。『私があなたをもっとも必要としていたとき、どうして私を見放したのですか。』すると、こんな返事があった。『愛するわが子よ。私は一度も、あなたから離れたことはない。あなたが試練にあって苦しんでいたとき、そこに一組しか足跡が見えないのは、私があなたを背負っていたからだよ。』」

三章のヨブの嘆きを「神の祈り」と言ったことに共感したもう一人の方がいる。その方はとても厳しい人生を体験し、歩んでいる。その方のあまりに激しい苦の人生に圧倒される思いだ。

ひどい状況が何度も彼女を打ちたたき、悲鳴を上げていた状況が感じられる。もっとも強く印象に残っているのは夫のドメスティックヴァイオレンス、夫の事故死、本人のうつ病、子どもの障がい等だ。

夫の暴力は死ぬまで二十年続いた。お使いから帰るときなど、また暴力が待っているかなと心がなえたという。私なども山谷で同じような経験をしているからよくわかる。ただ、私などは家に帰ればそれで済むが、彼女はその家しかないのだ。最後にはシェルターに逃げた時など、夫がアイスピックをもって追いかけてきたという。なんともすさまじい人生の修羅場の中でも生き続けてきた。これだけ打ちのめされると、生きる意欲が傷つけられ、容易に立ち上がれないかもしれないと危惧している。自分をネグレクト（自己放棄）してしまい、どうでもよい人生をと、投げやりな生き方になっても仕方がないかなとも思う。

出会った人に自分のあまりにもひどかった過去を話すのは、自分の受けた怨念を話さないことには癒されないからだろうと思う。それは恨みを呑んで死んだ人が、亡霊の形で娑婆に出てきて徘徊したり、怨念を話したりするさまに似ている。

彼女は一度死にかけたが、後は不幸が積み重なっても、それが過ぎればそれなりに立ち直り、生き続けるタフさも持ち合わせていた。またそのようなひどさに育てられ、タフになっていったのだろう。ふつふつと湧く内側からのエネルギーがある。

聖書はこのような打ち続いた不幸をどのように理解しているのだろうかと彼女は問う。私は彼女にヨブ記を奨めた。私にはヨブの生き方が不幸に対する対応ではないかと思っている。義人といわれるヨブでも凄惨な不幸に見舞われる。このことは、信仰とはこの世の幸・不幸を超えた事柄であることを意味する。ヨブはそのような不幸の中でも、信仰を確実に持ち続ける勇気があった。彼女もひどい不幸を背負ったから、ヨブの苦しみを通してヨブの生き方から、何らかの救いを見出すのが相応しいと思っている。

彼女はヨブ記三章のヨブの嘆きに強く共感しているが、彼女もヨブの境涯《きょうがい》なのだと感じる。ヨブは自分が生まれたことを呪い、生まれなかったことを願ったのであった。彼女も生まれてこなかった方がよかったと思ったこともあったのだろう。

彼女は暴力やさまざまな苦しみを嘆いてきたのだが、神が共に嘆いてくださっていることに慰められたという。それが救いなのだ。彼女にとって大切なのは過去にこだわるのではなくて、今肯定的に生きている事柄を強化していくことが大切なのだ。もし過去の不幸が、不幸な人々の生き方に生かせるものなら、それはもっともすばらしいことだ。

それが、ヨブ記最後のヨブの救済物語につながっていくのではないだろうか。ヨブの救済はあまりに派手だが、人は誰でもなんらかの救済を願望するし、それは生きるばねになるものだ。彼女はこのくだりを読んで「ほっとした」と言う。ヨブのように派手な救済でなくても、御言葉《みことば》に寄り添っている時にさまざまな救いが、そこから見いだされてくるのではないだろうか。

公式見解――1

災いを耕し、労苦を蒔く者が
災いと労苦を収穫することになっている。（ヨブ記4・8）

友のこのセリフは宗教者の公式見解なのだ。教科書通りなのだ。宗教者の限界だろう。またそれは模範解答なのだ。教会の公式見解なのだ。ヨブのは個の叫びだ。実存の叫び、主体的生き方の叫びなのだ。真剣に信仰しているなら、神と争うことはあるだろう。

どんなに信仰をしていても不幸は来る。ヨブは不幸が来ても、自らの信仰を神と語らい確かめたいのだ。宗教一般ではなくて、個に根ざした神信仰なのだ。神と自分の信仰なのだ。他者は介在しない。

自分が神といかに関わり続けるかということなのだ。個人、個人の生き方があるから、そこには人生の様々なことが生じる。ヨブのように、ひどい不幸が来ることもある。それは神信心をしていても、来る時は来ることを意味している。神信心と幸福、不幸は直接には繋がらないことを意味している。

個人が主体的に関わる神との関係が問題なのだ。だから公式的には否定的でもそれは関係のないことだ。重要なのは主体的信仰だ。いかに神を信じていくかが問われているのだ。ヨブの個への徹底は近代の人間の主体的生き方に繋がっているのではないか。

それは過去

幸いなのは神の懲らしめを受ける人。全能者の戒めを拒んではならない。（ヨブ記5・17）
六度苦難が襲っても、あなたを救い七度襲っても災いがあなたに触れないようにしてくださる。（同19節）

ヨブの友人の一人はこのように語り、ヨブを諭《さと》す。ヨブにとっては、友人の能書きは当たり前のことだった。自分もそう生きてきたのだ。人にもそのように語ってきたのだ。神の懲らしめは教育なのだ。ヨブは旧約の伝統に従ってそのように信じ、実践してきたのだった。だから友人の諭《さと》しは陳腐でしかないのだ。

今ヨブを襲っている出来事は、どうも今までの伝統では理解できないような、不可解な様相を持っているのだとヨブは直感し、予感しているのだった。それ故に、三章のようなヨブの嘆きになるのだった。ヨブは幸も不幸も受け入れていく勇気を持っていたし（二章）、そのように今実践しているのだ。だが、自分を襲っているこの出来事には、今までの伝統では処理しきれないものを直感で感じているので、ヨブは嘆きながら神顕現を望むのだった。なぜ、このような出来事が生じるかを聞き取りたいのだった。これは誰でもが求める行動ではないだろうか。誰でもが、災いが七度襲っても、災いから回避できることを望むのだ。だが、今ヨブを襲っている出来事はそうではないようなのだ。

いったいヨブはそこからどのようにして立ち上がることができるのだろうか。

私にはヨブの強さが目立つように感じる。ヨブの苦しみではなく、ヨブの忍耐とでもいうものだ。得体のしれない出来事によって苦しむヨブは耐える。友人の責めにも耐えるのだ。耐え続けるヨブの勇気が目立つ。ヨブが神顕現を求め続けるとは、逃げも隠れもしないで神の前面にいることを意味する。神の沈黙にも耐えるヨブだ。

私たちがこのような勇気や忍耐や気力はとても持てないが、困難に遭遇した時に、ヨブ記からヨブの不幸に耐える勇気を頂いて、慰めを得ることはできる。癒されることも可能であろう。現代の神なき時代にはヨブの勇気がいるのだ。ヨブの勇気はフランクルの「どんなときにも然り」という勇気に通底する。

破滅

神よ、どうかわたしを打ち砕き御手を下し、滅ぼしてください。
仮借ない苦痛の中でもだえても
なお、わたしの慰めとなるのは聖なる方の仰せを覆わなかったということです。（ヨブ記6・9、10）

神は正しい人を破滅させようとしている。それもありうるのが神信仰なのだ。これは、ヨブの時代の新しい神信仰のあり方ではないだろうか。不幸と絶望の中で信仰を貫き、死にたいというのがヨブだ（10節）。そこには捨て身の信仰を貫くヨブがいる。ヨブは自分の神に殉じるのだ。

日本の武士社会では、藩の頂点の領主に配下が殉じるのが武家社会だった。それが美徳とされた。それが浅野内匠頭《たくみのかみ》のように愚かな殿でも殉じていく武士たちがいた。サタンと賭けをするような愚かな神に、ヨブは殉じようとしている潔さがある。義人ヨブが破滅しかけているのを見て、友人は恐れる。義人にそのようなことが起きるわけがない。だからヨブは間違っている。義人ではないのだ。友人は自分がヨブ、つまり罪びとの友人だと思われるのを恐れ、ヨブを非難するのだ（21節）。

友人は正しい人なのだ。ヨブはもう友人ではなくて赤の他人、罪人なのだ。だから悔い改めなくてはならないのだ。

愛されすぎ

もうたくさんだ、いつまでも生きていたくない。

ほうっておいてください、わたしの一生は空しいのです。（ヨブ記7・16）

ヨブは神の秘蔵っ子だ。どこに出しても恥ずかしくない人物だ。神に愛されすぎた人物なのだ。だから、サタンからくる仮借《かしゃく》ない痛みでも、ヨブは神に反逆することはなかったのだ。折り紙つきの人物だ。

だが、人間的にはもう悲鳴を上げている。「生きていたくない」（16節）。「もう自分に構ってくれるな、ほっといて」（19節）と嘆くのだ。ヨブの痛みは二十四時間続くと書いている。悲惨だ。死ぬことを望む。それにしても、「放っといて」という言葉は素晴らしい言葉だ。これはそれほどに神が直接、親密にヨブにかかわり続けていると感じることのできる台詞だ。これはなかなか言えない言葉だ。「もういいから、ほっておいて」とヨブは神に頼むのだ。ここに本当に愛されすぎのヨブを思う。

突如不幸が打つことがある。それは自己能力で回避できない不運だ。その不幸の理解は人生観による。ヨブは神から来ていると理解していた。だから神に呼びかけるのだ。突然の不幸は偶然だが、どう受け取るかは、それぞれの人生観による。それぞれの人生観で戦わざるを得ない。

神の干渉を感じるヨブは神に「ほっといてくれること」を願うのだ。私はこんなセリフを吐く人を知っている。その人は「私は神の視野に入りたくなかったのです」と語る。

佐藤（仮名）さんとのやり取りのまとめを紹介する。

人は対自存在とサルトルは言う。人は自らを見ることのできる存在なのだ。自らを否定して新しい自分になる存在でもある。二律反することを同時に抱え葛藤する対自存在だ。

佐藤さんの話では、一人娘が生後半年のときに、重症の病気になった。命も危ないし、治ったとしても後遺症が残ることを覚悟するようにと医者から言われた。彼女は子どものベッドの下にマットを敷いて病室に寝泊まりし、そこから会社勤めをした。その過酷な数か月間、最も苦しい時に、彼女は神に祈ることができなかったと告白する。私は、それに対して自分の信仰体験を書き送った。その応答に、彼女は自分の受洗の思いを記した教会の文集をくれた。そこにはとても熱心なキリスト者の姿が見える。神に覚えてもらいたいために洗礼を受けたと書いてある。何故、これほど神を愛する人が、信仰の篤い人が、子どもが危機のときに祈れなかったのだろうか。私の場合とは違った信仰の構造を感じた。

彼女は言った。

「母親として、娘を結果的に病気にさせてしまった自己への罪悪感がありました。それだけに、何としてでも子どもの命を救いたい、子どもを死なせたくない、と思いました。そう思うが早いか、『神の御心のままに』とは祈れない思いが胸をよぎり、今度はそのこと自体に苦しめられました。しかしこの世に神がいるというのなら、なぜこんなことが起こりうるのでしょうか。なぜ私より先に子どもが逝くことを受け入れられるでしょうか。子を失った母ほどみじめなものはいない！　という思いで私は満たされていて、他の事実は受け入れられませんでした。」

「私は神の視野に入りたくなかったのです」と彼女は当時の心境を述懐する。

「私は神を畏れていました。自分の信仰に自信が持てるとか、神と対峙するとか、そんなことを考える余裕はありませんでした。ただ、私には『神の御心のまま』という祈りはとても邪魔で、そのことを頭の片隅で意識するや否や、『神様はむこうを向いていてください』という自分の心を意識していました。」

だから寝ている子どもの傍らで、私の母が、『こんなことになるなんて、私らが一体どんな罪を犯したというのだろう』と言ってさめざめと泣いているのを見て、私は醒めた気持ちで、『ああ、ただの一度でも、私もこんなふうに泣ければ救われるのだろうか』と思いました。あるいは私の祖母が、『私の命と引き換えにしてでもこの子を助けてほしい』というのを聞いて同調できず、『いや、そうではない！私は子どもと共に生きたいのだ！』と反発せずにはいられませんでした。一緒に泣けるわけがありません。そのとき私は自分自身が、母からも、祖母からも、何より神様から、とても遠い存在でした。」

彼女は神のひどい仕打ちに怒り、祈れなかったのだろうか。いや、彼女はただ現実を受け入れることができなかったのだと思う。彼女は燃えるように神を慕っているが、彼女にとって神はいつも愛の神だったのではないのだろうか。

「私は自分の信仰のもろさを恥じていたのかも知れません。もっとも当時の私はそれを恥という言葉で意識していたかどうかは覚えていませんが。身に沁みたのはすさまじい孤独でした。荒涼とした場所に、まだ言葉も話せない小さな娘とたった二人きりでいるように感じていました。」

「娘の病状は二歩進んでは一歩後退という感じで、よくなるように見えつつ、突然高熱が出ては痙攣の発作に見舞われました。そのたびに私はナースステーションに走り、当直の医師を呼んでは鎮静剤を注射してもらい、もうこれで最期かと思うことが何十回もありました。けれども、娘は薄皮をはぐように、少しずつ回復していったのです。

ある時、私は医師に思い切って質問し、『もう命の危険はなくなった』という返事を頂いた時に、初めて神に祈りました。子どもを救ってもらったことを何度も感謝して祈りました。

それまでの数か月間、私は耳を塞いでいたのです。娘の生命についての医師の否定的な言葉は何ひとつ聞きたくありませんでした。尋ねれば娘の命は危機的状況だと言われるのはわかっていたからです。私は、耳だけでなく目も塞いでいたのでしょう。医師からだけでなく、家族からも、世間からも。

当時の私を支えていたのは怒りです。ただそれは神に向けられたものではありません。では誰に、何に対する怒りなのか、それはうまく言い表すことができないのです。ただ、しかし神と対峙する強さが自分にないことは分かっていました。結局は神には逆らうことはできないのだと、私は自分自身の深い部分で分かっていました。怒りの対象はいくつもありました。何度も娘を診察しながら漫然とただの風邪だと決めつけて、取り返しのつかない状態にまで病状を悪化させた近所のヤブ医者。私によりいっそうの努力をせよとプレッシャーを与えた両親。これらの怒りの感情を全部合わせたとしたら、簡単に一人の人間を殺せるくらいの強い怒り、あるいは憎しみの総和だと思いました。恐ろしいことですが、私は憎しみで満たされていました。」

かかわった人々に「強い怒り」を持ったと正直に言ってしまう彼女の気性の激しさに圧倒される。同時に、「私は神の視野に入りたくなかった。神の御心のままという祈りはとても邪魔で、そのことを頭の片隅で意識するや否や神様は向こうを向いていてください、という自分を意識していた」という神への思いの言葉に衝撃を受けた。思いもよらぬ言葉だからだ。ヨブの台詞《せりふ》を感じてしまう。彼女は明らかに神のまなざしの中にいる。きわめて神の近くにいる人なのだ。だから、御心のままにと祈って、わが子を神に預けることはとてもできなかったのだ。それは怖いのだ。どうしても子を生かしたいという血を吐くような思いの故に、そのような言葉を叫び、神と格闘していたのだ。

彼女には相反する二つの思いがあるのだ。神を愛でる強い気持ちと、子どもに何をしでかすかわからない神から隠れたい自分がいるのだった。たぶん彼女はあまりにも真っ正直な人間なのだろう。

だが神は、決して沈黙をしていたわけではなかった。彼女は神の視野にとらえられていたのだ。イサクを通してアブラハムに語りかける神のように、神は物言わぬ赤子《あかご》を通して彼女に語りかけていたに違いない。人間に与えた知恵、医学で治療するようにと。病には二重の意味があるように、私には感じられる。病気そのものに対する対応と、病気に対する人の立ち方を問われるのが宗教だ。彼女の場合も神のまなざしを否定しても、赤子を通して神は彼女をじっと見ていたのだろうと思う。それは愛のまなざしだったと思う。悲嘆と嘆き苦しむ彼女をじっと慰めていたに違いない。彼女はそのまなざしに気がついていた。

「娘の助け」を祈れなかったと、あっけらかんと言えるのは、彼女が神の中にいる人だからと改めて感じる。彼女には、「神様は向こうを向いていてください」というほどの近くに神の息吹があるのだった。

これらすべてをひっくるめて勇気という言葉で括れるかも知れない。生への勇気、神への勇気、希望への勇気だ。彼女は激しい勇気を持って神へ反抗し、神を求めている人なのだ。私はヨブ記を通して、ヨブの勇気と希望と人間の尊厳を見ていきたい。

曲げる

神が裁きを曲げられるだろうか。全能者が正義を曲げられるだろうか。（ヨブ記8・3）

これは友人の言葉だが、友人は神とサタンの賭けを知らないから、ヨブの不幸がヨブの罪に見えるのは当然なのだ。友人に、ヨブが「ほっておいてくれ」などと言うのは、ヨブが神に対してふてくされているように見える。それでたしなめて、「神の裁きが曲げられることがあろうか」と言うのだ。つまり、裁きが曲げられ、間違って正しい人を罰していることなどありえないと考えているのだ。

「神の裁きは正しいに決まっている」から、「全能者に憐れみをこい、あなたが潔白なら回復される」のだ。ここでは前に違う友人が言ったことと同じだ。神は正しい。絶対的に正しいのだ。神は絶対者だから、神が正しいということは正しいのだ。極端に言えば、サタンとの賭けというヨブにとって迷惑なたわごとでも、それは正しいことだと神には言えるのだ。だから、神の正しいということと、人間がそれは違う、私の言っていることの方が正しいということと、衝突することはあるのだ。

今まさにそうなのだ。ヨブは潔白なのだ。でも、神から罰が下ったように、不幸が来ているのだ。ここにヨブの苦しさがある。自分が潔白だ。神の前に正しいのだと自信を持っているが、身に起きている不幸は、罪人に起きる現象なのだ。ここにヨブの嘆きがあり、生まれたくなかった。放っといてくれという悲鳴が生じるのだ。これは人間の葛藤だ。現代人の葛藤ではないだろうか。それぞれが自分の生き方でしか生きられない。だが、その生き方にはまた葛藤がいつも生じるものだ。でも、それしか生きられないのであれば、人の批判、神の批判も甘んじて受け、自分の生き方を貫く勇気をヨブはくれないだろうか。たとえヨブのように正しくなくても。

正当に扱われていない

わたしは正当に扱われていない。（ヨブ記9・32―35）

八章の友人のセリフが正当な神観だ。それに照らしてみても、ヨブは正当に扱われていない。冤罪なのだ。神のヨブに対する取扱いに対する反発の台詞《せりふ》に、ヨブの自負心がほとばしっている。

ここでは病気や不幸は超越され、神信仰のあり方が問われている。病を治してほしいと願うのではなく、神のヨブへの扱いを問題としているのだ。すなわち、ヨブが、これほど神信仰を熱心にしているのに、神は正当に扱ってくれない。友人が八章で言っていることは、ヨブの心情でもあるのだ。そうであるのに神はヨブを無視している。具体的には、答えを求めても神は沈黙だ(16節)。だから、ヨブの思いは仲裁者がほしいのだ。そして裁きの座に出たいのだ(33節)。これはなみなみならぬ信仰だ。神への信仰の強い確信があるのだ。神への激しい信仰に貫かれている。そして裁きの座でこれほど神に対して忠実な者を、なぜないがしろにするかを聞きたいのだ(35節)。ヨブの気性の激しさに圧倒される。私たちも神を深く信心し、神に帰依して神がぞんざいに扱うなら文句を言うくらいの気概を持って生きていきたい。

ヨブは不幸に絶望したのではない。公平に扱われないことを嘆くのだ(23節)。彼は絶望はしていない。なぜなら、裁きの座で神に会うことを熱望するからだ。裁きの座に出れば真実がわかるのだ。

人間の存在においても、人生に正当に扱われていない人々を思う。生まれる場所が貧しかったり、体にハンデキャップがあったり、競争に打ち勝つ力がなかったりして貧しさを強いられ、人生という流れが正当に扱っていない人々を感じる。神というか、自然というか確かに公平ではない。

私の知っている人は、難聴、アルコールの問題、生い立ちの貧しさ、若干の知的障がいを抱えている。本当に人生は公平ではないと思う。だから、ヨブのような義人にだってひどい病は来るのだ。安井さんにひどい交通事故が遭遇したりする。笹子トンネル崩落事故では不運にも何人かは事故死してしまう。罪がないのに突然鞭打たれる(23節)ように不幸が来る。ヨブの発言は正当であることがわかる。私たちも正当に扱われていないと思う時には、神に堂々と訴えることが必要だ、とこの箇所は教えている。同時に、この世の不公平や不正は、人間の事柄だから政治的、経済的に解決されなくてはならない。

わたしから離れ去り、立ち直らせてください。
二度と帰って来られない暗黒の死の闇の国にわたしが行ってしまう前に。（ヨブ記10・20、21）

死にかけるほどの皮膚病のひどさ、神の沈黙の鞭、友人たちの言葉の暴力に対して気性の激しいヨブは立ち続け、ほとばしる自負心を九章では示したが、一転して十章では弱気なヨブがいる。生きていることがもうわずらわしく、うんざりだと、ヨブは嘆くのだ。神は無垢のヨブを虐げ退け、些細なことでとがめだてし、神に忠実なのに背くものとされて（7節）、生まれなかった方が良かったと嘆くのだ（19節）。切々と祈るヨブの言葉が身に沁みる。

現在、日本では自殺者が年間三万人いると言われる。中央線や西武新宿線では人身事故が多いと聞く。たぶん、多くは飛び込み自殺だ。それによって朝のダイヤが乱れる。交通事故死以上の人々がいろいろな悩みに覆われ命を捨てる。ヨブの苦悩はこの三万人の苦悩を代表している。ヨブは生を厭《いと》うほどの苦悩だ。この三万人も生を厭い、生に耐えきれずに死んでいったのだろう。

ヨブは自分を打ち続ける神に、自分から離れることを願う（20節）。この言葉からも神がいつも隣にいることがわかる。神はとても近い存在なのだ。神に離れることを願うのは、「立ち直り」（20節b）のためと新共同訳では訳出している。この「立ち直り」は字面だけでは「回復」とも取れる。関根正雄はこの二〇節を「私の世にある日はもうわずかしかないではないか。私を離れ、『せめて一息つかせてください』」と訳している。原文は「beliga」（爽快である、愉快である）、「meato」（少し）とあり、「立ち直り」というより、

「束の間のあいだ愉快にさせてください」と訳せるから、せいぜい関根正雄の訳ぐらいでよいのではないだろうか。「黄泉に行く前に少しだけ休ませてほしい」と神に頼んでいるのだ。内村鑑三はこの箇所でヨブに非常に同情している。「ヨブはわが生命の終わり近きを感じその前の少時の間神の迫撃の手が己の上に来らざらんことを願ったのである。憐むべきかなヨブ！　彼は神に攻められつつありと感じて、死ぬる前数日間なりと神がその手を緩め給わんことを乞うたのである。」（『ヨブ記講演』岩波文庫、二〇一四年　85頁）

神は息つく時も与えず、ヨブを打ち、苦しめ、ヨブは間もなく死ぬと思い定め、「死ぬ前に一息させてくれ」と願うのだ。死に赴く前に、この娑婆の空気をゆっくりと吸わせてはもらえないかというのだ。でも不思議なのは、こういったセリフを著者が入れたのはどうしてなのだろうか。著者は何を言いたいのだろうか。

神の意図が自分を苦しめ、死に追いやることだと分かったから、それで結構だ。ただ、死ぬ前に一服させてほしいという言葉によって、生死を超越しているヨブの悠然たる姿が見えるのではないか。辛い死でも死を思い定めたら「一息入れて心を整えて、ありし良き日を思い起こし」死に赴こうというのだ。

ヨブは反抗し（9章）、命を厭い、生まれを憂い、そして神に従う神の人なのだ。苦難のヨブ。苦難の僕。処刑された十字架のイエス・キリストを思う。

一〇章の苦悩するヨブの姿は、神にある者でも悲惨な死があることを暗示している。一生懸命に神信心をしても不幸な死があるかもしれない。私の父も熱心なキリスト者だったが、必ずしも幸せな死に際だったとは言えなかった。神は、困難者を助けるだけの神ではないことを、この一〇章は教えている。イエス・キリストの苦難、イザヤ書五三章の人の子の苦難、ヨブ、江戸時代の殉教者等、なんらかの事情で苦しみを与える神でもある。苦しんでいる時の神でもある。「神よ、死んでいきます。よろしく」と頼む神でもある。マイナスの中で生き続けなくてはならないかもしれない人生の神でもある。不幸の時の神でもある。あまり苦しいときは「ちょっとだけ一息入れさせて」と、ヨブのように言って歩みたい苦の世界でもある。

私は、この一〇章によって神理解の奥行きと深さが増した感じがする。神は良いことばかりの神ではなくて、悪いときの神でもある。まさに全能の神である。いずれの神でもあるから、良い時も苦しさを与えられている時も、神として信従すべきことを教えている。

ただ、ヨブは神に対して毅然としている姿が見える。それは、私を罪あるものとしないでください（10・2）。私を非難するわけを知らせよと主張することだ（2節）。私は、ここにヨブの人間としての尊厳を感じるのだ。ヨブが非難される理由がないのに、されている自分が尊厳を賭けて神に問いかけるのだ。ヨブは決して神の名に沈黙はしないのだ。やはり人間として尊厳を損なわれることがあれば、堂々とそれが不利であっても主張していく勇気が必要であることを教えている。

ヨブは自分の存在を賭けて、人間としての尊厳を全編を通して掲げているのではないだろうか。

神と神との争いと救済

友（ツォファル）の言葉

神は偽る者を知っておられる。悪を見て、放置されることはない。（ヨブ記11・11）

ヨブの言葉

なぜわたしと争われるのかを教えてください。（10・2）わたしが背く者ではないと知りながら。（10・7）

ヨブの神は、友が語る神でもある。友がヨブを批判するのは、神の言葉によってだ。そのヨブは神に忠実だ。両者とも同じ神を奉じて言い合いをするのだ。言い換えれば、ヨブの神と友の神が争うことだ。だから神が神と争うことを意味する。同じ神が神と争っているということだ。神が分裂しているのだ。神が同じ神を苦しめているのだ。このことは人間にもありうる。人間も二重人格どころかとても多面的だから葛藤といって自分ともう一人の自分と争うことは多々ある。

ヨブ記における神と神との争いは何を意味するのだろうか。私にはヨブはキリストの予兆であるような気がする。ヨブ記はキリスト、贖う者の前兆の萌芽を示してはいないだろうか。ヨブ記――イザヤ書五三章――新約のイエス・キリストの思想だ。イザヤ書五三章の人の子の贖いの思想はわかりやすい

ヨブ記も贖いの系譜と考えると、義人が何故にひどい苦難に遭遇するのかという、ヨブ記の矛盾に満ちた格闘の意味が理解できる。この著者はそういった贖いについての思想を持っていたのではないだろうか。ヨブ記は贖いの物語を内包し、萌芽が見える。これが展開し、イザヤ書五三章、そしてイエス・キリストの贖いの物語に繋がるのだ。

マイリス・ヤナツイネンは『主は取られる』（前出）で、ヨブをイエスのひな型と理解している。（160頁）

「ひな型というのは、すでに旧約聖書の時代、いろんな人物や制度を通して、メシヤがどのようであるかを神が教えておられたことを示すものです。ヨブは高潔で非の打ち所のない神の僕でした。彼のよ

うな人は、イエス様を除いて、地上にはいません。ヨブが罪もないのに苦しむことは、少しも罰を受けるいわれのない主の僕の苦しみに当てはまります。ヨブの友人たちが理解しなかったということは、イエス様とまったく同じ考え方です。『そんな運命になるのは、神がその人を喜んでいない証拠だ』。ヨブが耐えなければならなかった侮辱は、十字架の周りで聞かれた軽蔑の叫びを予言しています。」（同160頁）

ひな形とは辞書によれば、実物をかたどって小さく作ったもの。模型。物の手本。様式。書式とかだ。ヨブもメシヤの一つのモデル、手本、様式とこの本は理解しているのだろう。極端に言えば、ヨブはイエスの手本、様式なのだ。つまり、ヨブの苦しみを手本にしてイエスを理解しようと考える方法だ。

私は、逆にイエス・キリストの贖いの出来事をモデルとしてイザヤ書五三章にその萌芽を見る。また五三章の内容を通して、よりイエス・キリストのありがたさを理解しようと考えるのだ。ヨブ記についても同じように贖いの出来事の萌芽を見る。

旧約聖書はその点でいくつものイエス・キリストの救済の出来事の前兆とでもいうのか、まだ、そこまで成熟しない芽の状態の贖いの物語の宝庫ではないだろうか。だから、原始キリスト教団によってイエス・キリストの贖いの出来事という事件は、当然に生み出される土壌が背景にあったのだと確信が持てる。

イエス・キリストの贖いの歩みとヨブの歩みを比べてみる。

ゲツセマネの祈りは神への訴えだ、イエスの逮捕と凌辱、ゴルゴダへの途上での苦しみ、十字架の苦しみ、十字架上での神への抗弁。このことは今まで見てきたようにすべてヨブにも言える。そこにあるのは神とイエス（神）の葛藤、争いだ。同様のことが神とヨブにも当てはまるのだ。

イエスは苦しみと人生の滅びである死から復活する。復活の栄光だ。この出来事によって、私たちは罪の苦しみから贖われて、復活の栄光に浴することができる。ヨブは激しい苦しみから突如生活が豊かに回復する。これはヨブの復活と言ってもよいだろう。だから、これは救済物語、贖いの物語なのだ。人はヨブ記を読んで、自分が困難の中にあるときにヨブの苦しさに共感し、ヨブがいかなる時も神を求め、自らの誇りを失わない姿に、人は勇気づけられ、最後の救済にほっとするのだ。

救済について言えば、苦しみのさ中に、神がヨブに顕現するが、そこでは何の回答も与えられない。神の力だけが示され、男らしくあれと言う。それは苦難に耐えよということだ。ヨブの生涯は苦難の人生であることが、神によって与えられたのだ。これはエレミヤ書と繋がる。

ヨブは最後に、唐突に救済される。これはヨブが苦難の中で復活したことを示す。イエスが苦難の十字架から復活したと同じように。苦難の人生のさ中に、神の救済が何だかの仕方で介入したことを示すのだ。

自負心

そうだ、神はわたしを殺されるかもしれない。だが、ただ待ってはいられない。
わたしの道を神の前に申し立てよう。（ヨブ記13・13―15）

ヨブの自負がここにある。ヨブは自分の無念を神に訴えて、神の怒りをかい、殺されてもかまわないというのだ。ここに非常に強い神がいる。暴力的神がいる。

それにしても、殺されてもよいとはただ事ではない。ヨブの思いは必死なのだ。領主への直訴と同じだ。これは、うまくいっても首謀者は殺されるのだ。壮絶なヨブの神への闘いがあるのだ。

自分の無罪、無垢、神に対して正しいのに、この苦難は許せないのだ。神は自分を追い立てる（25節）。ヨブは追い詰められたのだ。ヨブは捨てられ、サタンに引き渡されたのだ。ヨブは完全に捨てられる。徹底的に痛めつけられ、誰も味方がなく孤独を嘆くのだ（19節）。

これは現代でもあるだろう。真面目なのに、なぜ私は不遇で、悪が豊かなのか。一生懸命信心しているのに、何で私にこの不幸が来るのか。無垢なのに競争に負けたからといって、なぜ野宿しなければならないのか。神よ、これはひどいではないか。

ヨブは降り注ぐ痛みの中で、懸命に神に語りかけ、返事を待つのであった（20—23節）。

神を求めるこういった強いエネルギーがキリスト教の命を保たせてきたのかもしれない。今、キリスト教の人口が減っている。若者がもう来ない。老人ばかりだ。それは強い神への思いとか、神との葛藤とか、憧れとかいった、何か強いエネルギーがないキリスト教には、魅力はないからかもしれない。キリスト教には、やはりヨブのような強い熱狂が必要なのだろう。

忍ぶ

彼はひとり、その肉の痛みに耐え、魂の嘆きを忍ぶだけだ。（ヨブ記14・22）

徹底的に苛め抜かれても耐えるヨブがいる（22節）。アウシュビッツ強制収容所の人々の苦しみと忍耐を思う。彼らはヨブの苦しみを思い耐えていたのだろう。

一三章も、一四章もまた切々としたヨブの祈りだが、そこには神の鞭に耐えながら神を求めるヨブがいる（15節）。そこに見えるのは殉教の思想だ。義人は苦しむのだ。主にあるものは苦しむのだ。

神はヨブを愛で、ヨブを神の忠実な僕と理解していたから、サタンとの賭けで、神の思いに応えてくれると確信していたのだろう。でも、あまりにもヨブの苦しみが深いと、私はそこを突き抜けた思いを持ってしまう。もうこれは「人の子」の苦しみだ。救済者の苦しみだ。人々の苦しみを背負う義人の歩みの姿ではないだろうか。これは人間ではなくて、神の姿である。神のイメージがある。徹底的に神に捨てられた、人の子の思想ではないか。キリストのイメージではないだろうか。

ヨブの苦しみとパターンは違うがオイディプスの苦しみを思う。彼は運命に翻弄され、知らず知らず自分の父を殺し、その妻と結婚するという近親相姦をしてしまう。そのあまりに悲惨な苦しみの中で、オイディプスは己の運命を呪い、目をつぶし放浪の旅に出る。物乞いになり、娘と放浪の旅の行き着く先で神と和解し、守護神となる。ヨブの苦しみは何章にもわたって延々と続く。これはヨブの苦しみの長さを表している。くどくどと続く苦しみは人生の長い苦労を示している。ヨブを批判する三人の友人は刺身のつまだ。ヨブが言葉を発するためのつなぎに過ぎない。だが、友人の言っている内容は正当な神学なのだ。それはヨブ自身が発していた神学なのだ。その友人も神がそうであるようにヨブを鞭打つのだ。

これはギリシャの神殿で行われた劇と同じだ。登場人物は二組だ。ヨブと友人たちだ。あとはすべての出来事が言葉によって組み立てられ発せられ、聞き手はその言葉から事態を組み立て行くのだ。言葉による壮大なドラマが形成されているのだ。このドラマは地上と天上のかけ橋のドラマだ。地上の出来事が救済史として天上の出来事に昇華されていったのだ。

イエスが神に罰せられ、民衆にあざけられる。ヨブも神に罰せられ、友人や知り合いに責められ、僕らはあざ笑う（19章）。ここにヨブの立場がまさにイエスの先取りと見える。これらは神殿で演じられたのだろうか。延々と続くヨブの苦しみと神の顕現を求めるドラマに、人々は共に苦しみ嘆き、神を求めるのだった。ヨブは最後に救済に預かり、人々は神を賛美するのだ。そして人々も救済に預かる。

安井さんの手紙には、後遺症から来る肉体の辛さや、行動の不自由さなどから、いろいろと周りに気を使っている様子が手紙の行間にうかがえる。けれども、ヨブのように辛いときも神に信頼していく勇気をヨブ記はくださったと言う。ヨブ記は、逆境を跳ね返す勇気をくれる書物だ。安井さんは結構きつい後遺症にもかかわらず、ヨブから学び、前向きに人生と向き合っていこうという積極的な姿勢がすばらしい。

公式見解――2

天すら、神の目には清くない。（ヨブ記15・15）

悪人の一生は不安に満ち……（ヨブ記15・20）

ここに宗教がある。人に正しさを求めて立地するのが宗教だ。確かに清い人はいない。

だが、悪人には困難が待っているというが、どうだろうか。現実は悪徳がのさばっている。それも合法的な悪徳が。でも、こういった公式見解は、それはそれで悪徳者を脅かすために警報として必要だと思う。

友人は、ヨブがあまりに自分を立てるので頭にきたのだ。確かに、義人ヨブでもさまざまな罪はあると本人が言っているが、ヨブの自負心が友人には鼻持ちならないのだろう。信仰に自信があっても、あまりに目の前で振り回されると、いささかうんざりはするものだ。ここでは人間と人間のぶつかり合いだ。

ただ、ヨブの状態は非常に困難を極め、極度の緊張を持っているから、そういった危機的状況にあるヨブを理解することは必要なことだ。ただ、義人はこうして嫌われて死んでいくのかもしれない。預言者エレミヤが嫌われたように。人の子イエス・キリストのように。ヨブも打たれやすいようにできているのだろう。

弁護者

神が御自分とこの男の間を裁いてくださるように。（ヨブ記16・21）

ヨブは無様な血だらけの姿を地にさらして、神の不正を皆に示し、神の不正に抗議して激しく叫ぶのだ。不正だ、不正だと。ここにヨブのすさまじい憤りと激しさを見る（18節）。

同時に、ヨブは自らの力の限界を感じ、とりなす方、弁護する方を求める。これは前にも幾度も出てきているから珍しくはないが、ここではっきりと出ている。

ヨブは自分を救済してくださる方がいるのを確信し、直接ヨブを「良し」としてくれるかもしれないとう期待がある（20節）。それが無理ならば、神御自身がヨブとの間を裁いてほしいと願うのだ（21節）。「神がご自分とこの男の間を裁いてくださるように」とは、今ヨブを打ちたたき苦しめている神に対して、ヨブを弁論してくれるもう一人の神を願っているという意味だ。

この「裁く」のヘブル語は「yaka」だ。この意味は「争う」、「論争する」、「弁じる」、「弁護する」、「弁論する」などの意味がある。新共同訳は「裁く」とあるが、他の文献では「とりなす方」、内村鑑三は「論弁」、関根正雄は「弁じ」とある。言葉の感覚としてはヨブのために「弁護」する神を求めていると感じる。人間は多面的だ。同様に神にも怒り、裁きの面と弁護者としての面もあるだろう。ヨブは神の弁護者の面を、愛なる神の面を期待して言っているのだろう。出エジプトでは神の激しい面と愛の面が出ている。

ヨブは上からの弁護を待っているのだ。間もなく死ぬから、その前に汚名を拭い去ってほしいのだ。時間がないのだ。だから、ヨブはなりふり構っておられないのだ。直に神に会えればそうしたい。それが不可能なら、自分のために弁じてほしいのだ。そして、神が自らを振り返り、自らの過ちを見つけて自分自身と論争して、ヨブを無罪としてもらいたいとヨブは願うのだ。苦しいヨブは神のやさしさを知っているので、神のもう一面のとりなす神に期待をするのであろう。

ヨブの激しい苦しみは、殉教者の姿だ。それによって人は主にある者の生き様の大変さを思い知るのだ。ヨブは救済されるが、その救済は私たちの慰めでもある。死を願うほどの苦しみでも最後に救済があったからだ。そこに執り成しを願う者が、執り成しをする者への逆転がある。そのようなヨブにあやかり、苦しいときにヨブを思い、その困難を乗り越えていくのだ。その意味でヨブはやはり神的存在、イザヤ書五三章の人の子のような存在ではないか。

不動の信仰

あなた自ら保証人となってください。ほかの誰が、わたしの味方をしてくれましょう。（ヨブ記17・3）

ヨブは神に向かって保証人になってくださいと頼む。ヨブはあざけりを受け、唾をかけられ、蹴っ飛ばされ、馬鹿にされている。それが神に起因し、ヨブはそれを知っているのに、ヨブは神に保証人になってほしいと言うのだ。

何の保証人かといえば、ヨブの姿は悪人の現象だが、悪人でも罪びとでもないことを保証してくださいと神に願っているのだ。自分は間もなく死ぬ。民は皆、友人も含めて自分を罪あるものと断罪している。でも、神よ！　あなたは知っているのだ。私が無罪であると。どうかあなただけは私を無罪とする保証人になってほしいと願うのだ。ここでもヨブは神顕現を願い、自分の無垢《むく》を保証してもらいたいと願っているのだ。ヨブはただ神だけを見つめているのだ。現象を追うだけで判断するのは人間なのだが、そういったレベルのことはもうどうでもいいのであった。

今、保証してもらわなければ死にきれないのだ。このままでは罪人としての汚名を背負ったままで葬られ、世間からは永遠に罪人の一人として数えられるからだ。そういったヨブのひどい状態が、神から来ているにもかかわらず、神だけが自分の味方なのだと言う。ヨブのこのとんでもない神への信頼は何であろうか。それは神への絶対的帰依である。ヨブの神への信仰はゆるぎないのだ。たとえ神に殺されても、自分が信じた神に殉じていくのだ。神を頼み、神を味方として、神を信じ切って死んでいくのである。これを絶対的信仰とでも言っておこうと思う。

信じても不幸は来る時には来る。それでもそれらを受け入れ、神を信じて死んでいくのだ。ヨブの信仰の信念は巌のようなのだ。これを不動の信仰とでもいおうか。私たちもひどい時があるし、絶望もある。いやなこともある。そのような時に、ヨブの信仰を鏡にして歩めたらありがたい。

福音を信じても喜びを感じないような人間を救うために、イエスは十字架にかかられたということを教えられ、起死回生の信の道を行く私。十字架の贖いがなければ一歩たりとも前進できないような私に、神がどんな仕打ちをしようとも、――山谷でイザヤ書五三章が無ければ、とても前に歩めなかったような苦難の場合など、個人的葛藤で長く苦しんできた場合など――生きる支えをもらった私は、助けられた神に殉じて行こうとただ願っている。だから、畏れ多い言葉ではあるが、私にはヨブは私の先達であり、苦しさではなく、粘り強く生きる生き方を教えられている。

ヨブの生き方に、私は親鸞《しんらん》を思う。親鸞は理不尽な法難で迫害を受け、越後に流されたにもかかわらず、そこでつぶれることなく、法然上人の教えに殉《じゅん》じ、東国で大きな伝道をする。この人もやはりヨブのような人物と言えるだろう。親鸞は一二〇七年三五歳の時に越後国府へ流罪、罪が許された後二年ほど越後で布教をし、その後東国（関東）へ布教のために移る。東国の布教では、茨城県の稲田の草庵を拠点に二十年ほど行う。茨城県や千葉県には親鸞のお弟子さんの造った寺がいくつもある。

贖い

わたしは知っている、わたしを贖う方は生きておられ、
ついには塵の上に立たれるであろう。
この皮膚が損なわれようとも、
この身をもって、わたしは神を仰ぎ見るであろう。（ヨブ記19・25、26）

「aharon」を新共同訳は「ついに」と訳出しているが、「ついに」は「終わりに、しまいに、とうとう」という意味だ。待っていたことが生じるとふつうは理解する。「ついに」を内村鑑三は後の日と訳している。後の日の訳出がよいのだろう。

内村鑑三は二五節～二七節について言う。ヨブは、贖い主が他日地上に現れることを予感し、死後に神を見ることを確信する。それはヨブの贖われることへの偉大な希望だ、と言っている。また、ここの箇所を再臨思想と考えている。神が塵の上に立つのを、イエス・キリストの地上への再臨、ヨブが死後神を見るのは、地上での人の復活の時と理解している。（内村鑑三『ヨブ記講演』岩波文庫、二〇一四年）

北森嘉蔵は、地上に降臨した贖い主を、おそらくよみがえったヨブが見るだろうが、旧約聖書では来世信仰ははっきりしないと言う。この世の生が終われば黄泉《よみ》に行く。そこは天国でも地獄でもない。薄暗いひっそりしたところだ。たしかに、モーセでも死んだという言葉だけで終わっている（申命記34・5）。旧

約では死ねばそれでおしまいだ。

二六節の皮膚が損なわれるは死を意味するから、ヨブは死んだ後に、塵の上に立つ贖い主を見るだろう、というのだ。これをどう理解するか。

私はこの箇所をヨブの復活とは考えないが、この箇所をまとめると、今ヨブは、死にかけて神の現れるのを待っているのだが、神は一向に現れない。そして間もなく死ぬ。でも、ヨブを贖う神は、ヨブが死んでからでも必ず現れて、ヨブを贖うというのだ。自分はもう死んでいるが、それでもその贖いの神を見るというのだ。なんという執念だ。死んでも自分の贖われることを見たいのだ。言い換えれば、自分は絶対に、正しく、神の前に恥じることはないから、神が不正から私を買い戻してもらいたいのだ。死んでも自分が贖われることを、絶対にこの目で確かめなくては死にきれないのだ。

何ともすさまじいヨブの姿だ。一種の業だね。義にしがみつく業だ。悪鬼が迫る。死に物狂いのヨブの姿がある。神よ！　何とかしてくれ、と叫ぶヨブがいる。狂気のヨブがいる。神よ、ここまで思い詰めている私、ヨブに姿を現し、私がこのようなひどい状態になったわけを教えてください、とヨブは激しく天に叫んでいる姿を、この箇所から思い描くことができる。死んだ後でも、贖われる自分を見つめてやるっーというのだ。いかにヨブが徹底的に、神に忠実であることを誇りとしていたかがわかる。

自分の出来事を岩に掘る（23節）のも、その裏返しで同じことだ。つまり、こんなひどいことをしでかした、神の理不尽を書き残すというヨブの憤りなのだ。前の野ざらしにしろ（16・18）と同じことだ。

ヨブの発言の大切な点は、ヨブは死んだ後でも、自分が贖われることを強く希望していることだ。そして、ヨブは贖われることをほぼ確信に近い状態の望みをもって死んでいこうというのである（J・C・L・ギブソン『ヨブ記』新教出版社　一九九六年　260頁参照）。ここには義にこだわるヨブがいるのだ。逆境にある時に、このような強い気持ちを持ちたいものだ。

ヨブのこの発言は、死に際の信仰のあり方が示されていて興味深い。一生懸命信仰していたのに何か不本意な病気になり、死が間近にある心境が、このヨブのこの箇所であるような感じがする。私たちもきちっと死に際の信仰の在り方を考えておくことは必要かもしれない。ただ、往生際が悪くていいのだが。

悪徳

なぜ、神に逆らう者が生き永らえ、年を重ねてなお、力を増し加えるのか。（ヨブ記21・7）

この箇所は、このような悪徳な人々が栄えることをずっと書いている。これは現実だ。二〇章で、友人が悪は滅びると強調した。ヨブの反論が二一章だ。悪は栄えるのだと。

この世の知恵あるものが栄えるのだ。神に逆らうものを神は滅ぼさない。神はこの世には手を出さないのだ。神に逆らってまでも、この世の益をむさぼるものは栄えるのだ。これは現代の現実でもある。賢い者、ずる賢いものが豊かになるのだ。ヨブはしかと当時の現実を見ているのだ。友人は形式主義、建前主義、教科書主義に過ぎない。

義人は、神にある者は、神にあるゆえに苦しむのだ。ここにヨブの神学が一段と深まったのではないか。

正しくあろうと欲する者は、それゆえにこの社会ではうまくいかずに苦しむのだ。ヨブ記一章の神話を省いて考えるとそれがはっきりする。ある義人ヨブに、なぜか極端な不幸が襲ってきた。そして、あらゆる人がヨブを捨て、馬鹿にしたのである。ここから義人ヨブの苦しみが始まるのだ。神に忠実な私になぜこれほどの不幸が来るのかと嘆くのである。

世俗は世俗の論理で生きる。悪もいれば良いのもいる。それもすべて法に従ってだ。法に触れなければ、悪は悪でない。そういった悪が今横行している。ヨブは明らかに新しい神観に至ったのだ。よい人がよい生活になるという考えの否定だ。ここでは、神の教えを守れば、よい生活になるという考えの否定だ。ヨブは、それは欺瞞だと言っている。現実はそうではないからだ。神を信じるとは、ヨブにとってはよい生活とか、善行とかでのレベルではないのだ。神は絶対者、生きる根拠だから神を信じるのだ。神への誠実さなのだ。神に義とされること、つまり神に受け入れてもらうことが神信仰なのだ。

キリスト教で言えば、イエス・キリストが私たちの罪を贖って死なれたことと、それによって私たちがこのままの罪の姿で、救いに預かっているということだけだ。それが神信仰のすべてである。これが根幹だ。後はキリスト者は世俗でどう生きるかが問われる。それはそれぞれの生き方によって決まる。ヒントは、世俗との接点については福音書が隣人愛とか弱い者の配慮などを言っているから、それをどのようにとらえていくかが問題だ。

身を隠す

東に行ってもその方はおられず、……
南に身を覆っておられて、見いだせない。（ヨブ記23・8、9）

ここに切ないヨブの気持ちがにじむ。会って話がしたいのにどこにもいないというのだ。神が雲隠れしたのだ。いつもヨブのそばにいる神だったのに今はいない。神がいなくては何も解決できないのだ。今までは神がいつもいて、何事も神中心にしていたのに、どうしたらよいのだろうとヨブは嘆くのだ。

神が沈黙しているから、この地は不正が横行している。貧しい者は借金のかたに子を取られる。飢えていながら、他人の田の稲を運んでいる。この文言に派遣労働者を思い浮かべる。彼らは安く不安定な雇用なのに大会社の利益を一生懸命はじき出している。死にゆく人々があえいでいる。これは、中近東の政治の軋轢《あつれき》から多くの人々が死んでいく様を思い浮かべる。こういった惨状は、神が身を隠しているからだとヨブは暗に言っているのだ。物語の最後において、ヨブはラッキーにも神顕現で救われた。

現実の世界はどうだろうか。世界の惨状は神不在を示している。神は身を隠しておられるのだろうか。ニーチェが言うように、「神は死んだ」のだろうか。この世には、神は手を出さない方なのだろうか。御言葉《みことば》が聖書を通して、貧しい人や弱い人を配慮するように語っているが、世界はそのような言葉をせせら笑っているようだ。現実には、日々貧富の差が拡大している。ニーチェはみんなが神を殺したとわめく。確かにみんなが神を殺したのだ。みんなが神を都合よく使っているだけだから、実質的に神は殺されているのだ。政治や社会の只中にいて、神にある私なども無力であることを覚える。

だが、イエスが来て天に帰ったが、私たちには聖書がある。聖書の隣人愛は普遍性があるだろう。このような言葉を世俗化して、人間のことは、人間が処理しなくてはならないのだろう。その外にも、神は人間に十分知恵を授けた。こういった知恵をもって、人類の平和のために御言葉《みことば》を活用しなくてはならないのだろう。そうは言っても、人類の未来を明るくするには相当の努力がいるだろう。

『新しい世界史へ』（羽田 正著　岩波新書、二〇一一年）は理想論的だが、未来展望について示唆に富んでいるので少し紹介する。

現代社会は新しい世界史を必要としている。それは、地球主義の考えに基づく地球市民のための世界史である。地球主義とは、現在地球上で生じている政治、経済、社会、環境などの問題を地球市民の立場から解決してゆこうとする態度のことだ。

私たちはある国の国民であり、同時に地球市民であることを強く意識すべきだ。私たちが、世界全体の利害を考慮して行動するためには、世界を「私たちの日本と他者である諸外国」と見るのではなく、「私たちの地球」と捉える世界認識が必要だ。新しい世界史はそれを学ぶことによって、この世界認識をはっきりと意識できる内容を備えるべきだ。（92頁要約）

一国への帰属意識を超えて地球市民として、世界を見ることができるなら世界は相当変わるだろうが、日本の場合でも「愛国心」などの帰属意識を強めるような言葉が行き交う昨今だ。しかし人類の未来を考えた時には、国という枠を取り払って地球規模の視点で物事を処理する能力が必要とされるのだろうと思う。

こういった話は、地球が永遠に続くと暗黙に信じているからだと思う。だが聖書には終末論があるように、この歴史には終わりがあることを、聖書は示しているのだろうと思う。福音書の記者は人類や歴史に対して悲観的な物の見方をしていたのだろうが、有史以来戦争の絶えない人間の姿を見続けていれば、確かに楽観的に展望を持つことは難しい。地球温暖化、貧富の拡大、アメリカの弱体化、中国、インドの大国化、イスラーム教の台頭など、地球規模で世界の変貌が激しい。こうした中で人類の歴史の相対性を意識しながら、地球市民としての思考を磨くことが必要ではないか。

苦しむ

わたしの魂を苦しめる全能者にかけて、わたしは誓う。わたしの息がまだ残っているかぎりこの舌は決して欺きを言わない、と。（ヨブ記27・2—4）

何とも激しいヨブの気魄だ。ヨブは神によってどんなに痛めつけられても、神を絶対者としてあがめ尊敬しているのだ。だから神にかけて誓うのだ。神から苦しみを受けていても、それでも神に祈るのだ。そして、間もなく死ぬだろうが、息ある間は真実に生きるというのだ。神によって死のうとしているのに、その神に誓うとはすごいことだ。神信仰とはこういったものなのだろう。信仰とは面白い、可笑しい事柄ではないのだ。信仰とは、自分の魂を苦しめる神なのに、そこに命をかけて生き続ける気概なのだ。自分を苦しめていることのために、一生懸命魂を込めてすることは一般でも多々ある。どうにもならない子どものために苦しむ親などはその例だ。

山谷もそうだった。山谷で伝道のためにアルコールの問題の人を世話すれば依存され、断れば激しい攻撃を受け、ドアを壊されたりして、精神的にまいったことも幾度もあったが、それでもそこに打ち込んでいった。気概とはそんなことだと思う。こういった状況の時の心境は、召命を受けて伝道のため山谷に来たのに、神に騙されたようでエレミヤのような嘆きを持ちながら、それでいて矛盾するようだが、その召命におすがりして、言い換えればヨブのような境涯で、乗り越え、乗り越えてきたと思う。それだけに、ヨブのこのセリフは真実味をもって私に迫ってくるものがある。ここにヨブの神信仰の深まりを見る。

神の不正

お前はわたしが定めたことを否定し
自分を無罪とするために、わたしを有罪とさえするのか。（ヨブ記40・8）

エリフは言う（32章から登場する）。神には不正はない（34・10）。神が罪を犯すことはない。神は正義を曲げられない。信仰者もこう言うだろう。だが、ヨブが「正しい」と言うことは間違っているのだろうか。ヨブは自信を持って、「正義を秤《はかり》として量《はか》ってもらいたい」（31・6）と神に訴える。

普通はこうはいかない。人はこの世の不正に対して、また神を信じる者の不幸に対して、神の不正とはいいがたいから、神は沈黙とか、無力とか、死んだとかと言って、神の立場を正当化し、神の責任を回避してきたのだ。ヨブの神への自負心が、自分は正しいのだ、神が誤ることがあるのだと叫ばせるのだ（40・8）。これが真実の信仰ではないか。神と争う信仰だ（40・2）。実際、神はサタンとの賭けで正しいヨブを罪あるようにひどい目に合わせているのだから、ヨブの発言は正当なのだ。

パウロは自己否定によって自己を肯定するのだが、ヨブは徹底的に自己を肯定して、自分の存在を主張する。でも、ヨブは誤る神、不正の神を受け入れていく。不正をしても神は絶対者なのだ（42・2―6）。ヨブの生き方は、キリスト者は自信を持てということなのだろう。あまりにも自分を打ちたたき、卑下して自分を追い込むことがないようにと諭しているのだろう。自分の信仰に自信を持ち、納得がいかなければ、神に苦情を言うぐらいの気概で歩むことを勧め、何が起きようが堂々と歩めと教えているのだろう。ある場合には、勇み足だって構わないのだ。今日の社会は不正や不義、合法的な搾取のひどい社会だから、キリスト者のすべきことはたくさんあると思う。

私の父はヨブのような苦しみをしたという。篤信なクリスチャンだったが、ひどい不幸に襲われて苦しんだ。「一生懸命信仰しているのに、どうして私にこんな不幸が来るのですか」と父は神に祈ったことだろう。ヨブのような苦しみには、なかなか答えはない。そんな苦しむ父をキリストは抱いてくれたという。すなわち神の恵みにより、キリストの贖いの業によって癒されたのだ。

私たちも困難に対して積極的に生きる時に、ヨブのようには徹底的な自己肯定はできないにしても、きっと神の恵みにより、キリストの介入によって様々な解決を指し示めしてくださるだろう。

経綸

神の経綸を暗くするとは。男らしく、腰に帯をせよ。（ヨブ記38・2、3）

この宇宙世界を運営する神の仕方をうるさく言うお前は何者だというわけだ。「経綸《けいりん》」とは国語辞書によれば、国を治める、政治を治める、世界を治める、経営する、運営するとある。この経綸の訳し方に問題があるかもしれない。このヘブル語は「esa」という語だ。私の簡単なヘブル語辞書では計画、助言とある。関根正雄は「はかりごと」と、フランシスコの聖書では「計らい」と訳している。この箇所の文脈では「経綸」では意味がずれそうだ。私の持っている英訳ヘブル語辞書ではcounselと出ている。これは日本語辞典によれば、1は忠告、助言、2は相談、3は目的、意図、計画と書いてある。多義な意味があるが、基本は「治め、支配」よりも、「忠告とか助言」のことのようだ。

すると、ヨブ記三八章のこの箇所全体の文脈から眺めると、ヨブが神の「esa」を暗くしているというのはそれでよいが、このヘブル語の訳としては言い過ぎかもしれない。助言もおかしいから、関根のように「はかりごと」でよいのではないか。ヨブは神の計画、神の目的がわからずに、その神の「はかりごと」を暗くしていると、神に言われたと考えた方がわかりやすい。ヨブは自己の正しさだけを主張して、神のご計画、目的がわからなかったのだろう。それを神は指摘するのだ。でもヨブの言ったことは正しいと、神は評価するのだ。（42・7）これはすごいことだ。散々神に文句を言って、自分の生まれたことを呪ったりしたのに、また、神が間違っているとも、不公平とも神を批判した（40・8）のに、ヨブを、神は評価して正しいというのだ。しかも、神について弁明している友人が間違っているのだ。

神はヨブを否定しない。肯定する。ただ、ご計画やはからいがわからなかったのだと批評をするだけだ。神のご計画が、「はかりごと」がわからなかったのだというのは、これは私たちに対する言葉でもある。神のご計画が何ごとかもわからず右往左往する私たちだ。その際にやはり神がヨブに言った言葉が響く。「神の経綸を暗くする者は誰ぞ」を、私たちに対する言葉として理解するときには、この言葉は counsel の一番の意味、忠告、助言、メッセージと理解すると非常にこの箇所がしっくりいく。

ヨブが病んだように、私は心の病気だ。それがどこから来るのか。それは神ではなくて病気そのものから来る。けれども、その病気はさまざまなメッセージを、忠告を、助言を私に示している。それが神の「esa」という言葉で表している内容だ。

神はその病をとおして、病の中で私たちに語りかけているのだ。その病を通して私たちに助言、忠告、メッセージを送っているのだ。いいかえれば、その病から私は何を読み取るだろうかと、神は待っているのだ。病を通して神のメッセージである助言、忠告を聞くことができるのは素晴らしいことだ。その助言を暗くしないように、心を謙虚にすることも必要だ。

安井さんはひどい怪我をしたが、それは別に神の出来事でもなく、人間の営みによる不幸であるが、その事故を通して、神はまた安井さんに多くを語りかけているのだと思う。安井さんがそれをどう聞くか。またその事故を通して神がいかなるメッセージ、いかなる助言、忠告、ご計画を発しているかどうかを受け止めるのは、彼女の信仰理解によると思う。それはすべての人に言えることだ。

私はヨブの正反対にいるほどの人間だが、それでも自分に生じる出来事からたくさん学ぶ。死ぬまでさまざま出来事を通して神のメッセージ、忠告、助言を聴いていくのだ。それが喜びでもつらくても、出来事自身がメッセージ（esa）なのだ。三八章の神の顕現のこの言葉「esa」は私には値千金の感じがする。また神がヨブを評価するのもすごいと思う。

私は二〇一四年九月一九日にとんでもない事故を起こすところだった。それはスケボーについて起きた。スケボーがタクシーに轢かれて二つに折れてしまったのだ。私はこの時、偶然の持っている力のものすごさを感じて戦慄した。

私本人はどこにも支障はなかった。何が偶然かというと、信号でない場所で道路を横切った。遠くにタクシーが見えたが、問題はないと判断したからだ。ちょうど雨が降り始めて焦っていたのだろう。スケボーで漕ぎながら渡り終え、右足でまた漕いだ時に小石か何かを前輪が噛んで急停止した。運動の法則で私は前のめりになり、その反動で私は乗っていた左足でスケボーを後ろに蹴りだしてしまった。スケボーは今来た道を勢いよく後戻りだ。そこへ、遠くに見えたタクシーがちょうど通過して、前輪と後輪の間に入ってしまい「バン」と音がして二つに折れてしまった。タクシーはそのまま走り去った。すべてが偶然だが、偶然の力のすごさを改めて思った。

同時に私はこの出来事が「esa」として、私に忠告をしていることに気が付いた。つまり、気をつけないと、このスケボーのようになるぞと、神は私に強い警告を発したことを感じて、また恐れいったのだ。まりや食堂やその他諸々、私がきちんとしなくてはいけないことを示されたのだった。

こんなことを書いていたら、とんでもない自然災害が御嶽山で起きた。突如の噴火（二〇一四年九月二七日）で、必死に下山する人々を火山弾、噴石が直撃し、ある人は助かり、ある人は命を奪われ、五十数名の人が亡くなられた。私はここにも運、不運では処理できない偶然の持っている恐るべき力を改めて感じた。偶然はどこにもあるから、気をつけてと言っても、偶然は気をつける空間をすり抜けるから、私たちは日々の生き方を引き締めていかなくてはならないかもしれない。

蛇足だが、スケボーは再生した。幸い割れた短い方は10センチ少々だったから、長い方はそれでも45センチはあるからまだ使える。割れたところを削って平らにし、パテを塗ってきれいにし、ニスを塗って防水した。幸い車輪は壊れなかったので、程よい後ろにドリルで穴をあけ、車輪を取り付けた。再生したスケボーは少し左に行こうとする癖があるが、騙しながら滑っている。私のボードはロングで約全長60センチあった。

人生もこんなものだろう。ダメージを受けても再生できたら幸いだ。偶然の事故でダメージを受けてもヨブの「復活」（次項参照）を覚えていきたいと思う。ただ、日々の歩みはいつ何があるか分かったものではない。人は今日を一生と思って生きるが肝心だろう。一日一生だ。

復活

ヨブが友人たちのために祈ったとき、主はヨブを元の境遇に戻し、更に財産を二倍にされた。

（ヨブ記42・10）

神を批判しつつも、その神に賭けるヨブの生き様は迫力あるものがある。自分が殺されるかもしれないというのに、その殺す神を受け入れていくとは何とすごいことか。こういったヨブの生き方が評価されたのだろう。神は冒頭でヨブを、私の僕《しもべ》と呼んで特別選ばれたものとして見ていた。最後の章でもまた私の僕と呼び、苦難を乗り越えたヨブを評価している。最初と最後にそのように呼ぶことによって、ヨブは神の心に適《かな》う者であったのだ。（参照：浅野順一著『ヨブ記の研究』創文社）

私たちは不幸や事故などであまりにもひどい人生に落とされた時に、神を信じ切れるかどうか。神を捨てるかもしれない不確かさの中にたたずむだろう。そのような迷いに対して、ヨブの生き方は神信心のあり方を示している。神信仰とは幸福とか不幸とかを超えたところのものだということだ。キリスト教であれば、贖いの信仰につきる。罪のあるままで神によってよしとされるあり方が神信仰である。罪のあるままで救われた生き方には、物質的によい生活があるかもしれないし、悪い生活があるかもしれない。だから世俗の幸不幸にあまり関係がないと言える。

でも、ヨブは幸福が回復する。私はこれをユーモアと解釈したい。こんなことがあってもよいかなーと言った意味で理解したい。これほどにヨブの再人生がばら色であれば、これはもう地上ではなくて天上の出来事になっていくだろう。福音書でも、イエスに従う者は天上で素晴らしい生活が保障されている。たぶん、現実の世界ではヨブのこのばら色の出来事は非現実的だと思う。先に取り上げている北森嘉蔵でも内村鑑三でも、ヨブのこのような回復をあまり評価していない。

安井さんは事実ではないのかと語っていた。これはやはり安井さんの経験によるわけだ。彼女はひどい交通事故から命を取りとめたからだ。

現実には、苦難からの回復にはいろいろな方法があるだろうと考える。ヨブのように回復する人がいるかもしれない。必ずしもハッピーとばかりはいかない場合もあるだろう。まったく物質的には回復しない人がいるかもしれない。でも、強められて精神的に回復するかもしれない。

いずれにしても、ヨブが回復したことが重要だ。ヨブがひどい苦しみの後で回復するという物語は、イエスの出来事の先駆けと理解したいと思っている。尋常でないヨブの苦しみと、それでも神を望む生き方は、すでに人を超え出た聖なる人の生き方のように感じる。だから、ヨブが神により不幸を得て苦しむ姿は、イエスが神によって十字架にかけられる苦難につながる。続いて、イエスが神の力で復活するように、ヨブも神の力で元の状態に回復する。ただ、ヨブはほとんど瀕死の状態だったから、この回復はある種の復活と言った方がよいかもしれない。

私たちはイエスの死と復活にあやかり、死と復活を体験する。そして救いにあずかる。同じように、私たちはヨブ記を通して、恐ろしいまでの苦難の中にあるヨブの闘いを読み、私たちが辛いときは、そういったヨブの人生を私たちの人生に重ね合わせ、ヨブから力を頂き、耐え続けようと努力する目標になる。苦難の中で耐えるヨブは私たちの模範だ。

ヨブが神により回復する様を見て、ヨブを黙想し、ヨブに祈り、困難に打ち勝つための勇気を得ることができる。ヨブの苦難からの回復は私たちの希望だ。そして、私たちが困難に耐える時に、神はきっと復活の力をくださり支えてくれるだろう。

私で言えば、必死の空手の修行中様々な怪我などがあったが、鍛えることによって、まりや食堂を守り、今日に至りえたのは、苦難に耐え神の力により回復したヨブと同様に、困難に耐え懸命の努力に対して神からの恵みによる回復だったのだ。

　これほど重要なヨブ記なのに、私がイザヤ書五三章ばかりに目がいっていたのは、当時まりや食堂を維持するのに様々な困難があり、困難に耐えるにはイザヤ書五三章の力が必要だったからだ。そして困難に耐え、今日それなりにやれているのは、ヨブを回復させた神による復活の力を得て、様々な困難からの回復のために努力したからではないかとも思う。

わたしの僕

わたしの僕《しもべ》ヨブのように正しく語らなかったからだ。（ヨブ記42・7）

「わたしの僕」と神はヨブを親しく呼ぶ。ヨブは「わたしの僕」と呼ばれる自慢の家来だ。サタンに対しても自慢するほどの人だった。最後の四二章でも再び私の僕と述べることから、このヨブ記はこの言葉に挟まれたサンドイッチのような物語だと分かる。言い換えれば、ヨブは折り紙付きの義人だったのだ。

　そして神の試練が始まる。そこでは七転八倒。弱気になり、自分を呪い、神に抗議し、贖い者を求め、自分を殺そうとする神をいつも受け入れる。

　最後に神に出会い、神の経綸を暗くすることを叱られるが、神への服従のたぐいまれな勇気に対して、また試練に耐えた精神の強靭さに対して、神の肯定的な評価をもらい、「わたしの僕、ヨブ」と親愛の情をこめて、再び呼ばれるのである。

これは、私たちの物語でもある。私たちは神の恵みによって招かれ、それぞれが山あり谷ありの人生を歩んでいるが、その途上において原因がわからず、理にもかなわぬ、不幸、災難、しかも神は何も答えてはくれないということなどもあるかもしれない。でも、ヨブのようにその神を信頼し、とことん信従することができるように、ヨブからの加護を祈り、最後には神によって「わたしの僕」と言われ、ご苦労さんとねぎらわれて終わるような人生でありたいものだ。

ヨブの苦難の人生の背後には、神のこの経綸があったわけだが、この経綸という言葉は心に深く響く内容がある。ヨブは経綸を軽んずると叱られるが、ヨブは神の経綸を自分なりに解釈し深まっていったのだ。すなわち、自分の実存を賭けて、神をとことん信頼し、罪びとの現象である病にもかかわらず、自分の義を主張するのであった。

私たちはこの「esa」をいつも身近に感じているのではないか。見ようと思えば森羅万象の中にも神の「esa」があるし、さまざまな出来事の中にも見る。また見なくてはなるまい。現実でも、私たちはこの「esa」によって開かれた道を各自歩んでいる。それは決して平坦ではないが、ヨブの苦難に耐える勇気は私たちの歩みの希望である。

友人

わたしはお前とお前の二人の友人に対して怒っている。（ヨブ記42・7）

詩編五二編では、悪事を行う者の滅びを言っている（1—7）。人はそれを見て神を畏れる（8—11）のである。

この詩編の言葉は、ヨブの友人の発言と同じだ。箴言も友人の言っているようなことをさまざま述べている。だから、ヨブ記の友人を悪役とみなす人が多いが、そうとばかり言えないと私は思う。ヨブ記は二重奏のような気がする。ヨブの忍耐と希望の物語と友人たちが述べる神についての箴言、道徳訓だ。

だが、友人たちが神について語っていることが、神によって叱責された。友人の語る神観は間違っていたのだろうか。

友人たちがヨブを諭す道徳訓などは、ヨブは知っているとこともなげに言う（13・1、2）。だから、友人たちの神についての言葉は日常的に人々によって語られ、口にされ、教えられている事柄なのだろうと考えられる。

まず、友人たちの神やヨブについての発言を見ていくと

神を畏《おそ》れる生き方（4・6）
罪のない人は滅ぼされない（4・7）
人が神より正しくあり得ようか（4・17）
問題を神に任せる（5・8）
全能者の戒めを拒んではならない（5・17）
神の憐れみを乞え（8・5）
神に逆らう者の天幕は消えうせる（8・22）

悪人の一生は不安だ。(15・20)
神に逆らう者の灯は消える(18・5、20・5)
悪を行った。だから罰だ(22・5)
神に従い、神と和解しなさい。(22・21)
どうして人が神の前に正しくありようか。(25・4)
神に不正はない。神は人間の行いに従って報いる(34・10)
神が罪を犯すことは決してない。全能者は正義を曲げられない(34・12)

友人たちのこれらの発言は、旧約の伝統に従うものだ。ヨブも伝統に従い、同じように考えて発言し行動していたのだった。それだけに、これほど神に忠実な者が、ひどい不幸に襲われることは納得がいかないし、忠告を受ける覚えはないのだ。だから、気が狂うほどの不満と、はけ口のない憤りが心を貫くのだ。「生まれない方がましだった」というほどの嘆きなのだった。それだけに、神に会って神の存念(思い、考え)をはっきり聞きたいとも思うのだ。

友人たちも伝統の中にいるから、ヨブは罪あるがゆえに、そのようなひどい不幸が来たのだと判断するのは当然だと思う。だから、ヨブを説得して、神に謝罪するように発言するのだ。それに対してヨブは無罪を主張する。したがって、友人たちとヨブの議論はかみ合っていないのだ。互いに自分の思いを主張するだけだ。友人たちの考えも伝統に従っているから一理ある。ヨブは伝統の中にいるが、神への信仰の一徹さと贖い主への思想は現代へと繋がっている。

神への思いはヨブも友人たちも同じであったと思う。だが、このケースの場合は、義人であるのに罪びとの現象（ひどい災難）を示すヨブの内実を、友人たちは見抜くことができなかったので、神によって叱責を受けるに至ったのだろう。つまり、友人たちが神について語っていることは、まさに正しいのであるが、神とヨブの関係は、友人たちが考えるよりも深いところにあり、ヨブは罪がないのに罪ありという姿にさせられたことを、伝統に属している友人たちは見抜くことができなかったのは当然だろう。ゆえに、友人がヨブをまたヨブと共にある神を理解することはむずかしかったであろう。神は友人たちを叱責はするが罰は与えず、ヨブの祈りによって友人たちは許されるのであった。

これはヨブが友人たちよりも神に忠実であることを示しているが、友人たちも許されるのは、友人たちの一連の発言はそれなりに肯定されているからだろう。

私は友人の発言は、ヨブの発言を招く刺身のつまのように感じていたが、そうでもなさそうだと今感じている。

友人たちの言葉は詩編や箴言同様に道徳訓の位置を持っているのではないだろうか。

もちろん、中心はヨブなのだが、ヨブのあり方は極端で、一般的でないから、ヨブの激しい生き方に人々は驚きつつ、ヨブの発言のところどころにちりばめられている友人たちの神についての教えや道徳訓に触れて、日々の戒めとして神を畏れ、敬っていたのだろう。そういった点において、友人たちはそれなりに一定の評価を神からいただいたに違いない。これが私の友人に対する評価だ。

10　勇太

ナンバーツー

今日もナンバー２（ツー）を自転車の荷台に乗せて出勤だ。ナンバー２は、荷台が好きで何時も後ろ向きに座る。ナンバー２とは甲斐犬、勇太のあだなだ。由来はこの犬のために買った犬用のランニングの背に、サッカー選手のシャツを真似たナンバーが２と印刷されていたからだ。勇太は家でもナンバー２の振舞いを長らくしていた。

勇太は私の次に序列していると常に意識している。だから、勇太が私と一緒に寝室にいる時に、家内が勇太を連れ出そうとするものなら、歯をむき出して飛び掛かるのだ。びっくりするほど本気でかみつく。一気にももと手を噛まれたこともある。本当に危ない犬だ。かくいう私だって噛まれたことは数回ある。この犬を買ってきた時から家内にはなつかず、手を出せば噛みついた。まさに野生の獣そのままの犬だった。

勇太に手こずっていた日々だったが、新聞で目を引いた記事にウルフドッグ（オオカミと犬の交配犬）がブリーダーを噛み殺したとあった。狼のメスとシェパードなどの大型犬のオスを交配させる。クマなどを追い払うのに使うそうだ。野性味があって一部の人に人気があるようだが、動物の血が入っているので行動

勇太

パターンがはっきりしないから危険だともいう。野生の血が半分では、野生の獣の激しさが当然あるのだろう。時としてそれが出て、今回は不幸にもブリーダーが噛み殺されてしまったのだと思う。

私はこれを読んだ時に、勇太を思った。この犬の気性の荒さは、甲斐犬が最も原始に近いゆえなのだと納得してしまう。勇太は野生に近いからなつかないし、扱いにくいのだ。それで、ペットショップでは扱っていないから、手に入れるにはブリーダーから直接買うことになる。多くはこの気性の荒さと野性的精悍な顔つきに引かれて買うのだ。私が一生懸命餌をやり、なだめすかして躾をしたので私にだけは従順だ。これも甲斐犬の特徴だ。飼い主一人には従順なのだ。歳月が何年も流れ、家内が退職して家に居るようになり、だいぶ犬の面倒を見るようになってからは家内の存在も認めるようになった。それで二〇一四年頃には家内はナンバー2・5といったところだ。家内が居なければ淋しがるから結構その存在を認めているのだ。

勇太は気分やでもある。同じ人でもあるときは機嫌よく尻尾を振り近づき、なついたなと思ってその人が不用意に行くと、わっと噛みついて中々触らしてはくれない。そういった調子で、勇太は今までボランティア二人に噛みついている。ところが今日来たシスターとは初体面なのに、尾を振り親愛の情を込めて擦り寄っていくではないか。近づいても唸りもしない。このシスターは「私は犬には好かれるの。人にはどうかな」と笑っていた。こんなこともあった、まりや食堂の仕事が終わり勇太と帰る時に、お巡りさんが二人、山谷の中を巡回していた。一人が勇太に手を出したのでヒヤッとしたら、勇太はおとなしく頭をなでられ、尻尾を振るではないか。これには驚いた。勇太は強い者にはゴマするところがあるから、お巡りさんを見ての態度だったに相違ない。

こういった犬だが、私にはとても可愛い二代目なのだ。勇太は私が命なのだ。いつも私の側にいる。私だけしか見ていない。それが甲斐犬なのだ。一代目の甲斐は今でも思い出す犬だ。思い過ぎると心が泣けてくる。勇太は元気な犬で、病気という病気はしたことがないが、人にも犬にもなじまないのが難点だ。群れないのだ。私もほとんど群れないから、私に似たのかもしれない。私はひと付き合いが悪い。人が嫌いなわけではないが、やたら気を使うのでできるだけ人には会わない方がよいのだ。勇太は日中はまりや食堂の三階の部屋にいるが、初めての人が上がってくれば必ず吠える。よい番犬だ。

日課

毎日自転車の荷台に乗せて山谷に出勤だ。

通勤に18キロある体重を乗せて走るのだから結構大変だが、私はこれを日課にしている。ひどい雨降り以外は何時も荷台に乗せて行く。これは一つには私の健康のためなのである。この重量を乗せ、自転車のギアはトップに入れて漕ぐ（二〇一七年現在は普通のギア、坂はローだ）。足腰には結構きつい負担だ。このようにして体に負担をかけて体を鍛えているのだ。体は頭も含めて甘やかしているとどんどん退化する。今日を生き、明日も生きていくためには、体をある程度いためなくてはならない。こうして漕いでいると、まりや食堂の三階までの階段は楽だ。そのほかにも足元がもたもたしない。私らの年になると、ちょっとしたことでもつまずき、後ろの足を送れなくて転倒だ。鍛えていればさっと足を送れる。この足腰の鍛錬は冬場のスノーボードのためでもある。これは足腰をすごく使うから普段の筋トレが肝心なのだ。また、まりや食堂のためでもある。健康のバロメーターでもある。だから、勇太に感謝しなくてはならない。

帰りは山谷から家まで走る。約2キロの道のりは、勇太にとっては十二分な運動だろう。今のところは嫌がらない。けれど、走っている途中で降り出したりすると、急ぎ帰る必要があるので、急遽荷台に乗せるため抱き上げればとても嬉しがる。やっぱり走るよりも乗るのがよいのだ。

今朝は小降りなので勇太は連れて行く。荷台に乗せ、カッパを二重に着せ、頭の部分は鼻面が見えるだけにして、ビニールの帽子をすっぽりかぶせ、あごの辺りを紐で縛り、頭の部分がすっぽ抜けないようにする。頭の部分は嫌がってぶるぶるとかぶりを振って脱ごうとするが、この方法だと抜けない。目が見えなくても鼻面が出ていれば、世界の雰囲気がわかるからこれで収まっている。

荷台の犬はあたかも幼児のように見える。おばさんがひょいと荷台を見て、真っ黒な鼻面がカッパの帽子から出ているのでびっくりする。

白髭橋の袂が難所だ。墨田区と台東区はゼロメートル地帯だ。土地が川より低いからしっかりと堤防で人間の住居を守っている。したがって、橋は土地より高くなるから橋に向かって登り坂になっている。橋の手前200メートルぐらいからきつくなっている。大概の人はお尻を上げて一気に橋に駆け上がるが、私は18キロの勇太を乗せているのでそうはいかない。しかも自転車は常にトップのギアに入れてあるのでとても重たい。大概坂の途中で降り、自転車を引くことになるのだ。この墨田区は土地が低い上に老朽化した建物が多いし、地盤が軟弱だから震災のワーストナンバーワンなのだ。私がそこに居を構え、毎日勇太とまりや食堂へ通う。リスクを覚悟でこの地を選んだのは我が家とまりや食堂との距離感覚の故だ。私は、いつもまりや食堂を優先に考えているが、この地はまりや食堂に何かがあれば直ぐに行ける近さにある。

そのような地理的条件に加え環境も悪い。交通量の多い水戸街道が近くにあるので、排気ガスがこの地を覆っている。ただ、この6号線の交通量によって、ある程度現在の日本経済が好調であるかどうかが判断できる。冬の朝など明ける前に勇太を連れて散歩時など、水戸街道を車列がヘッドライトを輝かせ、大型トラックが威勢のよい爆音を鳴らしながら駆けている。その交通量から今年は少し景気がいいなと思い、山谷も少しは潤うのではないだろうかと判断したりする。二〇一七年現在でも山谷には日雇い労働者は、数は減ったが健在で、その一部はまりや食堂の弁当を利用している。

この6号線で一度苦労した。関東地方が年に一回は大雪が降るが、二〇一三年の一月某日、雪が朝から降りしきった。私は所用で茨城にいた。交通を心配して早めに仕事を切り上げたが、既に遅く高速道路常磐道は通行止めだ。一般道路の6号線に車が集中し大渋滞になり、東京に着くまで延々十時間を要した。大渋滞の理由は車が集中しただけではなく、主な原因は足を取られて進めない車が多かったのだ。関東地方だから多くはノーマルタイヤだ。私は雪タイヤ《スノー》を履いているから平気なのだが、周りがそうでないから動こうにも動けない。芋虫のようにごそごそと車列が動いている。そのうち動かなくなった。前方を見れば坂の真ん中に堂々と車が立ち往生している。緩やかな坂でもタイヤがスリップして上がれないのだ。本当に東京から茨城まで全線が車列でつまっている。東京に着いたのは夜遅くだった。

ある雨の日

まりや食堂に着くと永伊さんが待っている。今日はゴミを出す日だ。彼はゴミ出しのを手伝いにきてくれる。とても助かる。

「先生、大変だね」と私が犬のカッパを脱がせて荷台から下ろすのを見て言う。確かに大変だ。私は自分のカッパも脱ぎ、シャッターと玄関を開けて犬を中に入れ、カッパとカバンも入れる。そんな様子を見ていて本当に大変だと感じたのだ。

「生き物の世話は大変なんだ。人間の世話も大変なんだよ」と永伊さんに言った。永伊さんはわかったようで「いつもありがとう」と頭を下げる。「だからいいか、私や専従さんに心配かけないでな。特に休みの日はいいか飲みすぎるな」。ただ、最近は安定しているようで馬鹿飲みはしていないようだ。かえって私のほうが気をつけないと、飲みすぎになってしまう危険性を感じている。

だいたいごみ出しは終わった。こうして雨の日でも手伝いにきてくれるのをねぎらい、「私は『今世話をしている』と言ったが、永伊さん、あんたにはまりや食堂がとても世話になっているよ。一生懸命やってもらってありがとう」と私の気持ちを伝える。本当に今は彼がいないとやれないほどに、ボランティアが減ってきたし、また永伊さんもよく仕事を覚えてがんばってくれる。

最近は彼の人格が変わってきたように思う。即自的人間のようだったが、対自存在として自分を良く見つめることが出来ているようだ。人間は自己を越える存在というが、本当に彼を見ているとその成長というか、自己を否定し新しい自分になっていく様子が感じられるのだ。何か世話をしてあげる存在ではなくて、私と普通の会話が出来ているなと感じる。

喪が明ける

甲斐が死んで三年たった時に勇太を飼った。これで喪が明けたはずだったのだが、実際は何時も心に甲斐がいた。勇太がウンチをする時などがそうだ。この犬は何時も立派なウンチをするが、ふと甲斐のことを思う。あれは何時も下痢や血便だったなー。ウンチをする時は何時もひやひやしていたなーと。今でも甲斐のことが頭から離れないが、甲斐が死んでからはや十年が過ぎ、やっと甲斐の喪が明けたようで、二〇一二年十月になって勇太のことについて書きたくなり、記憶をたどりながら勇太のメモを取り始めた。

勇太は甲斐犬の古里、山梨のブリーダーから手に入れた。確か十五万円だったと思う。

私たちには、大きな犬は大変だから小さいのがよいのではと思った。甲斐のようにまた病弱だったら大変だからだ。私たちも年をとるし、力の強い犬は無理ではないかと。でも甲斐犬にした。

ペットショップでは甲斐犬は扱っていない。地味な犬の上に気が荒く、ほとんど人に慣れないからだ。ネットで調べ、山梨のブリーダーのところに出かけた。ぶどうがあちこち青く垂れ下がっている時期、農道を通って買いに行った。四匹の子犬がいた。ブリーダーは、私たちの希望の子犬を親犬から引き離して渡してくれた。そのやり方はまことに乱暴なことのように見えた。今の今まで親の腹の下で甘えていたのを無理やり離したのだからだ。

車に乗せ様子を見ながら運転した。目のきつい子犬で、ぜんぜん笑わない。甲斐は会った時から尻尾を振り、可愛い顔をせいいっぱい可愛くさせて甘えてきたが、この子はぜんぜん愛想がない。尻尾もふらない。明らかに私たちを警戒しているようだ。これぞ本物の甲斐犬なのかもしれないと思った。雰囲気は、まさに野生のままの獣の子を連れてきた感じだった。家に連れ帰り、夜は犬小屋に閉じ込めたら、やはり子犬なのだ。母犬恋しく恋しくて一晩中鳴いていた。

次の日から勇太と付き合い始めたが、言うことは聞かないし、すぐ噛み付いてくる。すごく元気だ。噛み付いてきた時には躾《しつけ》のためにひっぱたき、押さえつけ、ひっくり返して、私のほうが強いことをはっきりと示して、位取りをした。

見ていると食欲がすごく旺盛なので、躾の基本は買収作戦を中心とした。うまく行った時はおやつをあげた。それからあとはほめごろしだ。当初は叱らないで徹底的にほめてほめて躾をした。この方法はよかった。今は、私には99％服従するから、ほめなくても叱っても従順になっている。

残りの1パーセントとはシャンプーのことだ。勇太はシャンプーが大嫌いだ。ラブラドールは水が好きだ。海水浴でたまに見かけるがざぶざぶと泳いでいる。勇太は、水が足元に寄せてくると急いで逃げる。山梨の犬だから先天的に嫌いなのかもしれない。

それもあるだろうが、小さい頃からめったにシャンプーをしなかったことも原因かもしれない。何せ、きかん坊で躾けるのに苦労したので、シャンプーどころではなかったからだ。それでも、幼い頃は力ずくでしたが、成犬になると、シャワーをするのにこちらも結構気合がいるのであった。シャンプーの段取りをしていると、気配で察知し、風呂場に連れて行くためにリードをつけようとすると大変だ。さっと逃げる。摑まえようとすると、私を威嚇して犬歯を最大限に見せて唸るのだ。何せイノシシを取る甲斐犬だ。これで噛まれたら大けがをするだろう。家内も「危ないよ」と心配そうな声。

少し怖い。だが、私がここで弱気を見せたら負けだから、勇太の首輪をつかみひっくり返して、ある程度強く頭をごんごんと叩いて「メー」と叱るとおとなしくなる。あとは買収作戦だ。シャンプーをしながらおやつを「いい子だねー」とほめながらあげるのだ。でも、シャンプーは毎回警戒を要する。

シャンプー中も一苦労だ。シャンプーをしてからすすぐのが嫌いで、シャワーをかけていると意気地なく「ひーひー」と鳴き、体を震わして水をはじくので私もずぶ濡れだ。十分洗わないと皮膚や毛を痛めるから、私は用意したおやつを上げながらもうすぐ終わるよと励ます。中腰だから最近は腰が痛む。毎回このような繰り返しだから、シャンプーは年に数えるくらいで、勇太のシャンプー嫌いは永遠に続くだろう。

こういった抵抗に合うので、最近は、私も賢くなって、気取られないように、抜き打ちでする。散歩から帰ったらそのまま玄関に用意していたシャンプーとぬるま湯で、さっとしてしまう。本人はやるまでは反抗的だが、やり始めたらあきらめて従順だ。かわいそうなので、「終わったらおいちいの（おやつ）をあげるからね」と念仏のように繰り返してなだめる。勇太のシャンプー嫌いは、風呂嫌いの私に似たのかもしれない。ところが、二〇一七年八月、シャンプーに異変が起きた。まず、リードを素直に付けさせた。反抗しないで一緒に風呂場に行くではないか。これは最近ぐっと老け込み、覇気が無くなったせいだと思う。只今、十二歳だ。人間で言えば七三歳。おとなしくてありがたいが、甲斐犬の荒々しさが失われつつあるのはさびしくもある。

異変にはもう一つの理由がある。それは猛暑のせいだ。今年は猛暑が続く。勇太は汗腺がないから口を開けて体温を調整するため、特有の縞模様のビフテキのような大きい舌をだらりと垂らし、発汗している。人為的にも体温を下げてやるために、朝夕の散歩の後は、水撒きホースの先端をミストにして全身にかけてやる。シャワーは大嫌いだが、これは好きで、びしょ濡れになるまでじっとしている。その恰好で私にすり寄るから私のズボンはびしょ濡れだ。そのミストを何度もしたせいか、シャンプーに抵抗感がなくなってきたようで喜んでいる。これで時折シャンプーをしてあげることができる。

名前の由来

勇太の名前はバスケット選手から頂いた。この犬を飼った時にアメリカのプロバスケットチームに日本選手がいた。小柄だが敏捷で頼もしかったのでその名にした。勇太は名にたがわず敏捷で、体が猫のように柔く、ジャンプがすごい。気に食わなければジャンプして私の手を噛む。ある時は高速道路のパーキングで焼き鳥を立ち食いしていたらジャンプして私の手から横取りしてしまった。

噛みつく

三階の礼拝堂のテーブルの下でいつものように寝ていた。ボランティアがその前で私と立ち話をしていたら、突如勇太が飛びついてその人に噛み付いた。「イタイ」ボランティアは胸を押さえた。家に帰ってみたら乳房の下を噛まれたと言う。正確には乳房の脇を噛まれたらしい。なんとも馬鹿な犬だ。

ただ、勇太とは結構長い付き合いだから、勇太の癖がだいぶわかってきたので噛む体制を作らせないようにしている。例えば部屋から犬小屋に行かせるのに、首を持ったりして「行け」と言えば反発して唸り噛もうとする。尻押しがよいのだ。足やももで勇太「行け」と押し出すのだ。そんな風に後ろから追い出すようにすると何とかうまくいく。このことは私の場合でもそうだ。先だって花火があり、勇太は怖がって隅の方に潜り込むから、そこは汚いので私が首根っこをもって引っ張り出そうとしたら、パクッとやられ手の甲に穴が開いてしまった。勇太にとってはそこがよかったのに、私が強制したからなのだ。噛んだ勇太は悪くはない。

できもの

最近は前にもましてぴたっと私に引っ付いている。何をするにも私と一緒だ。一緒に見ていたテレビが彼岸花、キツネのかみそりのことを話題にしていた。直ぐに甲斐の彼岸花を思い出した。甲斐はある出先の夜急に弱った。次の朝散歩に連れて行こうと、車に乗るように言っても飛び乗れない。私がだっこして乗せ、農道に行く。そこで下ろしてもおしっこはしないのだ。宿舎に連れて帰る。まもなくして倒れ、体が硬直し始め、医者に行くまもなく息がなくなったのを今でも思い出す。

その農道の甲斐におしっこをさせようとしたあたりに、彼岸花が一輪翌年に咲いていた。甲斐のことを思って神がここに咲かせてくれたのだろうと感謝した。本当に不思議な出来事だった。甲斐が死んで十年以上たつが本当に忘れられない犬だ。甲斐が死んだ時、丁度チンチョウゲの白い小さな花が咲き、ちょっと強い匂いが庭に漂い始めていた時期だった。

甲斐への思いが深かったから、勇太に少しでも異変があるとすぐに反応してしまう。

食事をあげている時に唇の内側に変なできものがあるのに気が付き、すぐ病院へ。組織を検査することになった。癌が心配だ。

検査の次の日の朝まりや食堂に行く。山谷の人が勇太にちょっかいを出す。「可愛いね」と近づく。「怖い犬だから近づかないで」。無視して手を出す。勇太は警戒して「うっ」と唸る。さらに近づく。勇太は飛び掛る。とたんに怒り出す。「引っ張らなければだめじゃないか」。「だから言ったろ、怖い犬だから近づくなって」。「紐で結わえておけよ」。「近づくのが悪いんだよ」。「何様だと思っているんだ」。捨て台詞で行ってしまう。「まったくー、近づくなというんだ。犬慣れしてなければ近づいてはならない犬なんだ」。

今日（二〇一三年八月二三日）は勇太の手術の日だ。唇の内側の小豆大のできものは、医者の調べでは良性だが、取っておいた方がよいと言われた。取った後は、再検査して良悪をチェックする。

午後に切るのだが、全身麻酔だ。これには気持ちがめいってしまう。甲斐のことがあるからだ。あれから十年過ぎても心の中に生きている甲斐だ。何度も全身麻酔をした。そして突然死んだ。麻酔の打ちすぎと思っている。だから麻酔と聞くと気が沈むが、勇太のできものは、普通にやり過ごすには、ちょっと変な感じだから取るべきだとは思っている。心を強くして前に進んだ。

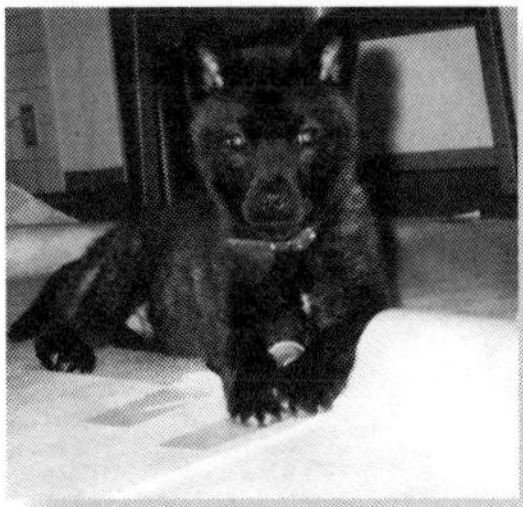
おさな日の甲斐

当日の朝、朝食は抜きだ。麻酔中にもどしたりすると窒息するからだ。だが、勇太にはこの食事なしとはなんとも大変なことなのだ。勇太は食事が大好きで、そのために生きているようなものだからだ。いつもの朝など、食堂に一緒に上がり、私が家の簡単な朝食を準備していると、勇太はもう待てないのだ。厨房に来て、私の顔をじっと見て催促するのだ。「もうちょっと待て」と我慢をさせるが、もう待ちきれない顔になると、私たちの食事の前に餌を与えるのを常としている。それだけに、医者に「朝ご飯は抜きにしてください」と言われた時には、はてさてどうしたらよいものかと思案にくれた。ここは心を鬼にしなくてはならない。一時の情に負けて餌をあげ、事故でも生じたら目も当てられないからだ。

やむをえないから、勇太をだますことにした。この朝散歩から帰ると足を洗い、いつもの二階の食堂には行かず、寝室に一緒に行き、「寝んね」と言った。不満そうな顔をして私の顔をなめるのだが、私もベッドに横になって寝た振りをする。勇太は最初は不満げだったが、私も寝ているのでそのうちにあきらめて横になってしまった。不思議なもので、犬は少し時間が過ぎるともうお腹がすかないのか、何も言わないで横になって寝てくれた。私は知らん振りして二階に上がり、コンビニで買ったサンドイッチをほうばり、何食わぬ顔で寝室におり、ベッドで本を読んで時間を調整した。勇太はもう食事のことは忘れたように横になって寝ていた。いつもの朝の時間に、自転車の荷台に勇太を乗せて山谷に出勤だ。

見捨てられ感情

その日の午後に、できものの摘出手術だ。麻酔をするまで病院にいて山谷に戻る。まりや食堂が終わる頃引き取りに行く打ち合わせだった。ところが夕方に電話があり、麻酔が切れてからずっと鳴きどうしなので、傷によくないから来るようにとの催促だ。この現象は先代の甲斐と同じで、勇太は飼主以外には懐《なつ》かないようだ。急いで引き取りに行く。行けば大変だ。「わ、わ、わ、わ」と声にならない声で甘え、甘噛みし、体全体を寄せてきて、よたる等もう大騒ぎだった。

勇太は檻の中で寝かされていたのだが、麻酔から覚めれば私はいない。しかも、小さな檻の中に閉じ込められているではないか。勇太は私に見捨てられて、この小さな檻の中に入れられたとでも思っていたのだろう。「早く、お父さんに会いたいなー」とワンワンワンと二時間も鳴き通しだったのだ。この小さいペット病院で二時間も中型犬のほえる声を聞かされたら商売とはいえ、うんざりだっただろう。医者は嫌な顔一つしないで笑っていた。この病院は珍しく女医さんで、親切な人だ。

車までゆっくり連れて行く。その間も私のほうばかり見ている。足取りはしっかりしているから心配はなさそうだ。ただ、その夕方も食事は抜きなのだ。またもや一階の寝室で一緒にやすんで、私は缶ビールを飲み、勇太が落ち着いて寝てから二階で食事をした。次の日は元気に散歩だ。すべてが順調だ。後はそのできものの病理検査の結果待ちだが、最初の検査で良性といわれているので、さほど心配はしていない。

手術で摘出した腫瘍が癌ではないとの検査の結果にほっとする。神に感謝だ。後はいつものように淡々と世話をしていくだけだ。手術から一週間は散歩は控えめにして、猛暑が続くから私の寝室にクーラーを入れて寝かせた。

躾とご褒美

勇太には散歩も躾の時間である。散歩にはいつもおやつを持って出かける。勇太は食い意地が張っているから、餌を見せると大概言うことを聞くので、おやつで躾をするのだ。散歩のときに出会う犬同士は同性であれば結構いがみあう。あるいは権勢で吠えたりする。勇太は比較的無駄吠えはしないのだが、それでもたまにはする。すれ違った犬に対して友好であった時にはほめて、小さなおやつを上げている。吠えれば「馬鹿ね」と言ってあげない。時にはこんなこともある。車道の反対側を散歩している犬が通る。もちろん遠いから吠えるはずはない。でも、本人は吠えなかったからご褒美をと顔をこちらに向けて要求する。これは通りすがりの犬ではないから上げないよ、ではかわいそうなのでほんの少しだけあげる。

悪い癖もある。下ばかり見て歩いている。食べられそうな場合はぱくりと食べる。なぜか鼻紙が好きで、ぱくりとやる。「おいちいのあげるから離せ」と言って、できるだけ食べたものを吐き出させる。「お前は若者たちみたいに下ばかり見て歩いているね」と笑ってしまう。街を歩いている若者たちは大概スマホなどをしながら歩いているから正面や上は見ない。

九月半ば過ぎになると、朝の散歩の時間はまだ夜は明けない。星が見える。また星の観察の時期が来たなとうれしくなる。何せ暗いと気も落ちるし、うっとうしいから、星座でも見ていると気が晴れる。この時期真上にオリオン座が大きく空を占めている。この星座を捜すときは三つ星で見つける。これは星が三つ連なっているので見つけやすい。その周りがオリオン座なのだ。私の住む下町の路地はさながらプラネタリウムだ。そこから星座や星を観察する。

おやつのご褒美で芸も仕込んだ。気は荒いが、頭はよさそうで、ただ今三つの芸ができる。年のせいか最近は少し不精になり、少し端折るようになったところもある。「ちんちんぐるぐる」と言うと、後ろ足で立ち上がりそのままぐるりと回る仕草をする。三度させるのだが、最近は二回目以降は不真面目だ。フィギュアスケートの選手が三回転ジャンプを失敗して二回とみなされ、「あれは回転不足だ」と解説者がもっともらしく指摘しているように、私も勇太に「今のは回転不足だ」と注意するのだが、努力賞としてパンのひとかけらを与える。次に、勇太君と言えば右足を私の膝に乗せ、お替わりと言えば左足を、最後にゴロンゴロンと言えば寝そべってごろごろと一回転する。

一芸ごとにおやつをあげるのだが、私がもたもたしていると、じれている様子が見える。言葉にならない言葉を漏らし上目遣いでこちらを見ている。一秒でも早くご褒美をもらいたく、一生懸命転がっている様は可愛いものがある。最後に、私は両手を広げておやつが何もないことを見せて「もうないよ、お終しまいね」と言えば納得してフロアで寝そべっている。

こんなに言うことは分かるのに、拾い食いはなかなか治らない。家でもちり紙を狙い、ポケットの中まで鼻ずらを入れてくる。チリ紙をパクっとやれば「メッ、離せ、離せ」と言えば、大概離すが、小さいと飲み込んでしまう。その場合はお仕置きをする。頭を軽めに「メッ、メッ」と叩くと、自分の非を認め、神妙に頭を下げて、主人のお叱りを受けるが、三度目になると途端に、「ウーッ」と反抗的になる。自分の非の程度を知っていて、過剰な叱責を拒否するのはさすがに甲斐犬だ。

ウンチ

散歩の時はいつもちり紙を手に持っていく。勇太がしゃがんでウンチをした際に、さっとその落下地点に紙を置くためだ。地面をウンチで汚すのはいやなのだ。それでも落下地点の目測を誤り、ちり紙からはみ出た地点に落下することは時々ある。先代の甲斐を思い出す。甲斐の場合はいつもウンチをする肛門に全神経を使っていたからだ。腸が極端に弱く、普通の食事はできず、いつも病院食の缶詰なのだが、それでも下痢をするし、時には下血をするような犬だった。それこそ地面を汚すので常にちり紙や犬用の吸収のよいパットを持ち歩き、いざという時はさっとその地点に置くようにしていたのを思い出す。

かがみこんでいるから風向きによってはウンチの匂いが顔面を襲い、「臭い」と鼻をつまむ。そのように風向きを気にしながら毎回頑張っている。

勇太の腸

勇太はこうしていつも立派なウンチをしているのがうらやましい。私は人間ドックで潜血検査に引っかかり（二〇一三年五月）、来週いよいよ内視鏡を入れて大腸検査をしなくてはならないからだ。これがちと辛い。下剤や、腸管洗浄液を飲んで、大腸を空っぽにしなくてはならないからだ。今までその検査でまりや食堂のボランティアの一人はポリープ、一人は癌だったと聞いている。私は日常的に腸の調子がいまいちだから、なにごとかがあるかもしれない。その点では、勇太は内臓の強い犬で、下痢などめったにしない。私も勇太のような腸がほしいのだ。

飼い犬に手を

「飼い犬に手を噛まれる」という通りになった。予想外のことで軽いショックを受けた。記録する気にもなれず、内心じくじとした思いだった。なぜ、勇太が突如歯をむいて噛みついたのか見当がつかない。なだめてみても歯をむいて触れない状態だった。家内やボランティアに噛みつき、ちょっとしたことで私に落ち度があって噛みついたこともあったが、基本的には私には絶対服従だという自負心があった。事件は礼拝堂で起きた。なにかの都合で、勇太が寝ているそばを通ったら一瞬にして腕をかみつかれ、歯をむき出して唸っている。私は頭に来て、殴って、蹴っ飛ばしても、効き目はなく、まさに狂犬のような目つきで歯をむき出し、手に負えない。鎖には繋いでいるから危なくないので、ほっといて興奮をさますことにした。

夜、仕事が終わり帰る時はいつもようになっていたが、どうしてそうなったのかは腑に落ちないでいる。私を親分と思い、いつも親愛の情を示すのに一体どうしたことなのだ。どうしても合点がいかない。きっと勇太はおいしい焼き鳥を食べていて、それを横取りされる夢を見ていた時に私が脇を通ったのだろう。

小さい時からあんなに面倒を見て、いつも自転車の荷台に乗せて山谷に通勤しているのに、いつか具合が悪い時、自転車に乗せ何日も犬の病院へ通ったのに、何かあれば車で病院へ行っていたのに、一体何が不満でいきなり噛み付いてきたのだろうか。

反省したのは、甘やかししすぎだったことだ。いつも一緒にいる。寝室にも入れる。車はいつも一緒だ。昼寝は同じカーペットに横になる。何でも一緒だ。これで主従の関係が希薄になったのだろうと思う。だから上下関係をびしっとしなおすことが必要なのだろうと考えた。でも、淋しくはなるのだ。もうペットとしての勇太ではなくなるのだからだ。一緒にいても冷たい顔をしなくてはならない。寝室には入れない。鳴いてもほって置く。勇太をどこに連れて行っても、優しくもできないし、「いい子」とも言えないのだ。

ただ番犬として上下の厳しい関係に置くしかないのだ。

このように対応を今までとは一八〇度変えなければいけないほど、ショックは心深く差し込まれ、そのとげは当分取れそうにない。だからかわいそうだが、噛みついたその夜から厳しくした。まず優しい顔はしない。必要以外に目線は合わせない。そこからはじめた。できるだけ無視をするのだ。これは意外と犬には応えるのは以前の経験で分かっている。朝ベッドに来てじゃれて挨拶するが、寝室には入れない。甘噛などのじゃれつきはさせない。そういった今までの噛む癖が今度のことに繋がったような気もする。

噛まれてから、二週間が経ち、気持ちは落ち着いてきたが、もう以前のように勇太を扱わなくなっている。本人も少しそんな関係を受け入れている。そのためのよい点はある。今までは車で行く場合でも、目的地近くになると、「もう下ろして」と催促のワンワンでうるさかった。もうそんな甘えもしなくなった。

こうして勇太に厳しく対応しているが、内的な葛藤もある。可愛いと思い、なでたい気持ちもあるが、噛みつかれた時の裏切られた感情がさっと横切ると、邪険に扱いたくなる気持ちを抑えきれないでいる。これは私の性癖だと思う。いやな風に感じてしまうと、それがしこりとなってなかなか取れず、その感情の存在が私の中に居座り毒を出し続けてしまうのだ。そんな混ぜこぜの感情の中にあって、時間をかけて勇太とは主従の関係をきちっと作っていきたいと思っている。

この勇太は狩猟犬にしたら、よい犬になっただろうが早く命を落としたかもしれない。以前見た山梨の神社の正面に飾ってあった絵は、熊狩の勇猛な場面だった。あの大きな熊に小柄な甲斐犬が何匹も群がり飛び掛っていたが、立ち上がった熊の前足のつめにやられ、空中で血を噴いている犬の姿も描かれていた。こうして何頭も犠牲になり熊を追い詰め、またぎが仕留めるのだろう。気性が激しくなければとても戦えないだろう。勇太はまさにその末裔なのだ。といっても今朝は笑ってしまった。散歩の際にチワワと出会ったが、小さいのに気が強く、勇太にワンワンと向かって来たら勇太は嫌がり後ずさりしてしまった。

勇太奮戦

スノーボードのため雪国へ行った。宿舎に備えられているドックランでリードをはずし遊ばせていたところ、ハスキー犬五、六頭がリードを放していた。少しまずいなと思いつつ、熊も恐れない甲斐犬だから、勇太の実力を見ることにした。一頭が勇太に向かって来た。遊ぶためかどうかは定かでないが、勇太は嫌がって歯をむいた。それでも来るので、勇太は逃げた。そこには丁度ハスキー軍団が五頭ほどいたのだが、皆襲ってきた。残念ながら勇太は悲鳴を上げてややうずくまるようになった。一頭が勇太の背中を噛み付いてきたので、危ないので声を掛けて勇太を呼び、追いかけてきたハスキーをリードで追い払った。するとその飼主が「リードなどを振りまわさないで」と目をむく。「ドックランは親睦の犬の駆け回るところなのに、歯をむいて襲う犬を放す方がおかしいのではないか」と、がつんと反発したら黙った。そのグループの年配が謝りに来たので許してやった。幸い勇太の背中に噛まれた跡はなかったので安心した。

多勢に無勢どころか、勇太の倍以上もある犬が六頭も襲ってきたのだ。その中でもまれながらも、歯をむいて応戦したのだからよしとしなくてはなるまい。ただ、勇太は顔に似合わずちょっと弱いかなといった印象だった。熊にも向かう犬との評判の犬種だが、勇太にはそれは難しいのだろう。

私たちがたまに行く山などでは、最近は熊に注意という看板が目につく。そういったところで熊に遭遇したら、勇太はいの一番に逃げ出すのかもしれない。

主《あるじ》の私に本気で噛みついてからは主従の関係を厳しくしてきたが、今回ドッグランで弱虫を露呈した勇太を哀れに思い、再び可愛がることにした。これで勇太との関係も回復できるので、雪国のこの正月をめでたしとする。

可愛がりたいと思い始めた理由には、もう一つの出来事があったからだ。それは日々勇太に厳しく当たっていたら、その反動があったのだ。ある日のことだった。あまり厳しくしてもと思い、寝ている時背中をさすってやったら、歯をむいて噛みついてきたのだ。前ほどではないが、それでも憎しみをこめた目つきをして、私を信用していない感じだ。多分、どやされると思ったにちがいない。それは、勇太が「うー」と唸ったりする時、「だめ」と背中をどやしていたからだ。それも今回は寝ている時に突如触られたから警戒し、身構えたのだろう。だがこんな繰り返しでは増々気が荒くなるなという思いがあって、その後はできるだけ頭をなでたり、「いい子ね」とほめたり、ゴマすりのお菓子を上げたりして関係を改善しつつあるのだ。今でも時間があればなでたり、頭をさすったりしてスキンシップに余念がない。

唯我独尊

勇太は孤独だ。誰とも遊べない。人間も犬もだめなのだ。私だけが遊び相手だ。

一見かわいい顔をしているから、ちょっと触りたくなる犬だが、手を出せば吠えて噛もうとする。他の犬が近づけばワンと脅かす。大きな犬は相手にしないで、そそくさと離れて行ってしまう。私といつも一緒だ。だから私も勇太がいないと変な気がする。いるところにいないと、ああそうか今日は勇太は家なのだ。

勇太は自尊心の強い犬なのだ。だから勝手なことをされると「うーっ」と低音で警戒警報を鳴らす。私は寝室から不用意に出そうとしたら突如足と腕を噛まれた。その時の目つきは完全に獣化していた。普段の勇太ではなかった。血が出た。我に返って勇太はすまなそうに尻尾を振る。そんな勇太の自尊心を私たちものみ込んで、私も今では勇太に一目置いている。もう強制はしない。寝室でも「行くぞ」とか「来い」とか言葉がけして、あとは本人の意思に任せるようにしているのだ。

今勇太は老犬になってしまった。よく寝る。車でも乗りこむとすぐ寝る。気性は変わらない。気に食わなければ歯をむくし、それ以上ちょっかいを出せば噛む。これは凶暴なのではなくて、テリトリーがはっきりしているのだ。だからそこに入ったり、ちょっかいを出されたりするのがいやなのだ。その意味では勇太はやはり獣なのだ。野生の動物なのだ。たまたま飼われて家畜化しても、甲斐犬の持っている野生の気性は取れないのだ。だから時によっては噛むのだ。私だって噛まれ、その時は非常に腹が立ったが今は立たない。それは勇太の気性を理解したからだ。野生のものはいくら家畜化しても野生の気性は消えない。だから、それを承知の上で飼わなくてはならない。私には非常に慣れているが、それでも用心はしている。不用意な行為を勇太にはしない。たまにサーカスなどで事故が起きる。ライオンが調教師をかみ殺すとか。それはありうるのだ。野生のものは野生なのだ。こちらが用心してかかわらないと危険だ。

同伴者

勇太とはほぼ毎日一緒だ。土曜日と大雨の日は大概家で留守番だ。いつの間にか勇太なしには、私はいないような雰囲気が私の中に生じ始めている。甲斐の時にはなかった現象だ。これが生じているのは、勇太は一に私、二がなくて、三に私と常に私の存在しか、その頭にはないことが大きな原因かもしれない。もう一つは、私が常に孤独を感じているからだろう。仕事場でも、仕事以上の関係は何もないから、個人的には孤独だ。その点で勇太はいつも私のそばにいてくれる。時には歯をむき出すが、いつもやさしい目で見つめてくれる。勇太が死んだらどうしようと思う時がある。こんな風に関係を作ってしまったことがいいか悪いかはわからないが、いつの間にか、勇太が私の心の中に入ってきて、孤独を癒していると感じ始めている。

花植えおじさん

まりや食堂の玄関先のプランターに、花をいつも植えているおじさんがいる。その花植えおじさんは、私と勇太がまりや食堂に着く時間に水を上げたりしている。彼は犬が好きなのだが、勇太とは合わない。手を出そうものなら噛みつく。彼は仲良くしたいので、今日も「勇太」と呼びかけても知らんぷりだ。やたらに名前を呼んでほしくないと尻尾を振っている（結構誤解があるのだが、嫌な時も尻尾は振る）。花を植えてくれるやさしいおじさんだから、仲良くしてあげてもいいのになー、と思っても本人の意思だからどうにもならないのだ。

関係改善

土曜日は勇太は休みで出勤しない。私は月、月、火、水、木、金、金で休みはない。用事で土日など他所に出かけるときでも仕事の道具は持って行く。今日は荷台が空だから、ほんとに自転車が軽い。普段は18キロの勇太を荷台に乗せ、それに私の体重が55キロ、前の荷台に置く鞄が5キロ、計77キロを自転車に乗せて毎日漕いで、2キロの道のりをひたすら走る。重荷を背負うとはこんなことかなと感じる。人生もこんなことかと思う。それぞれが重荷を背負って、毎日毎日ひたすら歩んでいるのだ。こうして背負うことによって、心身ともに鍛えられるのだ。私は勇太によって日々鍛えられていることになる。

勇太が土曜日家にいることによって家内との関係がよくなっているようだ。結構仲良くやっているので、私は少しやきもちを焼いている。でも、関係は重要だ。私の具合の悪い時に家内が面倒を見るのに、勇太が歯をむいては目も当てられないからだ。実際、よく勇太の面倒を見ている。朝の散歩の後の手入れなどまめだ。体を濡れた手ぬぐいで顔から尻尾まで丁寧に拭く。次に歯を磨き、それから頭から尻尾までブラッシング。家内はこぼしている、私の頭はぼさぼさなのに勇太はぴかぴかね、と。勇太は毎日顔を洗うのに、お父さんはお風呂の時しか顔は洗わないのよ。こうして、家内が勇太の面倒をよく見ることと、勇太が年を取りおとなしくなったことなどから家内の序列は格上げになり、現在はナンバー1・5ぐらいになった。

腫瘍

寝耳に水なことが勇太に起きた。狂犬病の注射に、いつもの病院へ気軽に行った。医者はいつも体全体をチェックしてくれる。それから注射なのだが、医者の目が肛門に注がれ触っている。「これ腫瘍だよ」と、見せてくれた、小豆大のポツンとしたできものが肛門の脇にできている。「二か所あるよ、睾丸も腫れているよ」。確かに片方が卵ほどの大きさに膨れている（二〇一六年四月）。

「男の子は男性ホルモンのせいでこういったことが起きることや、前立腺肥大が起きることもある」と医者は説明する。「大概良性だが、調べなくてははっきりしたことはわからない」と多少私を心配させる。

男性ホルモンのせいなら、睾丸を取るしかないのだ。いずれにしても睾丸が大きく腫れているから切除しかないし、肛門の腫れものもとるしかない。これには驚いた。肛門とか睾丸は注視しないから異常の現象を見落としていたようだ。甲斐は前立腺肥大で去勢したが、結局、勇太も去勢しなくてはならない。良性であることを願うだけだ。それにしても、とても元気にしていたのに、「何でこうなるの」と悔しい気持ちだ。人は不条理と無限に闘わなくてはならないのだ。

男性ホルモンのせいだとすると、子犬のうちに去勢した方がよかったのだろうか。雄は気が荒いから子犬の時に去勢するというのはよく耳にしたことはある。確かに、雄でも睾丸のないのはよく見かける。でも、甲斐犬は、気の荒いのが特徴だから去勢なんて考えてもみなかったし、睾丸を切除して気の荒さがなくなるなんて、淋しい気もしている。

おさな日の甲斐

勇太は以前に唇の内側のできものを切除しているから、そういった腫瘍ができやすいタイプかもしれない。時に癌でうちの犬が死んだなんて耳にする。次の年同じペンションに泊まりに行けば、元気な大型犬が二匹とも癌で死んでいた。癌が結構発生するのは、もしかするとお手軽な餌のせいかもしれない。ドッグフードは多分化学処理をして作っているのだから、何が入っているかなどはきりしないからだ。年のせいもあるのだろう。人間も年と共に癌の発生が多くなる。勇太は今十一歳だからもう老犬だ。いろいろと体に障がいが出てくるのだろう。なんとか十五歳ぐらいまでは生かしてあげたい。勇太のこの症状に少し息がつまってしまった。それは甲斐のことを思い出したからだ。甲斐は何度も手術を受け急死した。幾度の麻酔や抗生物質が急死の原因だと今でも思っているから、非常に嫌な気分になった。

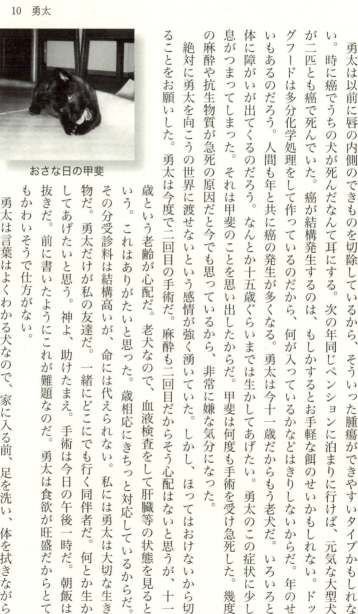

絶対に勇太を向こうの世界に渡せないという感情が強く湧いていた。しかし、ほってはおけないから切ることをお願いした。勇太は今度で二回目の手術だ。麻酔も二回目だからそう心配はないと思うが、十一歳という老齢が心配だ。老犬なので、血液検査をして肝臓等の状態を見るという。これはありがたいと思った。歳相応にきちっと対応しているからだ。その分受診料は結構高いが、命には代えられない。私には勇太は大切な生き物だ。勇太だけが私の友達だ。一緒にどこにでも行く同伴者だ。何とか生かしてあげたいと思う。神よ、助けたまえ。手術は今日の午後一時だ。朝飯は抜きだ。前に書いたようにこれが難題なのだ。勇太は食欲が旺盛だからとてもかわいそうで仕方がない。

勇太は言葉はよくわかる犬なので、家に入る前、足を洗い、体を拭きながら、説得する。「今日はご飯はないよ。ぽんぽん悪いからね」と何度も言った。じっと私を見ている。多分、今朝は食べられないことを理解しているのだ。こうしてわかってくれると助かる。あまり強く強制しなくてよいからだ。

同じころ永伊さんが鼠径ヘルニアの手術をすることになり、入院の衣類を身づくろい、手続きに漏れのないように目を通した。彼の世話の煩わしさは、他の病気の薬も持参しなくてはならないことや多少知的障がいがあるので自分では何もできないので、私たちがいろいろと世話をしなくてはならないことだ。そういった事も重なり、神経をすり減らしている。

もう一つ重なったのは、甲斐の絵本の作成を、出版社や絵を描く人と相談をしている頃だった。これ自体は楽しいことなのだが、心の底に勇太の腫瘍や手術のことがあって、複雑な気持ちなのだ。

それは、勇太の病気の事ではなくて、甲斐の絵本の作中の犬は、勇太がモデルだからだ。その時点では、勇太は発病していなかったので気軽に考えていた。ところが発病し、死んだ犬のモデルの勇太も手術を受けなくてはならない立場になったので、何ともやりきれない気持ちになった。

甲斐にはこれといった写真があまりないのだ。甲斐は病気ばかりしていて、そんな余裕がなかったことや、私が写真にあまり興味がなかったからだ。でも、今回絵本にするのに、さまざまな場面に登場する甲斐にはどうしても甲斐犬のモデルがいるが、当然勇太しかいないのだ。それで、一生懸命勇太のさまざまな姿態を取っていたのだが、勇太はうっとうしそうで、写真を向けるともうそっぽを向いてしまっていた。

そのような状況の下で、犬を病院に預けた。車で帰宅の途中、病院から携帯電話があり、暴れてどうしても麻酔が打てないから、来てほしいというのだ。さすが甲斐犬だ。行くと、押さえて麻酔を打とうにも激しく牙をむいて手におえないとあきれている。私は勇太を病院から外に出して、興奮を収め、私が処置台に乗せ、体を抱えて「いい子ね」とあやしている間に前足に麻酔を打ってもらった。すぐにガクッと力がなくなり、医者が抱きかかえて手術台へ。できれば今日は泊りがよいが、早くても夜の七時ぐらいに引き取りに来るようにとの手はずだったが、夕方には電話で「鳴いて檻から出たがる」と困っている。急いで引き取りに行く。勇太は私にしかなつかないので、ほんとに損するワンちゃんなのだ。まだ、麻酔が効いていてふらふらなのに、どうしても私のそばにいたいのだ。ゆっくり歩かせ、パーキングの車に抱きかかえて乗せた。その夜もごはん抜きだ。再び寝室で添い寝。さすがに消耗しきっているのですぐに寝た。

驚いたのは舌の先にもできものがあったことだ。麻酔の後で口を調べたら、舌の先に米粒大の腫瘍が見つかったと電話があり、これも切除したのだが、私の心はとても曇っている。前は唇の内側に小豆大の腫瘍ができて切除した。勇太はとても元気な子なのに、本当に無常の鞭が勇太を打っていると思いつらい。私はこの無情に耐えて、勇太を支えなくてはならない。取ったものは検査をしてもらうことにしている。医者は「この子は、腫瘍ができやすいタイプかもしれない」と。唇の腫瘍は三年前だったから、そのくらいの周期でできるのかもしれない。今回切除したから、あと三年頑張れば平均寿命に達すると自らを励ました。

私だって、ぽっと癌ができるかもしれない。癌ばかりは神出鬼没だ。それは生き物すべてに言えることだろう。癌は生き物を選ばないから、いつ来るかもしれない。それに、日本人は二人に一人が癌で死ぬほど癌が日常化しているから、それだけに日々を大切に、一日を一生と思い充実して生きることが肝要だ。

勇太はこういった状態だから、できるだけ一緒にいてあげようと思う。治癒すれば小旅行などには行きたいと思う。甲斐の突然死は今でも私の心に深い傷を残し、ふと思い出せば涙ぐみ、小さい時の写真を見れば、家に来たばかりの時の、あまりにもあどけない顔に微笑んだ、悲しみが戻ってくる。それだけに勇太はできるだけ生きられるように最善の努力をしたいと思っている。私は本当に犬馬鹿なのかもしれない。

一週間たち四月三十日、永伊さんは鼠径部のヘルニア手術の経過を見るために病院へ行き。完治ということになった（「永伊さん」の項参照）。勇太も今日病院へ行ったのだが、抜糸はあと一週間後だ、散歩は少しだけ。一人と一匹が偶然にも体に、メスを入れたり、縫ったりを同じ頃にするとは不思議なめぐりあわせだ。口の聞けない勇太は最優先で、私は面倒を一生懸命にみているのだ。腫瘍の検査の結果は後一週間かかるが、忍の一字で待たなくてはならない。せめてもの慰めは、睾丸を切除しても、勇太の居丈高さは変わらないのが私にはうれしい。

病気一つしなかった、勇太の今回の腫瘍は私の人生観を変えるほどの衝撃だった。いつ辛いことが自分の存在を打つかも知れないとつくづく感じている。

勇太にはいつも最大の気配りをして、腫瘍が再びできても、小さいうちに発見しなくてはと思っていたので、口はマークしていたが、舌の先の小さな腫瘍は見落としていた。今後とも、口にできる可能性はあるから注視しなくてはならない。

舌にできれば舌を切り、食事が不便になることもあるから、本当に注視していかなくてはならない。まだまだ元気だから、必要であれば麻酔をして切除をするつもりだ。それで生きながらえるならありがたい。

以前、ボランティアに来た人の父親が舌癌を切除したために、誤嚥がしばしば起きて困ったと話してくれたことを思い出し、勇太の先を思いめぐらすことも多い。先日のテレビ番組では、医学部の先生が自分の舌癌切除による、会話の不便さから人口舌を開発したと報じていた。この人は既に癌が全身に回っているそうで、治療をしながらの研究なのだ。その気力と勇気に感心した。こうしてまでも頑張って生きるのが人生なんだと思うと、勇太の現状に対しても、もっと強く生きねばならないと感じている。

勇太は甲斐と違い下痢などしなく、よいウンチを毎日するので本当に良かったと思っていたのだが、十一歳の時にこういった手術を受けるとは、本当に生きている存在の不条理を感じる。

永伊さんはヘルニアの手術が治癒した後は、肝硬変と食道静脈瘤とどう付き合っていくかだけだ。生きながらえるかどうかは、永伊さんのさじ加減一つにかかっている。そのことは本人に言ってある。「生きるも死ぬるも、あなたの手にかかっているのだからな。早く死ぬなら、めい一杯飲むのもよし、長生きするには禁欲で行くしかないんだ」と。

勇太がエリザベス（これは首につける大きなカラーで、傷口をなめないようにする器具だ）を付けて十日も過ぎ、心配だから寝室で寝かせている。あんなに元気だったのに、なにか勇太の人生に陰りを感じてしまう。それも突然の陰りに、私は何かが奪われたような気がしている。この先の未来が失われるかもと考えると呆然としてしまうのだ。

検査の結果

検査の結果は芳しくなかった。睾丸の腫瘍は悪性だ。ただ運よく転移はなさそうだ。だが経過を見ていくようにとのことだ。日常生活の中で、リンパ腺が腫れるとか、乳が腫れてくるとか、脱毛とかが出てくれば注意しなければならない。口の腫瘍は悪性ではないが、またできる可能性があるので注意する必要がある。先のことはわからないが、楽観は許されない。あるボランティアの方の犬は乳癌のため十二歳で死んだ。大型犬だから寿命は全うしたようだ。この運命を受け入れて、耐えなくてはならないだろう。といっても、勇太はまだ元気だし、一緒に日常の流れの中を歩んでいるので、私にさまざまな心の準備の時間を与えてくれている。だから、甲斐のようにいきなり死んで、私に深い傷を残すことはないだろうとは思っている。勇太が生きている限り、一緒に楽しくこの世界を歩こうと思っている。その逆になり、癌は不条理だから私が先に癌に打たれ、私が生きている間、勇太に一緒に歩んでもらうことになるかもしれない。

不安

癌が体のどこかに潜んでいて、突然顔を出すのが怖い。日々が不安だ。勇太は何も知らないで寝ている。かわいい顔をして寝ている。十一歳で悪性腫瘍や口内の腫瘍は甲斐犬の定めなのかもしれない。数少ない純血種のために、近親の無理な交配がこうした病気を早く発症させるのかもしれない。先代の甲斐などはその典型なのだろう。腸が過敏で普通の食事は食べられなかった。九歳で死んだ。勇太は十二歳だからもう老人の域だ。できれば平均寿命の十五歳までは生かしたい。それが、欲張りなら何歳でもいいから少しでも生きさせたい。

甲斐の鎮魂の絵本を作成中だが、手術してから今日初めて甲斐の絵本の原稿をめくって見て、以前とは私の気持ちが違いすぎるのに悲しくなった。それは、この本がもしかすると勇太の記念にもなるかもしれないと思うからだ。考えても見ないことだった。今、私の勇太を見る目は違っている。少しでもかわいがってやろうと思い、いつもなでたり、じっと見たりしている。でもほっとするのは、何の気なしにちょっとからかうと、牙をむき出しにして本気になるところに、甲斐犬の激しさを感じてうれしい。手術の傷はほぼ癒えた。来月には軽い旅行に行こうと思う。

命

先日、沖縄で若い女性が暴行され殺された。犯人はアメリカ軍の軍属だ。私はとても痛ましく感じた。それ以外でも今毎日のように人の命が奪われる事件が多く、胸が痛む。こんなに敏感に感じるのは、きっと勇太のことがあるからだろう。勇太の悪性腫瘍は一種の癌だから、いつどこに転移して症状が現れるかいつも恐れている。何とか勇太を守っていきたいと日々願う。存在者の命のいとしさ、尊さをひしと感じている。死は存在を失う無なのだ。何もなくなることなのだ。愛することも、触れることも、話すことも、笑うこともできない無になってしまうのだ。私は勇太がそうなるのを非常に恐れている。だから毎日体に触れて、やさしい言葉を掛けている。生きていることの命のありがたさを非常に感じているから、今述べた痛ましい事件には胸が痛む。どうか殺しなどないようにと願ってやまない。

昨晩の弁当販売のカウンターでいつものように勘定方をしていたら、おつりを間違えて渡した。おじさんに「犬の事ばかり考えているから間違がうんだよ」と冷やかされた。

確かに私の頭はほとんど勇太が占めている。手術から二か月が過ぎ（二〇一六年六月現在）、経過観察のために病院へ行った。毛が抜けることもなく、乳頭が張れることもないから、今のところは腫瘍の転移はないようだ。とりあえず異常はないと言う医者の言葉にほっとした。この先の事はわからないが、大事に飼い続けたいと思い、散歩は前よりも控えめにしている。いつもは山谷から自宅までほぼ2キロの道をゆっくりと駆けさせていたが、それは週四回にして、金曜日は山谷で軽く歩かせて、山谷に置いてある車で帰宅している。二〇一七年からは、帰宅時には途中で自転車に乗せている。

睾丸を摘出することで、少し行動に変化が現れた。一つは少しおとなしくなったことだ。次におしっこの仕方だが、雄はマーキングのために一気におしっこをしないでちょびちょびと電柱などにする。雌化したせいかマーキングはほとんどしないで、一気にたっぷりとするようになった。ただ体の構造上片足を上げてするのには変わりはないが、結構長く片足を上げっぱなしでしているから、支えの後ろ足がふらふらすることもある。そうすると、おしっこがあらぬ方向に向かい、自分の前足を濡らすこともあるので、私はお尻を支えたり、上げた足を持ってふらつかにようにして、おしっこがうまい方向に行くように調整している。おしっこも最近は親がかりになっているのだ。たっぷりするから、用意した水で流すようにしている。

難産

甲斐の絵本は難産で先がはっきりしない（二〇一六年現在）。でも、何とか出したいと思い、絵本を頭の中でいろいろ工夫している。それと同時に、発病した勇太が同じように頭の中にいて、勇太と甲斐の二匹がいつも頭の中で遊んでいる。なにか時間と空間を超越した世界が頭の中にあるのだ。

悪性腫瘍の再発を恐れる心のゆえに、勇太を見る目は、以前に甲斐を見ていた目と同じになっている。それは心配と慈悲の目だ。そうすると甲斐を見ていた思いがよみがえってくる。来る日も来る日も、甲斐の用足しを心配しながら歩んだことを思い出す。勇太を、病弱な甲斐がセレクトプロテインを食べる絵のモデルにもしているが、気が重い。それは勇太も再発して病が重くなれば、同じように消化のよいこの缶詰の世話にならなくてはならないからだ。

いっそ、この本を勇太の鎮魂歌にもしてしまえばよいのだろう。ずっと生きながらえれば、それでうれしいし、そうなれば勇太は、モデルとして甲斐の生き方を描いてくれたので満足できる。

勇太の存在感

時が経つにつれて、腫瘍のことは強く心を圧迫はしなくなったが、二か月に一度は病院を訪れ癌のチェックをしていただいている。日々が過ぎていく。何事もないことを願い、日常の生活を営んでいる。勇太は我が家の一員として、自分の存在を示している。いつものように寝そべり、そこは勇太のテリトリーだから、私はそこをまたいで他所に行くのだ。お互いが刺激し合わないように、それぞれの領域を守りながら生活を営んでいる。二階のソファは勇太の昼寝の場所だ。ご飯の後はそこにさっと上がり、ゆったりとしている。家内もテレビを見る時は、そこに座るのだが遠慮して端の方に座る。

私が出かけて夜帰れば、忠犬ハチ公のごと、玄関でお座りをして夕方から帰宅まで待っている。ところが今日は玄関で待ちくたびれてしまい、寝室で寝込み、私の帰宅の時にも寝ていたようだ。こんなことは今までなかったことだ。年を取ってしまったなーと思う（二〇一七年十月某日）

一緒に階段を上り夕飯だが、その前にボール遊びがある。テニスボールが好きで、転がすと取ってきて前に置く。十回ぐらいするとあきる。食事の後も、じっと後ろでお座りをしている。最後のおやつを待っているのだ。芸をするともらえるのだ。夕飯をすまして一緒に下におりて、勇太は玄関の自分の犬小屋に潜り込む。毛布を何枚かでくるんだ暖かい小屋だ。

土曜日はいつものように勇太はお休みだ。私は出勤するが、勇太は二階のソファで寝そべっている。バイバイすれば階段まで送るのが常だったが、年のせいかソファから離れない。毛布を掛けてあげているから、頭だけをだしているが、おしりのあたりの毛布がかすかに揺れている。毛布の中で尻尾を振って、私のバイバイにちゃんと応えているのだ。

年をとっても、やはり甲斐犬だなと思うことが夜あった。その夜、九時ぐらいに最後のおしっこを外でさせて、家内が戻ってきたのだが、怒っている。なにかくわえたので取り上げようとしたら、唸って危なかったとぼやく。家内はしょうがないので口の中を見るのを諦めた。勇太の弱点はこれなのだ。いつもお腹が空いているのか、散歩でも何か食えそうと思えばパクッとするのだ。気が付けば、私は口をこじ開け取り出すのを常とするが、けっこう顎の力が強く、やっと開ける状態だ。この顎で本気に噛まれたら結構

な傷になるだろう。

生命の不平等

最近、勇太の顎や鼻の周りに白いものが目立ってきた。十二年間しか飼っていないのに、もう老犬だ。今十二歳、人間で言えば七三歳だ。私は七六歳（二〇一七年現在）だから私の方が兄貴なのだが、飛び級みたいで、犬の一年が人間の五年に相当するから、来年は勇太が七八歳で私は七七歳となる。次の歳は八三歳となり、あっという間に私を引き離し、おじいちゃんワンちゃんになってしまうのだ。犬の寿命が十五歳ぐらいと言われ、そのためか犬が十歳を過ぎると瞬く間に老いてしまう感じがする。

この生命の期間が種によって違うことを、私たちは経験で知っている。象とか亀は長く生きる。蝉など地上の生活は数日とはかない。老いていく愛犬を側において、そのような生命現象の不平等を辛いなーと心に沁みるように感じるこのごろだ。

老犬のせいかよく寝る。寝姿を見ていると、うちの一人っ子だなと感じてしまう。旅に出れば二人の間に座って幸せそうだ。二人でおしゃべりしているとやきもちを焼く。犬なのだが犬ではないようだと思える。犬と人間はまるっきり違うのだが、感じ方は人間とさほど変わりはないと思う。いやなことはわかるし、してほしいことは尻尾を振ったり、目で伝える。ハイハイの頃の赤ちゃんよりは賢く、知能は一歳か二歳の赤ん坊ぐらいだが、自分の意志はしっかりと持っていると感じる。こちらの意志も伝わるし、幼い一人っ子といった感じだ。散歩のときなども面白い。二人と勇太で散歩の時など、私がリードを持っているときはゆっくりと歩くが、相手に渡すと途端に早歩きになる。良く私たちの行動の在り方を知っているなと感心する。

勇太はいつも私を見ている。じっと見ている。つぶらな瞳がとてもかわいいが、これが時に豹変するのだからわからない。気に食わなければ本気に怖い顔になり噛みついてくる。私には一目置いているようで、たいていの場合は従順だが、不用意に私の部屋から出そうとしたとたんに、牙を剥き唸り声をあげ、険しい目つきで脅かすではないか。これはやばいのだ。これでことを進めるとパックリ噛みつかれる。非常に主体性の強い犬で、「行け」と言ったらしぶしぶ出て行った。

その後がにくったらしい。ぼちぼち散歩の時間なのでリードやハーネスを準備し始めた。私がその動作を始めると普段は散歩に行きたがり、甘ったれた声でまとわりつくのだが、今日は素知らぬ顔で自分の毛布の上でうずくまっている。威嚇した手前、自尊心が媚びを売るのを許さないのだろう。

眼差し

勇太の眼差しはとても優しく私を見つめている。横になっている時などでも、私が通ると首を持ち上げてじっと見つめている。黒目がほとんどで、人よりも大きく開いた瞳孔があどけない。勇太はいつも私と一緒だ。日帰りのスノーボードでも一緒だ。私と勇太だけしかいないのだが、後ろの座席に勇太がいるだけで慰められる。休憩のパーキングで後ろを見ると、勇太は暖かい小さな布団に頭を載せてこちらをじっと見ている。それだけで気持ちがなごむ。

ほとんど何も話さないが、じっと見ているだけだ。そのまなざしがいいのだ。

幼い子どもの目と同じだと思う。子どもはかわいい。しぐさもかわいい。それが生きるための戦術なのだが、人間は大きくなると生意気になる。その点で犬は永遠に二歳児だからいつもかわいい。

勇太と目線を合わせて慰められるのは、勇太がかわいくて、私がかわいがっているだけでなく、目線を合わせると、双方で愛情や信頼に影響を与える、ホルモン・オキシトシンの濃度が上昇するからだ、と新聞に書いてあった。このホルモンが上昇することによって愛情や信頼が深まるのだ。人間の母親と子どもの間ではオキシトシンを互いに高め合う関係性がある。人間と犬の関係性も人間並みなのだと改めて感じた。

このオキシトシンという体内から分泌されるホルモンは幸せを感じるホルモンだという。

子どもを抱いたり、抱擁したり、おいしいものを食べたりすると、分泌され幸せだなーと感じるのだそうだ。それは犬との関係でも言えるという。猫との関係ではそれは出ないそうだ。体内で分泌しているホルモンのせいとはおもしろい。勇太にもそのオキシトシンが分泌されて、私といると幸せだなーと感じて、耳を縮こませて幸せを示すのだろう。

老犬になって気性の荒さが少し取れてきたので、落ち着いた慰め犬になってきている。黒いから白髪が目立つが、ほぼ黒い顔にも白髪がちらほらでき始めた。普通そばかすは、色白の子どもの顔に黒っぽい点が点々とできるのをいうが、勇太のは白髪なのだが、目の間などにある点々は白髪というよりもそばかすっぽい。私はそれを白いそばかすと呼んでいるが、かわいい顔にそばかすができて、じっとこちらを見つめる目に癒される。

雨にも負けず

今日もちゅん1、ちゅん2、ちゅん3が来ている。雨にもかかわらず塀の上で、チュンチュンと餌を催促している。傘をさして濡れないようにして、小さな入れ物に玄米を入れ、庭の隅に置く。

数か月前から、まりや食堂から持ってきた古い玄米を、庭に蒔くと最初は警戒していたが、そのうちに来るようになった。雀の顔の識別はできないので、来た順にちゅん1、ちゅん2と呼ぶようにしている。「早いね、ちゅん1がもう来ているよ」、朝の散歩を終えた私たちは勇太の体を拭きながら、野生のペットを楽しんでいる。バラの裏についた青虫をくわえて、シジュウカラが折戸の上で食事だ。ひよどりはキンカンの実が好きだ。

私はちゅんちゃんたちが食事を終えた頃出勤だ。今日はあいにくの小雨だ。「勇太、会社だよ」と部屋にいる犬に声掛けし、リードをつけ荷台に乗せ、カッパを着せて自転車で山谷だ。勇太はなぜか「会社」という言葉に反応する。雨の予想の時は、山谷においてある車を自宅に回送しておくと楽だ。車があれば真っ直ぐまりや食堂へ連れていける。

天気がよいと、玄関のドアを開けた途端にチュチュとちゅん1は歓迎する。サンパラソルが雀の止まっているフェンスに赤く咲いている。空が明けはじめる。私たちはこの時間に散歩だがちゅん1も早い。他の仲間に先駆けて、折戸の上で待っているのだ。観察の結果、ちゅん1とちゅん2は親子のようだ。大柄な方が口移しで餌場のお米を与えているようだ。ちゅん3は乱暴者だ。自分が食べたい時は、「ちゅじゅ、ちゅじゅ」と騒ぎ他を追い出し、餌場を独占だ。他の雀も来て、この小さな庭の餌場に慣れてきている。多い時は五、六羽ほど小さな入れ物に集まり、和気あいあい、時には乱暴者が独占したりして、雀の世界が繰り広げられている。

雨は勇太も嫌いなようで、合羽を着て、傘をさして最短距離の散歩だ。それでも自分がおやつをもらう場所は覚えていて、しっかりとそこへ自分から行くのだ。そこはマンションの玄関前で、庇があって雨はあたらない。植木を囲む縁石に座り、毎朝、私たちはお茶にして、勇太にはおやつを上げ、夏はお水もあげる。三十分ぐらいの散歩コースに、そのような休憩場所が三か所ほどある。雨の日は一か所だけにして家に帰る。ちゅんちゃんたちも雨にもかかわらず、私たちが玄関に出ればすでに待っていてチュン、チュンとうるさく餌を催促する。

蚊も雨にも負けずに私たちの出入りを待っている。私たちは美味しい餌なのだ。ワンちゃんの散歩のときは必ずやられる。こんな雨でも関係がない。帰って来て玄関に入る時にまた食われた。このように、朝起きてからまりや食堂へ行くまでには、いろいろな出来事があるのだ。

あとがき

新教出版社に持ち込んだが、今回は断られた。私の本は校正などで手間がかかるそうで、今回は人手がないので無理だというのだ。他のキリスト教関係の出版社に当たろうと思ったが、信用のある出版社としてヨベルを紹介してくれた。

今回は5年間ほどかかって書いていたものをまとめたのだが、われながら文章の下手さにうんざりした。一か月もらえたので一生懸命校正した。まりや食堂のボランティアのひとりの方が週のうち何回も来て校正を手伝ってくださったこと、スタッフも疲れているのに休みの時は目を通していただいて、ありがたかった。

特にそのボランティアの方は若い時にまりや食堂へ来ていたが、仕事でこられなくなり、退職して再び復帰してくださった。丁度、本を出版する時期だったので、これも神の導きと思い感謝している。安田社長がこのような拙稿を引き受けてくれたことに感謝し、少しでも読みやすい文にして皆さんに提供できればありがたいと思っている。

前著から3年ぐらいためて出版する予定であったが、ヘブル語の通信教育を受けたりして計画が延びてしまった分、七〇歳の手習いで手に入れたヘブル語のおかげで、本文で触れているように創世記やヨブ記をほんの少しだが深く読むことができたのではと思っている。
ヨブ記についてはヘブル語の堪能な牧師の世話になった。サルトルについては、私は哲学が専門ではないので、哲学を専門としている高橋眞司さんに原稿を見ていただき、よいだろうということで安心して皆様に提供できている。感謝だ。

まりや食堂のボランティアの面々は熟年組が多くなった。本当に長くまりや食堂を支えてくださり感謝だ。その間若い方々も参加してくださり、まりや食堂は今日まで来ることができた。
まりや食堂の働きは弁当作りという、とても地味な仕事だが皆さん黙々とこなしてくださっている。私は弁当販売の会計の時に皆さんとかかわる以外は、接触もなく、無口なこともあってほとんど会話を通しての交わりの機会がないので、こういった本を通して、山谷の様子や私の考え方を分かちあうことができたら幸いだ。また、支援者には年二回の「たより」だけしか山谷の様子を報告していないので、是非この拙本をお読みいただいて、皆様方の支えてくださっている山谷の様子やまりや食堂の様子を追体験していただけたら幸いだ。

二〇一八年六月

菊地　譲

支援物資送り先：
日本キリスト教団　山谷兄弟の家伝道所　まりや食堂
〒111−0021　東京都台東区日本堤2丁目29−2　電話03−3875−9167（FAX兼用）

菊地　譲　略歴
1941 年、宮城県に生まれる。
1963 年、東北学院大学　経済学部卒業。
1973 年、青山学院大学大学院研究科聖書神学専攻修士課程修了。
1979 年、日雇いになり、山谷伝道開始。
1985 年、日本基督教団山谷兄弟の家伝道所設立。
1987 年、同伝道所が山谷地区にまりや食堂を開設。
著書：『低きに立つ神』共著、コイノニア社、2009 年
　　『この器では受け切れなくて』新教出版社、2012 年

続 この器では受け切れなくて　山谷兄弟の家伝道所物語

2018 年 7 月 20 日 初版発行

著　者 ── 菊地　譲

発行者 ── 安田正人

発　行 ── 株式会社ヨベル　YOBEL, Inc.
〒 113-0033 東京都文京区本郷 4-1-1　菊花ビル 5F
TEL03-3818-4851　FAX03-3818-4858
e-mail : info@yobel.co.jp

印　刷 ── 中央精版印刷株式会社

配給元─日本キリスト教書販売株式会社（日キ販）
〒 162 - 0814　東京都新宿区新小川町 9 -1
振替 00130-3-60976　Tel 03-3260-5670

ISBN978-4-907486-74-7 C0016

聖書は聖書新共同訳（日本聖書協会発行）を使用しています。